KB113661

만일 나에게
단 한 번의 아침이 남아 있다면

Happiness Is a Choice You Make

만일 나에게
단 한 번의 아침이 남아 있다면

오늘이 끝나기 전 반드시 깨달아야 할 것들

존 릴런드 지음 | 최인하 옮김

북모먼트

나는 가치 있는 삶을 살고 있는가

차례

2부 마지막 인생 수업

1부

아주 특별한 만남

우리는 현실을 어떻게 받아들일지
남겨진 삶을 어떻게 살아갈지 선택할 수 있다.
이미 잃어버린 것에 연연할 수도 있지만,
현재 주어진 삶에 집중할 수도 있다.
하늘이 무너진 것 같다고 하기엔,
아직 인생에는 더 많은 것이 남아 있다.

1
내 삶에는
어떤 내일이 올까

> "자신을 스스로
> 행복하게 만들어야 해."

"자네는 나이 들면 뭘 하고 싶나?"

1년 가까이 내가 묻는 말에 대꾸만 하던 존 소런슨이 어쩐 일인지 문득 내게 이렇게 물었다. 우리는 그의 아파트 부엌에서 이야기를 나누던 중이었다. 6년 전, 오랜 세월을 함께한 연인이 세상을 떠난 뒤부터 그는 쭉 혼자였다. 존의 등 뒤로 몇 년 전 그가 직접 벽에 그려 넣었다는 나무들이 천장까지 가지를 길게 뻗고 있었다.

어느새 추수감사절이 코앞에 다가와 있었다. 존이 1년 중 가장 좋아하는 날이었다. 해마다 추수감사절이면 친구들과 모여 즐거운 시간을 보냈지만 어쩐지 올해는 집 밖으로 나서기가 어려울 것만 같았다. 부엌은 내가 지난번, 그리고 그전에 왔을 때와 똑같은 모습이었다. 존은 모든 물건을 꼭 정해진 자리에 놓아두었다. 점점 눈이 침침해지고 있었기 때문에 어느 것 하나라도 제자리에 있지 않으면 찾지 못할까 봐 마음이 불안했다. 냉장고 곁에 놓인 자그마한 텔레비전과 VCR 위에는 언제라도 볼 수 있도록 영화 〈7인의 신부Seven Brides for Seven Brothers〉 비디오가 올려져 있었다. 존은 그 영화만 보면 늘 기분이 좋았다. 어찌나 많이 봤는지 화면을 보지 않아도 모든 장면을 달달 외울 정도였다.

존과 나는 살면서 기뻤던 순간들에 대해 얘기하고 있었다. 사실 존은 입을 열었다 하면 우선 불평불만부터 늘어놓는 데다가 나를 만날 때면 항상 죽고 싶다고 말하곤 했다. 그러다 보니 이렇게 밝은 이야기를 끌어내려면 슬쩍 분위기를 잡아야 했다. 하지만 한번 발동이 걸렸다 하면 그의 기분은 늘 밝아졌다.

"내가 얼마 전에 요나스 카우프만Jonas Kaufmann이 부르는 〈파르치팔Parcifal〉 2막을 들었거든." 그가 추억에 흠뻑 젖어 말했다. "내 평생 그렇게 아름다운 테너의 목소리는 처음 들어봤어. 거기다가 생긴 건 또 얼마나 근사한지. 월터가 죽고 난 뒤에 그를 처음 봤지. 노래를 하고 있었는데 정말 기가 막히더라고."

존은 그때 91세였다. 내가 인터뷰하고 있던 여섯 명의 인물

중 한 사람이었다. 그리고 그 여섯 명은 내 인생을 송두리째 바꿔놓았다. 물론 그들 중에 그러겠다고 마음 먹었던 사람은 아무도 없었다. 당시에 나는 「여든다섯, 그 너머」라는 연재 기사를 준비하고 있었다. 그래서 뉴욕에 살고 있는 초고령자 여섯 명을 1년간 지켜보며 취재하기로 계획을 세웠다.

여느 때와 다름없이 우선 대상이 될 인물들을 찾아야 했다. 나는 방문 요양업체들에 문의하거나 웹사이트 등을 검색해 찾아낸 사람들을 요양원이나 노인센터 등지에서 만났다. 그 가운데는 많은 나이에도 열정적으로 일을 하는 사람들도 있었고 집 밖으로는 아예 한 발짝도 나오지 않는 사람들도 있었다. 또 뼛속 깊은 공산주의자나 마작 선수, 홀로코스트 생존자들, 여전히 차를 마시며 춤을 추는 사교 모임을 즐기는 96세의 레즈비언 금속공까지 만나봤다.

모두 무언가를 잃은 후였다. 의지대로 움직여주는 몸, 또렷한 눈, 밝은 귀, 배우자, 자녀, 친구, 기억 같은 것들 말이다. 하지만 모든 것을 잃은 사람은 없었다.

나 역시 어느새 잃어버린 것들이 있었다. 내 결혼 생활은 30년 만에 막을 내렸고 그 결과 태어나서 처음으로 혼자 살게 됐다. 당시 55세였던 나는 새로 생긴 여자 친구와 함께 앞으로 이 세상을 어떻게 살아가야 할지에 대해 새로운 고민에 빠져 있었다. 나이, 사랑, 아버지로서의 역할뿐만 아니라 일과 보람에 이르기까지 생각해야 할 것들이 많았다.

또한 나는 연세가 86세인 어머니를 돌보고 있었다. 어머니는 뉴저지의 자그마한 주택에 지내시다가 아버지가 돌아가신 뒤 맨해튼에 있는 고령자 아파트로 이사해 살고 계셨다. 사실 내가 그렇다고 무척 대단한 보호자 노릇을 하는 것은 아니었다. 2주에 한 번쯤 시간을 내어 저녁을 함께 먹고 간간히 어머니를 응급실에 모셔다드렸을 뿐이다. 나는 혹시라도 어머니가 그보다 더 많은 것을 바라실까 봐 그런 기미라고는 전혀 눈치채지 못한 듯 굴었다. 어머니도 혼자이신 게 편할 거라 여기면서 말이다. 그건 사실이었다. 어머니와 나, 우리 둘 다 서로의 삶에 끼어들 아무런 준비도 되어 있지 않았다. 여든여섯의 어머니는 삶의 의미를 어디서 찾아야 할지 모르는 상태였고 나 또한 그런 어머니를 어떻게 도와야 할지 막막했다. 하지만 우리는 어느새 삶을 함께 마주해야 하는 단계에 다다라 있었다.

진 골드버그는 내가 기사를 준비하며 가장 먼저 만났던 사람이었다. 오래전 크레욜라에서 비서로 근무했던 그녀는 당시에 무려 101세였다. 미처 얘기를 시작하기도 전에 그녀는 큰 소리로 이렇게 외쳤다. "술 한잔 가져와!" 그러고 나서야 자신을 못살게 군 남자에 대한 이야기를 늘어놓기 시작했다. 70년이나 지난 이야기였지만 그녀에게는 마치 어제 있었던 일처럼 생생한 듯했다.

100세가 될 때까지만 해도 자신의 아파트에 살았던 진은 이제 휠체어에 의지해 요양원에서 살고 있었다. 연거푸 쓰러지는 일을 겪고 나자 더 이상 혼자 있으면 안전하지 않겠다고 생각한 모양이었다. 첫 만남은 꽤나 훌륭했지만 그녀는 몸이 좋지 않다며 두 번째 인터뷰를 뒤로 미뤘다. 하지만 약속한 날짜가 다가왔을 때 진은 하늘나라로 떠나고 없었다. 그리고 그녀가 101세까지 건강하게 살 수 있었던 비결도 그녀와 함께 사라져버렸다. 내 생각에 그 비결은 그녀의 탁월한 유머 감각이었던 것 같다. 그리고 무엇보다 절대 꺾을 수 없는 단단한 고집도 한몫했을 것이 틀림없다.

그들 모두에게는 저마다의 이야깃거리가 있었다. 가족들이 대공황을 어떻게 견뎌냈는지, 제2차 세계대전 중의 생활은 어땠는지에서부터 인권운동에 뛰어들었던 경험이나 부모님께 "대학에 들어갈 인물"은 아니라는 말을 들었던 일에 이르기까지 다양했다. 하지만 정작 나는 지금 그들이 아침에 눈을 떠서 다시 잠자리에 들기 전까지 어떻게 살고 있는지가 궁금했다. '오늘을 어떻게 보냈을까? 어떤 내일이 오기를 기다릴까? 무슨 약을 챙겨 먹을까? 자녀들과는 사이가 좋을까? 하루가 다르게 나이 들어가는 몸을 어떻게 받아들일까? 더 이상 살 가치가 없

다고 느껴지는 순간이 있을까?'

고령자들을 전문가라고 부를 수 있는 이유는 바로 그들이 몸소 하루하루 살아가고 있기 때문이다. 영국의 소설가 퍼넬러피 라이블리Penelope Lively는 80세에 이렇게 말했다.

나이를 먹어 좋은 점 중 하나는 말에 무게가 실린다는 것이다. 이제 모든 일을 다 겪어봤고 세상이 어떻게 돌아가는지도 알게 됐다. 오랜 세월 우리가 겪으며 배운 것들을 대부분의 사람들은 모른다. 우리는 선구자들이다.[1]

나는 고령자들을 집이나 병원에 가는 길, 병원, 뉴저지 해변의 재즈클럽, 술집 그리고 별장 등지에서 주로 만났다. 그리고 그들의 자녀, 연인, 의사, 간병인, 친구들을 두루 만났다. 또 언젠가 한번은 고령자들 중 한 명이 홀연 사라져 연락이 두절된 적도 있었다. 나는 수소문한 끝에 한 병원에서 그가 발가락 두 개의 일부를 절단하는 수술 중이라는 사실을 알아냈다. 나는 그들의 이야기에 귀를 기울였고 새로운 것을 배워나갔다.

그러면서 서서히 예상치 못한 일이 벌어지고 있다는 것을 깨달았다. 때로는 소름 끼칠 정도로 암울한 대화를 나누기는 했지만, 나는 이들을 만날 때마다 여태껏 기사를 써왔을 때와는 비교도 할 수 없을 정도로 의욕이 샘솟았다. 나는 그 한 해가 그들에게 엄청나게 큰 변화를 가져올 거라고 생각했다. 하지만 정작 내가 변하게 될 거라고는 상상조차 하지 못했다.

내가 만난 여섯 명의 고령자 대표들은 정이 많고 괴팍했으며 까다로웠고 자주 깜빡깜빡 잊어버리곤 했다. 또 유쾌하고 현명했으며, 같은 말을 자꾸만 반복하거나 가끔은 말 섞기가 힘들 정도로 피곤하게 굴기도 했다. 그들은 자주 찾아오지 않는다며 나를 타박했고 자꾸만 초콜릿을 권했으며 꼭 읽어보라며 기사들을 오려서 건넸다. 나는 그들의 집 전구를 갈아주고 이스라엘 문제를 얘기할 때는 나도 동의한다는 듯 고개를 끄덕거렸으며 나와 어머니의 사이에 대해서 털어놓기도 했다. 그들을 보며 나는 자주 감탄하기도 했다. 고령자들은 서운한 일들을 마음에 담아뒀다. 또한 꼬박꼬박 잊지 않고 약을 챙겨 먹기 위해 상당히 복잡한 장치를 고안해내기도 했다. 약을 먹을 때는 절대 떨어뜨리지 않게 조심해야 했다. 심장약들은 너무 작아서 바닥에 떨어지면 눈에 보이지도 않을 뿐더러 손가락으로 집기도 어려웠기 때문이다.

그동안 나름 인생을 안다고 자부했던 나는 고령자들을 만나면서 그 생각이 절로 사라졌다. 겸손해질 수밖에 없었지만 동시에 많은 자극도 받았다. 굳이 전문가나 비평가의 입장에 서서 그들이 하는 말에 딴죽을 걸 필요도 없었다. 그저 그들을 따라 그들의 눈으로 세상을 보았을 뿐이다. 본능적으로 꺼려지는 생각들을 받아들일 때마다 커다란 깨달음을 얻을 수 있었다. 나는 아흔 살의 내가 어떤 모습일지 본능적으로 알 것만 같았지만 그것은 어림없는 소리였다. 그렇게 내 본능의 소리를 잠재우자마자 인생 수업은 한결 더 수월해졌다. 전문가 노릇은 진이 빠지는 일이다. 하지만 자존심 따위는 내려놓고 배우는 학생의 마음가짐을 가진다면 마치 생애 최고의 식당에 앉아서 진수성찬을 즐기는 것이나 다름없다.

이야기 속 등장인물들이 으레 그렇듯 그들 모두 나름의 바람이 있었다.

나는 서로 살아온 환경도 다르고 속해 있는 사회계층도 다른 고령자 여섯 명을 최종적으로 선정했다. 프레더릭 존스는 우리가 처음 만났을 당시 87세였다. 그는 제2차 세계대전에 참전했던 군인이었으며 이후 공무원으로 퇴직했고 여자를 밝히는 성격이었다. 심장이 약해서 이전 한 해 동안 거의 내내 병원이나 재활원에 꼼짝없이 입원해 있었다. 그는 초면이었던 내게 한 백화점에서 자신보다 서른 살은 족히 어린 여자에게 눈길을 보냈던 얘기를 들려주었다. 어떤 백화점이었는지는 가물가물하다면서 말이다. 프레드는 바람둥이였다. 이제 비록 몸은 늙고 병들었지만 아직도 마음만은 그대로였다. 그의 아파트에 놓인 사진 속 예전의 그는 두툼한 턱수염을 기른 채 말끔한 정장을 차려입고 있었지만 지금의 프레드는 교정용 신발을 신고 있는 게 창피해서 교회에도 못 나갔다. 그래서 지저분한 집 안에서 거의 대부분의 시간을 보냈다. 그의 집은 그가 겨우겨우 올라갈 수 있는 3층 높이의 꼭대기 층에 있었다.

프레드는 나이 드는 것에 대한 자신만의 철학이 있었다. 그는 하나님께 110세까지 살게 해달라고 빌었고 실제로 그때까지 살 거라고 철석같이 믿었다. 그리고 매일 아침이면 다시 한번 해 뜨는 장면을 볼 수 있게 해주셔서 감사하다는 기도를 올린다고 했다. 인생에서 가장 행복하던 때가 언제였냐고 묻자 그는 망설이지 않고 선뜻 대답했다. "바로 지금이지." 프레드는 제일 처음으로 내게 기운을 북돋아준 사람이었다.

아흔 살을 맞은 헬렌 모지스는 양로원에서 두 번째 사랑을 만났다. 딸의 반대가 어마어마했지만 내가 만났을 때는 이미 6년째 사랑을 이어오고 있었다.

"나는 하위를 사랑해." 그녀가 하위 지머를 지긋이 바라보며 말했다. 그는 복도 끝방에 살고 있었다.

"나도 마찬가지예요." 하위가 말했다. 그는 휠체어에 앉은 채 헬렌의 침대 곁에서 그녀의 손을 잡고 있었다. "내 인생에 진정한 사랑은 당신밖에 없어요. 진심이에요."

"뭐라는지 잘 안 들려요. 어디 좋은 소리가 아니기만 해봐요." 헬렌이 말했다.

존 소런슨은 60년을 함께한 연인 월터 캐런이 세상을 떠나자 삶의 의지까지 잃어버렸다. 처음 만난 날 존은 내게 이렇게 말했다. "나한테는 지혜라고 할 만한 게 별로 없을 거야. 내가 이것저것 많이는 알아도 깊이 아는 게 없거든." 우리는 평소 쉽게 하던 일들을 더 이상 할 수 없게 되고 나서 그가 얼마나 좌절했는지에 대해서도 이야기했다. 존은 월터의 건강이 나빠지자 성심껏 그를 간호했다. 하지만 이후 정작 자신의 몸이 삐걱거린다는 사실은 받아들이지 못했다. 보행기나 휠체어는 보기 흉하다며 거들떠보지도 않았다. 그러다 보니 바깥출입도 할 수 없었다. 그의 관절들은 마치 서랍에 생뚱맞게 달려 있는 손잡이들처럼 통풍으로 잔뜩 부어올라 금방이라도 휘어질 것 같았다. 하지만 존은 하다못해 죽고 싶다는 소리일지라도 한번 입을 열어 말을 하기 시작하면 언제나 활기를 되찾았다. 그는 매일 운동을 했고 하루하루 버텨주는 몸을 무척이나 자랑스러워하는 듯했다. "나는 웬만한 사람들보다 훨씬 더 잘 지내고 있어. 내 다 알지. 하지만 이 정도 살았으면 됐어. 사는 게 불행하지는 않지만 이제 좀 끝났으면 좋겠어." 존은 죽어서 나쁜 점은 딱 하나라고 했다. "드디어 죽었구나 하고 기쁨을 만끽할 시간이 별로 없다는 거야."

핑 웡은 여든아홉 살로 운 좋게도 사회 안전망 속에서 복지 혜택을 톡톡히 누리고 있었다. 그녀는 정부 보조 아파트에 매

달 200달러를 내며 살고 있었고, 저소득층 의료보장제도의 지원을 받아 매일 일곱 시간씩 간병인의 도움을 받을 수 있었다. 핑은 늙고 나니 더 이상 녹초가 될 때까지 일을 하거나 남편을 돌보지 않아도 돼서 오히려 스트레스가 줄어들었다고 했다. 하지만 그녀는 죽은 남편과 중국에서 사망한 아들을 그리워하고 있었다. "난 되도록 나쁜 일은 생각을 안 하려고 해. 늙은이들이 불평하면 못쓰지."

　　루스 윌리그는 그와 정반대로 한 치의 망설임도 없이 지금 생활이 마음에 들지 않는다고 말했다. 1년이라는 시간을 보내며 나는 루스가 눈앞에서 벌어지는 일을 그저 무력하게 받아들이기보다는 불평을 통해서 더 유리한 결과를 얻어내고자 한다는 사실을 깨달았다. 우리가 만나기 얼마 전, 루스는 브루클린의 고급 양로원에서 거의 쫓겨나다시피 했다. 운영자가 양로원을 더 수익률이 높은 아파트 용도로 팔아버렸기 때문이다. 루스는 그 양로원에 입주하면서 이미 차를 팔았을 뿐만 아니라 사생활을 포기했고 스스로 규칙적인 일과를 정해 지키는 법까지 잊어버렸다. 그런데 5년이 흘러 더 늙고 거동마저 힘들어진 뒤, 자신의 보금자리와 그곳에서 사귄 친구들을 모두 잃게 된 것이다. 그리하여 그녀는 91세라는 나이에 브루클린 끄트머리에 위치한 또 다른 양로원에서 처음부터 모든 것을 다시 시작해야만 했다. 그나마 가족 중 가장 가까이에 살고 있는 딸로부터도 꽤 멀리 떨어진 낯선 환경에서 생전 처음 보는 사람들과 함께 말이다.

"여기서 어떤 사람이 나한테 까칠한 늙은이라고 하더구먼." 어느 날 아침, 그녀가 말했다. "사실 '늙은이'라고는 안 했어. '까칠한 여자'라고 했는데 내가 '늙은이'라고 살짝 바꿨지. 내가 쉽게 포기를 안 하잖아. 아마 그것 때문인가 봐. 내가 밀어붙이긴 하지."

3월인데도 눈이 내려 새하얗게 거리를 뒤덮고 있었다. 당연히 루스는 하루 더 꼼짝없이 방 안에만 있어야 할 듯했다. "나는 나를 잘 알아. 아흔한 살이라고. 내 늘 말하지. 난 내 나이가 두렵지 않아. 오히려 좀 자랑스럽기도 해. 나 정도로 성치 않은 사람들이 얼마나 많은데. 난 정말 운이 좋은 편이야. 건강하려고 애를 쓰기도 하고, 어떻게 죽으면 좋을까 고민도 해. 하지만 그냥 부지런히 책이랑 신문을 읽으면서 바쁘게 살아. 행복해지려고 노력하는 거지. 하지만 그것도 그렇게 쉬운 게 아니야. 난 더 행복해지고 싶어."

영화감독이자 작가인 요나스 메카스는 올해로 92세였다. 하지만 그는 마치 서른 살 청년들 세 명을 합친 것만큼 열정적이고 부지런했다. 그는 여전히 영화를 찍고 회고록을 쓰고 스크랩북을 만들었으며 자신이 세운 비영리단체를 위해 자금을 모으고 웹사이트를 운영했다.

어느 날 그는 나에게 10년 전에 썼지만 아직 발표하지 않은 시를 한 편 보내왔다.

젊어지려 평생 일했지
아니, 남들이 뭐래도 난 늙지 않아
스물일곱 살로 죽을 거야

그의 친구들은 나보다도 어렸다. 요나스는 일의 속도를 줄이기는커녕 오히려 점점 박차를 가하고 있다고 했다. 이제는 드디어 자신의 작품에만 전념할 수 있게 됐기 때문이다.

이상 여섯 명의 고령자들이 1년 동안 나의 스승이 되어주었다. 물론 인간이면 누구나 그렇듯 그들은 죽어가고 있었다. 그저 죽는구나가 아니라 어떻게 죽을지를 생각해봐야 할 정도로 인생의 막바지에 도달해 있었다. 죽음은 더 이상 막연하지가 않았다. 사리 분별을 못 하게 되면 어쩌지? 마지막 순간을 질질 끌진 않을까? 어쩌면 당장 내일이라도 쓰러지거나 엉덩이뼈가 부러지는 일이 생길지 몰랐다. 아니면 뇌졸중이 오거나 마주 앉아 이야기하던 사람의 이름마저 새카맣게 잊어버릴 수도 있었다. 그들 중 누군가 전화를 받지 않을 때마다 나는 덜컥 걱정부터 앞섰다. 그리고 만난 지 18개월 만에 여섯 명 중 두 명이 세상을 떠났다.

　노인을 주제로 한 논의들은 대부분 노년에 겪게 되는 심각한 문제점들에 쏠려 있는 편이다. 몸과 마음이 급격히 쇠약해진다거나 시한부 환자를 간호하는 데 어마어마한 치료비가 든다거나 하는 내용들이다. 아니면 세월을 거스르는 듯 늙지 않는 할머니를 어디선가 찾아내 소개한다. 90세가 훌쩍 넘은 나이에도 여전히 마티니를 즐기며 마라톤을 하는 등 예사롭지가 않다.

　내가 만난 고령자들은 대부분의 다른 노인들과 마찬가지로 위의 예시 중 어느 쪽에도 해당하지 않았다. 그들은 이미 잃은 것들도 있고 할 수 없는 일들도 많았지만, 거기에 연연하지 않고 계속해서 뭔가를 바라고 원하며 새 아침을 맞이했다. 무릎이 쑤시고 예전만큼 십자말풀이가 술술 풀리지 않는다고 해서 달라질 건 없었다. 노화는 방심하고 있던 찰나에 불현듯 들이닥치는 일이 아니었다. 또한 고쳐야 할 문제도 아니었다. 지금까지 그래왔듯 자신뿐만 아니라 세상에 대해 배우며 어떻게 살아갈지 선택해나가는 인생의 한 단계일 뿐이었다.

　하지만 흔히 우리는 고령자들을 활용해야 할 자원이 아니라 걱정거리라고 생각한다. 지독하게 외롭고 고독하며 쭈글쭈글 주름만 가득한 노인들이 너무 많아졌다고 여기는 것이다. 영화를 보면 아름다운 것들은 모두 젊다. 사랑을 원하는 노인들은 속이 시커먼 영감들뿐이다.

우리는 할 일을 모두 마친 사람들이 행복한 결말을 맞기를 바란다. 델마와 루이스가 낭떠러지로 차를 모는 대신, 나이가 들어 시내에서 멘토링 프로그램을 시작하거나 이따금 남자들과도 친구가 되고 간병인들과 함께 소동을 일으키기도 한다면 훨씬 더 신나지 않을까? 미국의 작가 메이 사턴May Sarton은 61세에 발표한 소설 『나 이제 내가 되었네As We Are Now』에서 이렇게 썼다. "문제는 노년이 되기 전까지는 그 나이가 전혀 흥미롭지 않다는 것이다. 젊은이들뿐만 아니라 심지어 중년들에게도 마치 알아들을 수 없는 언어를 사용하는 남의 나라 이야기처럼 들린다."[2]

노인학 전문가인 코넬대학교의 칼 필레머Karl Pillemer 교수는 노인들을 골칫거리가 아니라 지혜와 경험을 듬뿍 담고 있는 자산으로 보기 시작하자 자신의 삶이 바뀌었다고 말했다. 내가 고령자들로부터 가장 먼저 배운 교훈도 이거였다. "행복은 우리의 선택에 달려 있다." 우리가 가진 이런저런 능력들이 쇠퇴하더라도 우리에겐 여전히 삶의 질을 좌우할 수 있는 엄청난 힘이 남아 있다는 것이다. 핑은 이렇게 말했다. "나이가 들면, 자기가 스스로를 행복하게 만들어야 돼. 안 그러면 더 늙어." 고령자 여섯 명은 모두 외부 조건이 아니라 마음속 어딘가에서 행복을 찾고 있었다.

60년을 함께 지낸 연인을 떠나보내고 싶거나 너무 아파서 더 이상 걷기를 포기하고 싶은 사람은 없다. 그러나 우리는 그 현실을 어떻게 받아들일지 그리고 남겨진 삶을 어떻게 살아갈지 선택할 수 있다. 이미 잃어버린 것에 연연할 수도 있지만 현재 주어진 삶에 집중할 수도 있다. 건강을 잃으면 하늘이 무너진 것 같지만 그렇다고 하기엔 우리 인생에는 더 많은 것이 남아 있다.

그래서 선택을 할 수 있는 것인지도 모른다. 예리한 기억력이 온데간데없이 사라졌거나 한때 잘나가던 일자리를 잃었다고 한탄을 늘어놓을 수 있다. 그러나 여전히 사랑하는 사람들과 함께 살아간다는 사실에 감사할 수도 있다. 예를 들어 박물관에 갔다고 생각해보자. '반쯤 귀먹은 늙은이들 사이에 끼어 휠체어에 갇혀 있는 신세라니……' 하고 생각할 수도 있지만 반대로 이럴 수도 있다. '역시 마티스야!'

고령자들과 시간을 보내면 보낼수록 인생의 여러 가지 선택지 중에서 어떻게 하면 행복을 고를 수 있을까 더 깊이 생각하게 되었다. 그리고 그 대답이 지금까지의 내 모든 예상과 벗어난다는 사실을 서서히 깨달았다. 행복해지고 싶다면 나이 든 사람들처럼 생각하는 법을 배워야 한다는 것이었다.

물론 나이 들어서 좋은 점도 있다. 나이가 많은 사람들은 젊은이들에 비해 더 행복하다고 느끼고 부정적인 감정은 덜 느낀다고 말한다.[3] 행복감은 70대 즈음까지 높아지다가 서서히 줄어들지만 90대가 되어도 20대에 비하면 여전히 높았다. 우리는 청소년기나 청년기가 가장 좋을 때라고 여기지만 고령자들은 청년들에 비해 훨씬 더 현실에 만족했고 덜 불안해했다. 또 죽음에 대한 두려움도 적었고 무슨 일이든 좋은 면을 보려고 하고 나쁜 면은 받아들였다. 미국의 작가 헨리 밀러 Henry Miller 는 이렇게 썼다.

여든 살이 된 나는 스무 살이나 서른 살 때보다 훨씬 쾌활하다. 10대로 돌아가고 싶은 마음은 눈곱만큼도 없다. 젊음은 눈부시게 아름답지만 견뎌내기도 그만큼 고통스럽다.[4]

고령자들은 살면서 경험을 통해 기대치를 낮추게 됐고 바라던 일이 이뤄지지 않아도 다시 털고 일어날 수 있게 됐다. 젊은이들과 달리 나쁜 일을 겪더라도 그 문제에 지나치게 연연하지 않는다. 전문가들은 이를 '긍정성 편향 positivity effect'이라고 부른다. 저절로 고개가 갸웃거려진다. 전성기는 이미 과거 속으로 사라지고 몸과 마음 모두 쇠약해져가는 노인들이 어떻게 앞날이 창창한 젊은이들보다 더 즐겁게 살 수 있지? 인생이 다 끝났다는 사실을 모르는 것일까?

그게 아니라면…… 혹시 우리는 모르는 뭔가를 알고 있는 걸까?

여섯 명의 고령자들은 모두 자신만의 일과가 정해져 있었다. 하지만 자세히 들여다보면 결국 원칙은 모두 같았다. 이제 얼마 남지 않은 시간과 에너지를 자신이 좋아하고 여전히 할 수 있는 무언가에 사용해야 한다는 것이다. 한때는 할 수 있었지만 더 이상 할 수 없는 것들을 아쉬워하면서 시간을 허비해서는 안 된다. 노인학자들은 이를 '선택·적정화·보완SOC, Selective Optimization with Compensation 모델'이라 부른다. 노인들이 남은 능력을 최대한 활용해 잃어버린 것들을 보완한다는 것이다. 만약 젊었을 때와 비교해 30퍼센트의 능력만 남아 있다면 진정하고 싶은 일에 그 힘을 써야 한다. 지금 하고 있는 것들을 할 수 없게 되면 살 가치도 없다고 여기는 것은 어쩌면 젊음의 오만일지 모른다.

체스 선수들은 경기력을 강화하기 위해 '역행 분석'이라고 불리는 기술을 사용한다. 경기 내용을 시작부터 끝까지 순서대로 분석하는 대신에, 경기가 끝난 상황에서부터 시작에 이르기까지 거꾸로 내용을 분석한다. 특정한 배열을 만든 말의 움직임을 하나하나 밝혀내며, 만약 흰 말이 살짝 더 우세하다면 그 수는 무엇이었는지 또한 그 직전 수는 무엇이었는지 살펴보는 것이다. 게임을 시작할 때는 체스판 위에 너무 많은 말이 올라가 있고 말들을 옮길 수 있는 경우의 수도 너무 다양해서 어떻게 움직여 이런 결과가 나왔는지 추적해내기가 어렵다. 하지만 결과에서부터 시작 쪽으로 움직이기 시작하면 경우의 수가 줄어들어 답이 더 분명해진다. 원치 않았던 위치로 움직인 것들을 무시하고 진짜 목표로 했던 움직임에 집중할 수 있는 것이다.

연습 삼아 75세나 80세, 아니면 85세가 됐을 때 어떻게 살아야 행복할지 생각해보자. 그때 당신은 어떻게 살고 싶은가? 어떤 기쁨과 보람을 느끼고 또 어떤 사람들 사이에서 어떤 하루를 보내고 싶은가? 그럼 이제 그렇게 살기 위해서는 그전에 어떻게 해야 하는지를 거꾸로 되짚어 가보자. 체스판 위에서 어떤 말들이 중요하며 어느 위치에 있어야 할지 또 그 과정에서 어떤 말들을 희생해야 할지 말이다.

첫 번째 단계는 그 나이에 행복한 삶이란 어떤 것일지 생각해보는 것이다. 쉽지 않을 수도 있다. 대부분의 사람들은 고령자들과 함께 보내는 시간이 그리 많지 않다. 기껏 잠시나마 함께 있는 시간도 대개는 고령자들의 문제를 해결해주기 위해서다. 그들이 언제 행복하고 즐거운지 물어볼 일은 거의 없다. 하지만 당신도 언젠가 늙을 것이고, 고된 노동에 시달리다가 몸이 완전히 망가지는 일은 없을 거라는 가정하에서 생각을 해본다면 어떤 모습으로 살고 싶을까? 칠순이 넘어서까지 살면복 받은 거라 여기던 조상들보다는 분명 더 나은 모습일 것이다. 더 많이 배우고 더 부유하며 더 건강할 것이다. 가족들로부터 지적 자극이나 가슴 찡한 응원을 받고 싶어 할지도 모른다. 연인과 평생을 함께하고 싶을 수도 있고 행복했던 결혼 생활의 추억을 간직하고 싶을 수도 있다. 음악이나 예술을 즐기고 싶을 수도 있고 젊은이들과 친구가 되고 싶을 수도 있다. 비록 몸은 점점 말을 듣지 않고 있지만 어딘가 유용하고 쓸모 있는 사람이기를 바랄지도 모른다.

물론 한계도 있다. 85세 이상의 초고령자들 중 72퍼센트는 적어도 한 가지 이상의 장애를 가지고 있고 55퍼센트는 두 가지 이상의 장애를 가지고 있다.[5] 그러니 당신은 하얗게 파도가 부서지는 와이키키 해변에서 연인과 사랑을 나누거나 인적 없는 산속에 들어가 살고 싶지는 않을 것이다. 더 이상 예전과 같지 않은 몸으로 어떻게 행복한 삶을 살 수 있을까?

자, 그럼 이제부터 행복하게 살기 위해 어떻게 하면 될지 차근차근 살펴보자. 만약 85세가 되었을 때 친구들이나 가족들과 서로 기댈 수 있는 끈끈한 사이이길 바란다면 그렇게 되기 위해 어떻게 행동하면 될지를 그때부터 현재까지 쭉 시간을 거슬러 살펴보면 된다. 재밌을 것 같지 않은가? 그러기 위해서는 당연히 아끼는 사람들과 더 많은 시간을 보내야 한다. 목표가 있는 인생을 원한다면 당장 지금부터 목표를 찾아 나서야 한다. 더 오래 일하고 야근을 밥 먹듯이 하며 바쁘다는 핑계로 친구들이나 가족들과 함께하는 시간을 소홀히 한다면 바라는 삶을 얻지 못할지 모른다. 직업을 바꾸거나 아이들과 더 많은 대화를 나누거나 다른 지역으로 이사해야 할 수도 있다. 서로의 인생을 갉아먹기만 하는 결혼 생활은 일찌감치 정리해버리는 게 해답이 될 수도 있다. 절대 쉬운 일은 아니다.

85세에는 어떻게 살아야 즐거울까를 열심히 그리다 보면, 노년 시기를 이미 결말 지어진 한 이야기에 딸린 후기 정도가 아니라 계속해서 이어지는 이야기의 후반부로 볼 수 있게 된다. 그러면 인생의 과정도 달리 보인다. 그전까지는 우리 인생을 취직이나 첫 집 장만과 같은 굵직굵직한 사건들이 시간순으로 나열되는 것으로 보았다면, 이제는 수십 년에 걸쳐 같은 주제들이 반복되고 발전하는 하나의 작품으로 보게 된다. 공부와 일 그리고 사랑을 인생의 특정한 시기에만 일어났던 사건으로 한정하지 않고 평생 조금씩 다른 형태로 반복해서 겪어나갈 수 있다. 처음에는 경험이지만, 그 후에는 추억이 되어 계속 쌓이게 될 것이다. 그리고 마침내 모든 변주들이 동시에 울려 퍼지는 아름다운 삶 속에서 살 수 있을 것이다.

내가 만난 고령자 여섯 명은 모두 각자 다른 형태로 행복을 실천하며 살고 있었지만 그중에서도 유독 '일상적'으로 실천하는 사람들이 있었다. 프레드는 남들의 눈에는 하루하루 힘들어 보이는 삶을 살면서도 하루도 빼놓지 않고 감사 기도를 올렸다. 자녀들이 있는 루스는 대가족 사이에서 모두를 끈끈하게 이어주는 역할을 했다. 요나스에게는 일이 삶의 전부나 마찬가지였다. 휴가를 가지도 않았고, 고된 일이 많았다고 대충 하루를 마감하는 일도 없었다. 그는 영화에서나 실제 삶에서나 아끼는 사람들과 맛있는 음식을 먹고 좋은 와인을 즐겼다. "우울할 틈이 없어. 나는 담담하거나 즐거운 일에 끌려. 찜찜하고 우울한 영화를 만드는 건 내 취향이 아니야. 대신 사람들이 한데 모여서 노래하고 춤을 추는 그런 행복한 광경들이 더 좋아. 왜냐고? 그냥 내가 원래 그렇게 생긴 거지. 아마 무의식적으로 인간에게는 그런 게 더 필요하다고 느끼나 봐."

핑은 같은 건물에 사는 여성들과 매일 마작 게임을 했고 헬렌에게는 하위가 있었다. 심지어 죽고 싶다고 노래를 부르는 존마저도 거의 하루 종일 행복했던 추억들을 떠올렸다. 눈앞은 거의 보이지 않고 혼자서는 밥 한술 뜨기도 어렵지만 그는 애써 더 좋았던 시절을 생생하게 그려내고는 했다. 그래서 내가 깜짝 놀라는 일도 많았다. 언젠가 그는 이렇게 말했다. "그날도 정말 끝내주게 좋은 날이었지. 온 사방에서 빛이 나더라고. 파도도 잔잔한 게 저 멀리 바다가 꼭 다이아몬드처럼 반짝거렸어. 그날 저녁에 내 동생이 놀러왔어. 그 덕분에 걔가 죽기 전에 마지막으로 만나서 사진들을 남길 수 있었어."

이들은 모두 살면서 마주친 문제들 때문에 애태우지 않을 수 있는 방법을 내게 가르쳐주었다. 그리고 나는 또한 그 방법을 일곱 번째 스승인 내 어머니께 배웠다.

어머니는 맨해튼의 고령자 아파트에 살면서 전동 휠체어를 타고 다니셨다. "늙는 게 어떤 거냐고? 정말 끔찍한 일이야." 어머니는 얼마 전 이렇게 말씀하셨다. 아버지가 돌아가신 뒤 어머니는 자신에게 장화가 없다는 것을 알아챘다. 왜냐하면 아버지는 어딜 가든 항상 어머니를 차로 문 앞까지 데려다주셨기 때문이다. 86세가 되는 일처럼 예상치 못한 사태를 어머니는 대비해본 적이 한 번도 없었다. "그런 건 생각해본 적도 없어. 내 대답은 도움이 안 되겠구나."

몇 년 전 어머니는 척추 수술을 받고 생명이 위태로운 지경까지 갔던 적이 있었다. 그 이후로 어머니가 간절하게 바라는 건 딱 한 가지였다. 죽고 싶다는 것이었다. 어머니는 그때 자신을 죽게 내버려두지 않았다며 지금도 내 동생 조를 원망하신다.

나는 그때 이라크에 출장을 가 있었기 때문에 조가 모든 일을 맡아서 처리해야 했다. 어머니는 척추뼈 두 개를 합치는 수술을 받으셔야 했다. 우리는 수술을 말렸고 적어도 내가 뉴욕에 돌아올 때까지만이라도 미루자고 설득했다. 어머니는 이전에도 이미 척추유합술을 받으신 적이 있었고 이후 몇 개월간 거동도 못 하셨기 때문에 우리는 무척 불안했다. 하지만 어머니의 고통이 너무 심해 어쩔 수 없이 그대로 수술을 진행하고 말았다.

어머니는 첫 번째 수술보다 더 노쇠한 몸으로 두 번째 수술을 받으셨다. 그래서 온몸에 염증이 번지자 버텨내지 못하셨다. 의사들은 어머니에게 급식 튜브를 삽입하자고 권했다. 하지만 이미 어머니는 우리에게 심폐소생술을 하지 말라고 당부하신 터였다. 동생과 나는 중간중간 끊기고 잘 들리지도 않는 휴대폰으로 통화하며 이 문제를 상의했다. 어머니의 생사를 이런 식으로 결정하는 건 어처구니없는 일이었다.

소생술 거부는 어머니가 다시 의미 있는 삶을 살게 될 충분한 가능성이 없다면 어떠한 치료도 하지 말라는 것이었다. 그런데 튜브 삽입은 방 안 커튼에 붙은 불을 끄기 위해 소방 호스를 끌어오는 일에 가까웠다. 어머니는 자신의 깔끔한 집으로 다시 돌아올 수 있을 것이다. 어머니에게는 사랑하는 친구들과 손자들이 있었다. 또 낮 시간에 하는 교향악단의 공연을 좋아하셨다. 가진 게 훨씬 더 적은 사람들도 멋진 삶을 즐기고 있었다. 어머니의 인생을 살 가치도 없다고 보는 건 배은망덕한 일처럼 보였다. 어머니가 굶어 죽기라도 하겠다면 우리의 도움 없이도 그렇게 하실 수 있을 것이다. 그래서 우리는 튜브를 삽입해도 좋다고 동의했다.

만약 당신의 어머니가 더 이상 쓸모없는 자신을 살려냈다고 노발대발하신다면 뭐라고 하겠는가? 나는 몇 년이나 그 질문을 애써 피하고 있었다. 그러다가 존 소런슨을 만나면서 꼼짝없이 마주할 수밖에 없었다. 어머니가 아닌 다른 누군가에게는 오히려 대답하기가 훨씬 수월했다.

만난 지 얼마 되지 않았을 때 존은 얼른 죽어버리고 싶다고 했다. 그래서 나는 그런 일이 없었으면 좋겠다고 대답했다. 그가 없으면 세상은 더 따분해질 거라고. 하지만 1년이 지나면서 나는 존 덕분에 그의 삶을 다른 눈으로 보게 되었다. 그는 여전히 좋아하는 것들을 꼼꼼히 따져보고 그것들을 계속하는 데드는 노력과 비교했다. 노력은 늘어갔지만 즐거움은 점점 줄어들고 있었다. 당연히 판단은 그가 내릴 일이지 내 몫이 아니었다. 반년쯤 지난 뒤 나는 더 이상 그가 죽지 않았으면 좋겠다고 말하지 않았다. 그리고 곧 아예 그 생각조차 하지 않게 되었다. 진심으로 다른 사람이 영원히 죽지 않기를 바라는 사람은 없다. 더구나 어떤 일을 제일 바라지 않는 사람에게 그 비슷한 일이라도 이뤄지길 비는 것은 배려가 아니다.

그 후 1년간의 인생 수업이 끝나갈 무렵, 어머니는 크리스마스를 앞둔 어느 날 다시 병원에 입원하셨다. 가슴에 심한 통증이 있었고 혈액 속 트로포닌 효소의 수치가 너무 높았다. 심장마비였다. 동생은 먼 곳에서 오느라 하루나 이틀 후에 도착할 예정이었다. 내 머릿속에서 '심폐소생술 금지' 문구가 춤을 췄다.

을씨년스러운 형광등 불빛 아래 놓인 병원 침대에서 어머니는 근래 몇 년을 통틀어 가장 평온한 모습으로 처음 며칠을 보내셨다. 그러면서 자신이 죽고 나면 누구에게 추도 연설을 맡기는 게 좋을지 얘기하셨다. "목사님의 페이스북 페이지를 확인해봐야겠구나." 삐삐거리며 울리는 전자기기 화면과 튜브들을 연결한 채 어머니는 의식을 잃었다가 차렸다를 반복했다. 얼룩진 안경 너머로 보이는 두 눈은 차분해 보였다. 어머니는 최근 폐렴을 한바탕 앓았던 일을 곰곰이 생각하며 그대로 평화롭게 하늘로 떠났으면 얼마나 좋았을까 하고 생각하셨다. 이제 그토록 바라던 죽음의 문턱 앞에 서 있었다. 화려하지도 너무 고통스럽지도 않게, 자신을 위해 모인 수많은 간호사에 둘러싸여 마지막 순간을 맞고 싶다고 어머니는 늘 입버릇처럼 말씀하셨다.

그렇다면 나는 무엇을 배웠을까? 존의 눈으로 어머니를 보자, 한때는 스스로에게 가치가 있었지만 이제는 그 빛을 잃어버린 삶이 보였다. 어머니는 그런 삶에서 풀려나고 싶어 하셨다. 이미 오랜 시간을 버텨왔다. 나 역시 마치 더 이상 좋아하지 않는 스카프를 억지로 묶어주듯 어머니에게 삶을 강요하고 싶지 않았다. 삶의 가치가 떨어졌음을 알아차리는 것도 가치를 인정하는 일 중 하나가 아닐까.

동생이 도착했을 무렵에는 어머니가 살 수 있다는 게 확실해진 상태였다. 대단한 치료법도, 심폐소생술 금지도 필요 없었다. 죽음을 눈앞에 두고 담담해하던 어머니는 매일 똑같은 병원 생활을 하며 점점 짜증이 늘어가셨다. 동생과 얘기를 하다 보면 마치 우리가 각각 전혀 다른 사람과 함께 있는 것 같았다. 내가 만나는 어머니는 더 행복한 쪽이었다. 어머니가 돌아가시고 싶다고 하실 때 내가 맞장구라도 쳤을까? 존에게 그랬던 것과 마찬가지로 없었다. 하지만 나는 점점 죽음을 노년에 당연히 겪게 되는 과정으로 받아들이기 시작했다. 결국은 누구나 하게 될 일이지 갑자기 어쩌다 벌어질 수 있는 일이 아니었다. 끝내는 것도 맞서 싸우는 것만큼 당당한 선택일 수 있다. 어쨌거나 결과는 마찬가지니까. 나는 계속해서 배우고 있었다.

얼마 전 저녁 식사를 하던 도중 어머니는 은퇴하면서 그 이후를 준비할 생각을 미처 못 했다고 아쉬워하셨다. "나는 인생의 4분의 1을 공부하면서 보냈어. 그러고 나서 인생의 절반을 열심히 일을 했지. 그러고는 아무 하는 일도 없는 쓸모없는 사람이 돼서 나머지 25년을 보내는 거야. 쓸데없이 밥만 축내는 거지. 난 사회가 나서서 노인들이 할 일들을 찾아줘야 한다고 생각해."

어쩌면 어르신들의 가르침에 귀를 기울여야 할 때는 이미 와 있는지도 몰랐다. 온 사방에 배울 것들이 널려 있었다.

존 소런슨은 전부터 늙어서도 매일 면도를 하며 질질 침을 흘리지 않겠다고 다짐했다고 한다. 하지만 91세가 된 그는 가끔씩 면도를 할 때면 입안의 근육이 약해져서 침이 턱을 타고 주르륵 흘러내렸다.

나이가 들면서 배우게 되는 한 가지 교훈은, 나이 듦은 우리의 생각과는 다르다는 것이다. 흔히들 몸과 마음이 쇠약해지면 인생이 크게 달라질 거라고 생각한다. 하지만 대부분의 고령자들은 계속해서 그대로 살아간다. 그러니 우리는 자신을 아껴야 한다. 나이 드는 것이 두려워서가 아니라 아무리 많은 것을 잃어도 우리에게 닥칠 그 모든 상황을 짊어지고 갈 수 있기 위해서다.

오하이오주 주민들을 대상으로 장기간에 걸쳐 "나이가 들수록 사람은 쓸모가 없어진다" 등의 문항들에 동의하는지를 묻는 조사를 실시했다. 그 결과, 노화를 긍정적으로 생각한 사람들이 그렇지 않은 사람들에 비해 평균 7년 반 가량을 더 오래 살았다. 운동이나 금연을 통해 늘어난 수명보다 훨씬 높은 수치였다.

고령자들은 우리가 인터넷에서는 찾아볼 수 없는 사실들을 알고 있다. 사람이 어떻게 나이 들어가는지, 혹은 한동안 세상 속에서 살다가 이제 곧 떠날 사람의 눈에 이 세상이 어떻게 보이는지 말이다. 헬렌 모지스는 딸에게 이렇게 말하곤 했다. "난 네 나이였던 적이 있지만 너는 절대 내 나이였던 적이 없어."

　　요즘 고령자들을 가리켜 '고령화 쓰나미age tsunami'라고 표현하기도 하지만, 사실 그들은 저 먼 바다에서 모여서 금방이라도 '우리'의 해변을 삼켜버릴 쓰나미가 아니다. 그들은 바로 우리다. 지금 당장은 아니라도 언젠가는 그렇게 될 것이다. 만약 그들에게서 뭔가를 배우고 싶지 않다면 인간과 인생의 의미를 배울 수 있는 소중한 기회 또한 놓치고 말 것이다. 나이 들고 싶은 사람은 아무도 없지만 어쩌면 우리는 그로부터 지금 이 순간을 살아가는 지혜를 배울 수 있을지 모른다.

　　고령자들의 삶을 갓 들여다보기 시작했을 때만 해도 나 역시 이렇게 되리라고는 전혀 몰랐다. 그저 노년의 고통과 어려움을 보여주고 싶었을 뿐이다. 어쩌면 '나이 들어서 결국 남은 게 그것밖에 더 있겠어?' 하는 심산이었다.

　　하지만 결국 내가 알게 된 것은 내 인생이 송두리째 뒤집어졌다는 것이다. 그리고 내가 변치 않을 것이라고 여겼던 것들마저 한때라는 것을 깨달았다. 하다 못해 나는 내가 늙지 않을 거라고 생각했었다.

행복은 선택에 달려 있다.

우리에겐 여전히,

삶을 좌우할 수 있는 엄청난 힘이 남아 있다.

우리 인생도 마찬가지야.

좋은 날이 있고 나쁜 날도 있는 거지.

하지만 전체적으로는 좋은 날들인 거야.

2
이 순간을 제대로 살아야
다음 순간을 맞을 수 있다

"지금 이 순간 행복한가?"

처음에는 역시 예상했던 그대로인 듯 보였다. 그들은 나이가 들수록 계속해서 뭔가를 잃어가고 있었다. 핑은 관절염 때문에 무릎과 어깨가 너무 아파서 밤새 잠도 못 자고 끙끙 앓았다. 존은 외로웠지만 집 밖으로 나가기가 두려웠다. 그는 팔을 들어 머리도 빗지 못했다. 손가락에는 통풍이 들어서 밥 한술 뜨기도 어려웠다. 그래서 어떤 때는 고개를 푹 수그려 입을 접시에 가져가 대고 먹기도 했다. 루스는 집과 친구들을 떠나온 뒤 바깥출입을 끊은 지 오래였다. 프레드는 어느 날 밤 부엌에서 쓰러져 일어날 수가 없었다. 그래서 다음 날 아침이 될 때까지 그대로 바닥에 쓰러져 잘 수밖에 없었다. 모두 가슴 아프고 애잔한 이야기들이었다. 노년은 이럴 거라고 생각했던 내 예상이 역시 맞았구나 싶었다.

"난 여기 있는 게 너무 싫어. 내가 결국 양로원에서 살게 될 줄은 꿈에도 생각 못 했어. 날 돌봐주겠다는 사람 하나 없다니." 내가 처음 방문했던 날 헬렌은 이렇게 말했다.

고령자들은 모두 노화로 인해 몸의 근육이 줄어들고 있었다. 근육감소증sarcopenia이라 불리는 이 현상은 중년부터 시작되며 80세 무렵이면 전체 근육량의 3분의 1 혹은 절반가량이 감소한다. 목과 팔의 피부는 축축 처지고 마치 희미하게 남은 오래된 멍 자국처럼 얼룩덜룩한 반점들이 여기저기 생긴다. 프레드와 그의 집 문 앞에서 악수를 나누던 나는 그의 엄지손가락 아래쪽에 불룩해야 할 모지구근이 평평하거나 오히려 옴폭 들어가 있다는 것을 알았다. "이거 보여?" 그가 엄지손가락의 늘어진 피부를 꼬집으며 말했다. "며칠 전에 내가 돼지코 플러그를 세 개짜리 플러그로 바꿔주는 어댑터를 꽂으려고 하는데 안 되더라고. 그래서 친구한테 그 얘기를 했더니, 아 글쎄, 그 자리에 딱 꽂아놨더군. 나는 몇 날 며칠을 끙끙댔는데 말이야." 여전히 여행을 다니고 영화를 만드는 요나스마저도 새 카메라에 달린 조그만 버튼을 제대로 누르지 못했고 글씨만 쓰려고 하면 손이 덜덜 떨렸다. 고령자 여섯 명 중 다섯 명은 돌아다니려면 지팡이나 보행기가 필요했다. 그래서 주로 다른 사람들이 그들을 찾아오는 편이었다. 이름을 외우거나 약을 먹었는지 기억하는 것같이 간단히 머리를 쓰는 일도 점점 힘들어져 틀리는 일이 많아졌다. 게다가 모두 혼자 살고 있었다.

나이 들면 얼마나 힘드냐고? 우리가 두 번째로 만나던 날 루스는 하루 전 의사를 만나러 가던 길 얘기를 들려줬다. 겨울의 끝자락이었지만 도시는 온통 새로 쌓인 눈과 얼음으로 하얗게 덮여 있었다. 그로부터 하루가 지났는데도 그녀는 여전히 기진맥진해 있었다.

루스가 콜택시를 불렀지만 차가 오지 않았다. 그녀는 뭐든지 스스로 척척 해내던 아담한 체구의 여성이었다. 하지만 새 양로원으로 이사한 후부터 몸을 움직이는 일이 줄어들었고 내 어머니와 마찬가지로 끼니마다 꼬박꼬박 나오는 디저트를 먹고는 살이 쪘다. 다시 한번 택시를 부르자 차가 도착했지만 그녀가 타기엔 너무 높은 SUV였다. 난감한 상황이었다. 그녀는 운전자가 자신의 '궁둥이'를 들어 올려 택시에 태우도록 허락할지 아니면 그냥 포기하고 말지 한참을 고민했다. 그러고는 마침내 우선 상체를 뒤로 젖혀 좌석에 올라가 기댄 뒤 겨우겨우 다리를 안으로 끌어당기는 데 성공했다. 그 이후로 정기적으로 의사를 방문하는 날이면 하루 종일 스트레스가 쌓였다.

"내가 뭘 기다리느냐고?" 그녀가 이렇게 묻고는 잠시 생각에 빠졌다. 마땅한 대답이 떠오르지 않는 듯했다. "난 거의 항상 우울해. 더 이상 행복하지 않아. 그래서 화가 나. 전에 같이 있던 친구들이 그리워." 전에 살던 노인 거주시설에서 쫓겨난 지 8개월이 지났지만 그녀는 여전히 화가 나 있었다.

나는 루스에게 노인들이 젊은이들에 비해 행복하다는 연구 결과를 알려주고 동의하는지 물었다. "난 아니야. 아니라니까." 그녀가 말했다. 그녀는 너무 피곤해서 더 이상은 못 하겠다며 인터뷰를 일찍 끝냈다.

내일이 오늘보다 나을 거라고 말할 수 있는 사람은 그들 중 아무도 없었다. 몸과 마음은 더 약해질 것이고 마음먹은 대로 살기는 더 어려워질 것이 뻔했다. 친구나 사랑하는 사람들도 하나둘 떠나가버리고 자신도 느리든 빠르든 죽음을 향해 다가가고 있었다. 당뇨, 관절염, 기억상실, 심장질환, 시력 혹은 청력 감퇴 등 각자 어떤 문제를 갖고 있든 점점 나빠지고 있는 것만은 확실했다. 한번 다치면 상처는 서서히 아물었고, 기침은 멎을 줄을 몰랐다. 자신들처럼 나이가 지긋한 사람들은 텔레비전에서 찾아볼 수 없었다. 거리나 상점에서 마주친 사람들은 노인들과 엮이길 바라지 않는 듯 그들을 지나쳤다. 자칫 투덜거리기라도 했다가는 자녀들마저 그들을 멀리할지도 모를 노릇이었다.

하지만 그들과 계속해서 만날수록 이야기는 점점 다른 방향으로 흘러가기 시작했다. 헬렌은 하위와의 연애가 지난 57년간 해온 결혼 생활에서는 경험해보지 못한 것이라 고맙다고 했다. 결혼 생활은 따뜻했지만 너무 어렸을 때 결혼한 탓에 진정한 연애를 했다고 하기에는 어려웠다. "하위와는 훨씬 더 낭만적이야." 그녀가 말했다. "자네는 죽었다 깨어나도 이해 못 할 거야."

핑은 여기저기 아프기는 하지만 지금 훨씬 편하게 살고 있다고 말했다. 더 한가하고 스트레스도 적다는 것이다. "지금은 옛날하고 비교할 수가 없어. 다르지. 난 어렸을 때 선생님들이 지켜보는 게 싫어서 학교 가기가 싫었어. 그러고 나서는 일을 했지. 이때가 정말 힘들었어. 아침 6시에 일어나서 여덟 시간을 일했다니까. 지금은 훨씬 자유롭지. 내가 하고 싶을 때 하고 싶은 걸 할 수 있잖아. 어차피 할 수 없는 건 꿈도 안 꿔. 이제 시간이 얼마 안 남았다는 걸 아니까. 나는 즐거운 것만 해야 돼. 마작 같은 것 말이야. 죽을 때까지 난 마작을 할 거야."

프레드의 삶에서 행복한 구석을 찾기란 거의 불가능해 보였다. 그는 브루클린에 위치한 아파트에서 홀로 살았다. 그는 청소도 할 수 없었고, 엘리베이터가 없어서 올라가기만 해도 온몸이 쑤시는 서른일곱 개의 계단 위에서 홀로 세상과 격리되어 있었다. 나와 만났을 즈음 그는 외로워서 견딜 수 없는 지경이면서도 집 밖으로는 한 발짝도 나가지 않고 있었다. 그의 딸은 유방암에 걸려 위독한 상태였고 그는 심장 때문에 벌써 두어 번 병원에 입원한 적도 있었다. 아들들은 그에게 돈을 빌려가서는 연락조차 끊다시피 했다. 그와 가장 가까웠던 동생은 당뇨병으로 한쪽 다리를 잃고 프레드가 찾아가기도 힘들 만큼 먼 곳에 살고 있었다. 하지만 우리가 만난 1년 동안, 우울할 때에도 프레드를 만나면 내 기분은 어김없이 밝아졌다.

"행복이 뭐라고 생각해?" 어느 날 그가 내게 물었다. 그 주에 그는 다니던 교회의 목사님이 돌아가셨다는 소식을 들었는데 목사님이 자신보다 훨씬 젊다는 사실에 충격을 받았다. 우리가 있던 그의 거실에는 낡은 청구서들과 온갖 서류들이 마구잡이로 쌓여 있었고 그중에는 몇 해 전 병원에 입원하면서 받았던 서류들도 섞여 있었다. 프레드는 퀴퀴하고 지독한 악취가 풍기는 것도 느끼지 못하는 것 같았다. 나는 행복은 목표의식과 자존감과 관련이 있다고 대답했다.

프레드는 늘 그렇듯 부드러운 미소를 지어 보였다. "거봐, 그건 행복이 아니야. 나한테 행복은 지금 일어나고 있는 일이야. 다음 세상에서가 아니라고. 오늘 밤에 춤추러 갈 거라서 행복한 게 아니야. 지금 이 순간에 행복하지가 않으면 자네는 행복한 게 아닌 거야. '저 코트를 사서 겨울에 입을 거야' 아니면 '새 오토바이를 사야지. 그러면 나는 정말 행복할 거야' 뭐 이러는 사람들이 있지. 하지만 그때까지 무슨 일이 벌어질지 어떻게 알아? 지금 자네 행복한가? 나처럼 말이야. 나는 몸이 안 좋지만 아주 오래전부터 그랬어. 그러니까 중요한 건 그게 아니야. 가끔 나는 내일은 나가봐야겠다고 말해. 하지만 그다음 날 하루 종일 비가 내리면 나는 텔레비전을 켤 거야. 텔레비전을 보면서 아이스크림을 먹거나 하지. 그러기로 했던 건 아니지만 말이야. 행복은 그런 거야. 정말 그렇지."

지금까지 내가 말하던 행복은 지극히 내 나이의 관점에서 바라본 것이었다. 나는 언젠가 성공하길 바라며 하루하루를 살아가고 있었다. 하지만 프레드는 노년의 관점에서는 어떤지를 보여주었다. 언제 올지 모를 미래가 아니라 당장 눈앞에 있는 것들에서 즐거움을 찾는 것이다. 나는 앞을 바라보고 있었지만 프레드는 지금이 소중했다. 미래는 오지 않을지도 모르기 때문이다.

프레드가 늘 그렇게 생각해왔던 것은 아니다. 그 역시 젊었을 때는 행복은 찾아가서 붙잡는 것이라고 생각했다. 그래서 살면서 많은 실수를 저질렀다. 대부분은 그가 가진 것만으로는 성에 차지 않아서였다. 그는 결혼은 단 한 번도 하지 않았지만 네 명의 여성과의 사이에서 아이를 여섯이나 낳았고 그중에서 유일하게 딸 한 명과 가깝게 지냈다. 프레드는 좀처럼 후회하는 기색을 내비치지 않았다. 하지만 어느 날 오후, 한참 이야기를 나누다가 무심코 그가 이렇게 말했다. "나는 지긋지긋할 때까지 놀고 또 놀았어. 하지만 영리하지 못했지. 내가 천년만년 계속 건강하고 행복하고 열정이 넘칠지 알았거든. 그러다가 이 꼴이 됐어. 주변에 나를 돌봐줄 사람 하나 없잖아. 다 내 탓이지. 나는 늘 어딘가에 뭔가 더 나은 게 있을 거라고 생각했어."

프레드는 대학 시절 의대에 가고 싶어 했고 인체에 대해서도 제법 잘 알고 있었다. 그래서 자신의 건강이 심각한 상태이고 크게 나아질 가능성이 없다는 것까지 잘 파악하고 있었다. 그는 당뇨병이 있었고 저혈압이었으며 혈액순환이 잘 되지 않아 발가락에 염증이 생겨 치료를 해도 도무지 듣지를 않았다. 하지만 그는 그 문제를 두고 머리를 싸매지도 않았고 비슷한 고민을 달고 사는 사람들과 어울리지 않기로 마음먹었다. 그리고 그는 비슷한 또래의 사람들이나 특히 교회 사람들을 주로 피해 다녔다. 왜냐하면 그런 사람들은 여기저기 아프다고 앓는 소리를 하거나 심지어 다른 사람들이 아픈 소식까지 전하는 일이 많았기 때문이다. 프레드는 자신의 병만으로도 골치가 아파 죽겠다고 했다. 굳이 자청해서 들을 필요는 전혀 없었다.

"예전에 이런 노래가 있었어. 아마 아직도 어디선가 가끔 나올 거야. '더 좋은 날이 올 거야. 그날이 올 때까지 난 멈추지 않아.' 나는 병도 마찬가지라고 봐. 잠깐일 뿐이야. 다시 일어나서 천천히 원래대로 돌아오는 거지. 난 앞으로 잘 지낼 거야. 체서피크만 브리지터널 같은 거지. 체서피크만이 어마어마하게 기니까 다리 하나로는 건너갈 수 없어서 지하 터널까지 더 만들었잖아. 그래서 달리다 보면 다리 위였다가 지하 터널이었다가 하지. 하지만 어쨌거나 결국엔 맞은편의 이스턴쇼어에 도착하게 되어 있어. 우리 인생도 마찬가지야. 좋은 날이 있고 나쁜 날도 있는 거지. 하지만 전체적으로는 좋은 날들인 거야."

프레드는 행복하려고 크게 애쓸 필요가 없었다. 그는 평화로운 순간 행복했다. 그러니 그저 편안히 기대앉아서 자신을 맡겨버리기만 하면 됐다. 그는 현명하게도 자신의 삶이 주는 행복을 기꺼이 받아들였다.

"내가 아는 어떤 사람은 사회보장수표를 한두 번쯤 받았나. 그런데 지금은 저세상에 가고 없어. 나는 그 수표를 20년이 넘게 받고 있는데도 아직 이렇게 멀쩡히 살아 있단 말이야. 하나님께 감사할 일이지. 왜 그럴까 생각해보려고도 안 해. 그리고 내가 다른 사람들보다 낫다고도 생각하지 않고. 그냥 하나님께 감사하고 내가 110세가 될 때까지만 숨 쉬게 해주십사 하고 바라는 거야. 그때가 되면 나는 '알겠어요. 다른 사람들한테 자리를 비켜주겠습니다'라고 할 거야. 그러면 자네는 나를 그냥 화장해버려. 애들 놀이터 자리나 뺏는 묘지 같은 데다가 묻지 말고. 110세까지니까 아직은 시간이 좀 남았어."

요나스 메카스 역시 행복은 지금 현재의 상태라고 말했다.

요나스는 살면서 커다란 위기를 두 번이나 겪었지만 무사히 살아남았다. 한 번은 소련이 그의 고향인 리투아니아를 침략했을 때였고 두 번째는 그가 나치군에 사로잡혀 독일의 강제노동수용소에 보내졌을 때였다. 인간이 남에게 얼마나 끔찍한 고통을 줄 수 있는지 생생히 목격한 그는 행복이 힘들게 뭔가를 쟁취하는 데서 오는 게 아니라 다른 사람들과의 관계에서 오는 것이라는 사실을 깨달았다.

"좋아하는 걸 보고 맛있는 걸 먹는다고 다 행복한 게 아니야. 다른 사람들이랑 함께 나누지 않으면 말이야." 그가 말했다.

요나스는 1974년에 집필한 자신의 에세이 『온 해피니스On Happiness』를 찾으려고 집 안 구석구석을 뒤졌다. 그는 신발 공장을 개조한 브루클린의 한 아파트에서 살고 있었다. 자신을 위해서는 사치품들을 거의 사지 않았지만, 온갖 종류의 책과 영화, 포스터나 공예품들은 모아두고 있었다. 정작 자신은 부엌 옆에 놓인 1인용 침대에서 잠을 자면서도, 아들의 등록금을 마련하기 위해 가지고 있던 앤디 워홀의 홍보용 영화 포스터들을 한 장당 천만 원이 넘는 가격에 팔기도 했다. "이 잡동사니들을 안 버린 덕분에 내가 사는 거야." 어느 날 그는 이렇게 말했다. 그가 단번에 물건을 찾아내는 일은 결코 없었지만 어쨌든 결국 어딘가에 있기는 했다.

그 에세이는 편지 형식이었는데, 그가 젊었을 적 어떤 결핍을 느꼈는지 그리고 그로 인해 자신이 생각하게 된 행복이 무엇인지에 대해서 썼다. 그는 동생이 만든 리투아니아식 감자 푸딩인 쿠겔리스를 입에 한가득 넣을 때 가장 황홀하다고 했다. 혓바닥에서는 불이 나고 정신 나간 사람처럼 땀을 뻘뻘 흘리고 무슨 말에든 '알았다'며 고개를 끄덕이게 되지만 말이다. 그리고 에세이는 친구들과 나눠 먹는 포도 한 접시에 대한 이야기로 마무리됐다.

이 접시는 내 천국이야. 나는 더 이상 바라는 게 없어. 대저택, 차, 시골 별장이나 보험도 필요 없고 부자가 되는 것도 바라지 않아. 내가 원하는 건 바로 이 포도 한 접시야. 이 접시 하나만 있으면 나는 정말로 행복해. 이 포도를 맛있게 먹는 걸로 충분해. 그게 행복이지. 난 그거면 행복해.

무언가를 모아두는 것은 과거를 현재로 새롭게 만들어내는 방법 중 하나다. 요나스는 끊임없이 오래된 영화 자료들을 새롭게 다듬고 전에 쓴 글들을 책으로 펴냈다. 우리는 자주 미래를 현재 삼아 아직 오지도 않은 즐거움으로 대리만족을 하며 산다. 하지만 요나스에게 미래는 환상이었다. 그는 그 미래가 현재로 다가왔을 때만 인정했다. "난 미래에 대해서 좀 생각이 달라. 전부 미래로 흘러가지만 사실 미래는 존재하지 않아.

그건 우리가 만드는 거지. 지금 이 순간을 위해서 우리가 지켜야 하는 건 바로 도덕성이야. 인류의 미래니 가족이니 뭐니 전부 지금 우리가 뭘 하느냐에 달렸어. 지금 이 순간을 제대로 살아야 모든 게 나아진 다음 순간을 맞을 수 있는 거지."

사람들이 자주 행복하냐고 묻는데 그때마다 자신의 대답은 늘 한결같다고 요나스는 말했다. 당연히 행복하다는 것이다. "난 언제나 웃고 있어야 행복한 거라고 생각하지 않아. 마음속으로 행복한 게 진짜지. 살면서 두루두루 다 잘해왔고 다른 사람을 불행하게 하지 않았다고 느끼게 돼. 조금 이따 아니면 당장 내일이라도 무슨 일이 터질까 봐 초조해하지 않아. 그냥 될 대로 되라고 내버려두고 걱정도 하지 마. 그러면 안정된 삶을 살 수 있어. 내가 바로 그렇거든."

사회과학자들은 나이 든 사람들이 젊은이들보다 덜 불행한 이유를 아직까지 밝혀내지 못했다. 물론 다른 연령대와 마찬가지로 불행한 노인도 많다. 특히 심각한 질환이나 극심한 통증, 지독한 가난은 노인들에게 유독 더 버겁기 마련이다. 그저 몸이 노화되는 것만으로도 충분히 불행하다고 느낄 수 있다. 하지만 흔히 우리의 생각과는 달리 대부분의 노인들은 아프거나 허약하지 않다. 이전의 세대들에 비해서도 훨씬 더 많은 노인이 더 건강하게 혼자서도 잘 살고 있다. 그럼에도 우리는 노인들의 건강이 약하다는 부분에만 많은 주목을 하고 있다.

스탠포드 장수연구센터Stanford Center on Longevity의 설립자이자 심리학자인 로라 L. 카스텐슨Laura L. Carstensen 교수는 노인들이 삶에 더 크게 만족하는 이유를 다음과 같이 설명한다. '사회정서적 선택성socioemotional selectivity'이라 불리는 그녀의 가설에 따르면, 앞으로 살날이 얼마 남지 않았다는 것을 아는 노인들은 당장 즐거울 수 있는 일에 에너지를 집중하는 반면, 아직 갈 길이 먼 젊은이들은 비록 앞으로 쓸모가 없을지 모르더라도 새로운 경험이나 지식을 쌓기를 선호한다. 또 젊은이들이 현재 자신이 가지지 못한 것들 중 나중에 혹시라도 필요한 것이 있을까봐 초조해하는 반면 나이가 많은 사람들은 이미 가진 것들 중 가장 좋아하는 것 몇 가지만 추려냈다. 젊은이들은 개구리가 왕자로 변하기를 바라며 키스를 한다. 하지만 노인들은 손자 손녀들에게 키스한다. "85세 어르신이 무기화학 수업을 들으시겠어요?"라고 카스텐슨 교수는 말했다. 어쩌면 노인들은 말 그대로 내일이 없는 듯 사는 건지도 모른다.

카스텐슨 교수는 교통사고 때문에 거의 죽을 뻔한 고비를 넘긴 뒤 노인들에 대해 관심을 가지게 되었다. 당시 스물한 살이었던 그녀는 순탄치 않은 결혼 생활을 하고 있었다. 사고가 있던 날 그녀는 아기를 집에 맡겨둔 채 친구들과 함께 그룹 핫 투나Hot Tuna의 콘서트에 가는 길이었다. 하지만 운전자가 술에 잔뜩 취해 운전을 하는 바람에 폴크스바겐 미니 버스가 둑 너머로 굴러 떨어졌다. 카스텐슨 교수는 대퇴골뿐만 아니라 여러 곳에 골절상을 입었다. 폐에는 구멍이 났고 머릿속이 부어올라 일시적으로 앞이 보이지 않았다. 의사들은 그녀가 살아나지 못할 수도 있다고 생각했다. 그녀는 3주간 의식을 잃었다가 되찾기를 반복했다. 그러고는 정형외과 병동으로 옮겨졌는데 그곳에서 부러진 다리가 위로 들어올려 고정된 채 4개월을 보냈다.

마침 같은 병실에는 엉덩이뼈가 부러져 움직이지 못하는 세 할머니들이 입원해 계셨다. 그곳에서 그녀는 의료진이 할머니들을 자신의 삶을 이끌어가는 주체가 아니라 치료가 필요한 대상으로만 대하는 모습을 목격했다. 할머니들은 인생의 우여곡절이나 다양한 욕구들까지 포함해 자신들의 삶을 속속들이 꿰뚫어보고 있었다. 하지만 의료제도 안에서 그들은 자아의식을 잃고 무력해졌고 카스텐슨 교수는 그 모습에 충격을 받았다. "나이가 드는 게 어떤 건지 그때 처음 깨달았어요. 주변에서 이끄는 대로 변해가는 거죠."[6]

그녀는 자신의 책에서 "큰 걸림돌은 노화 자체의 문제와 노화 때문에 생기는 문제를 분리하는 것이었다. 젊은이에게 어려움이 닥치면 사람들은 그가 문제를 해결할 거라고 여긴다. 그런데 노인에게 어려움이 닥치면 주변에서는 잠자코 받아들이라고 다독인다"라고 썼다. 카스텐슨 교수는 일부 노인들이 느끼는 무력감 가운데 '노화 그 자체로 인해 느끼는 무력감'과 '주변으로부터 이렇게 해야 한다고 강요받기 때문에 느끼는 무력감'이 각각 얼마나 될지 궁금했다. 아울러 인생의 후반을 나이 들어가는 것이 아니라 그저 길게 사는 것일 뿐이라고 여긴다면 어떻게 달라질지도 의문이었다. 마치 시대를 잘 타고 태어난 운 좋은 사람들에게 주어진 선물처럼 말이다.

1990년대 초, 카스텐슨 교수와 스탠포드의 연구팀은 긍정성 효과positivity effect, 노인들이 부정적인 정보보다 긍정적인 정보를 더 잘 처리하는 현상 - 옮긴이를 확인하기 위해 10년에 걸친 실험을 시작했다. 그들은 18세에서 94세 사이의 피실험자 184명에게 전자 호출기를 나눠주고, 일주일간 하루에 5회씩 호출해 해당 시점에 긍정에서 부정에 이르는 여러 감정들을 각각 얼마나 강하게 느끼고 있는지 적도록 했다. 행복, 즐거움, 만족감, 흥분, 자부심, 성취감, 호기심, 재미, 화, 슬픔, 두려움, 혐오, 죄책감, 당황스러움, 부끄러움, 불안, 짜증, 분노 그리고 지루함 등 총 19개의 감정들이었다. 그러고 나서 그들은 각각 5년과 10년 후 동일한 주제로 실험을 반복했다.

결과는 충격적이었다. 고령의 참가자들은 젊은 참가자들과 마찬가지로 꾸준히 긍정적인 감정들을 느끼고 있었지만 부정적인 감정들을 느끼는 경우가 드물었다. 또한 더 복잡한 감정을 느끼기도 했다. 다시 말해, 화가 나거나 불안하다고 해서 행복하다고 표현하는 데 망설이지 않았다. 의식적이든 무의식적이든 불행하다고 느낄 만한 이유가 있을 때조차 그들은 스스로 행복하다고 마음먹고 있었다.

그 밖의 다른 실험에서도 나이에 따라 미묘한 차이들을 발견할 수 있었다. 한 실험에서 카스텐슨 교수와 동료들은 참가자들에게 여러 장의 사진을 보여준 다음 최대한 많이 기억해줄 것을 요청했다. 그러자 고령자들은 긍정적인 이미지를 부정적인 이미지보다 거의 두 배나 더 많이 기억했다. 반면 젊은이들은 긍정적인 이미지와 부정적인 이미지를 모두 잘 기억했다. 카스텐슨 교수는 이 결과를 다음과 같이 설명했다. 고령자들은 순간적으로 기분이 좋아지는 이미지를 선호하는 반면 젊은이들은 추후에 사용할 때를 대비해 모든 정보를 머릿속에 저장했다는 것이다.

또 다른 실험에서는 참가자들에게 먼저 여러 개의 얼굴을 보여주었다. 그런 뒤 참가자들에게 깜빡거리는 점이 얼굴이 있었던 위치에 나타나면 버튼을 눌러달라고 했다. 고령자들은 행복한 표정의 얼굴이 있던 곳에 점이 나타나면 더 빨리 버튼을 눌렀고, 젊은이들은 행복한 얼굴이나 슬픈 얼굴이 있었던 곳에 모두 동일한 속도로 반응했다. 이는 고령자들이 부정적인 정보보다 긍정적인 정보를 더 잘 기억했을 뿐만 아니라 애초에 더 완전하게 인지했다는 뜻이었다.

기능적 자기공명영상fMRI으로 촬영한 결과, 고령자들의 뇌에서는 감정 처리를 담당하는 편도체가 긍정적인 이미지를 보았을 때 더 활발하게 반응한다는 사실이 발견되었다. 한편 젊은이들의 두뇌는 두 가지 이미지에 모두 동일하게 반응했다. 고령자들의 뇌는 명상을 하는 사람들의 뇌와 유사했다. 반면 사이코패스들이나 외상후 스트레스 장애PTSD를 겪고 있는 사람들은 부정적인 자극을 받았을 때 편도체가 활성화되었다.

내가 만났던 고령자들 역시 평소 특정한 것들을 더 잘 기억하고 있었다. 비록 다들 힘겹게 인생을 마무리해나가고 있었지만 지금까지 살면서 겪은 고난들을 대수롭지 않은 듯 여겼다. "난 편히 잘 살았어." 존 소런슨은 매번 만날 때마다 이렇게 말했다. 그는 자신의 성적 취향 때문에 편견을 겪어본 적이 단 한 번도 없었다고 했다. 심지어 고등학교 때 친구들이 야구를 하지 않는다며 자신을 '언니'라고 불렀는데도 말이다. "나는 그것 때문에 놀림을 받아본 적이 없어." 그는 말했다. 또 60년 동안 월터와 함께 살면서도 싸웠던 기억은 딱 한 번뿐이라고도 했다. 존은 다른 사람들이 대공황을 겪었던 시련들은 곧잘 기억하면서도, 정작 자신의 힘들었던 이야기는 겨우 수요일 저녁에 먹었던 밥 한 공기를 빼고는 지난주에 맛있는 음식을 하나도 못 먹었다는 정도가 끝이었다.

"어느 날 거실로 들어갔더니 아버지 손에 카나리아가 앉아 있었어. 난 그 장면이 잊히지가 않아." 두 번째 만났을 때 그가 말했다. "어머니가 아버지를 보고 계셨는데 그때 얼굴에 퍼져 있던 미소도 절대 잊지 못할 거야. 사랑에 빠진 소녀 같았거든. 어머니의 그런 표정은 난생 처음이었어. 정말 눈 깜짝할 순간이었지. 나를 보고는 곧바로 표정이 바뀌었거든. 하지만 너무나 아름다운 기억이라 내 머리에 박혀버렸어."

카스텐슨 교수의 실험 결과가 현실에서 그대로 드러났다. 존은 긍정적인 감정은 기억했지만 부정적인 감정은 기억하지 못했다. 당시에는 끔찍하게 괴로운 시간들이었을지 모르지만 존은 남은 기억들을 통해 행복할 이유를 만들어냈다. 그리고 자신을 더 괴롭게 만들기만 하는 불쾌한 기억들을 싹 지워버렸다.

만약 카스텐슨 교수의 주장이 옳다면, 나이가 들면서 생기는 기억력의 변화가 부정적인 영향뿐만 아니라 긍정적인 영향도 가지고 있다는 것을 의미한다. 벌써부터 예전 선생님의 성함이 가물가물하거나 바로 지난달에 본 영화의 결말이 생각나지 않는다 해도, 그런 일들이 앞으로 더 많은 것을 잃게 될 거라는 불길한 조짐이 아니라 어쩌면 새로운 보상을 얻을 수 있다는 징조일 수 있다. 우리는 필요에 따라 잊어버리거나 기억한다. 그러니 기억을 조금 잃는다 해도 여전히 괜찮은 삶을 살아

갈 수 있다. 결국 약해지는 기억력을 유리하게 활용하는 법을
우리는 배울 필요가 있다.

죽음은 삶의 적이 아니라 친구라는 생각이 가끔 든다.

언젠가 끝이 있다는 사실 덕분에

삶이 더 소중하게 느껴지기 때문이다.

3
행복의 선택은
자신에게 달려 있다

"결국 믿는 대로 되는 거야."

좋았던 때는 또렷하게 기억하고 힘들었던 때는 잊어버리는 그들의 선택적 기억력이 일상생활에 도움이 된다는 사실을 나는 시간이 흐르면서 깨닫게 되었다. 그들은 몸에서 일어나는 변화에는 어쩔 도리가 없었지만 더 긍정적인 효과를 얻을 수 있도록 자신의 과거를 마음대로 다듬어낼 수는 있었다.

"나는 내 인생을 돌아볼 때 행복했다고 생각을 해." 루스는 마치 과거에 행복했는지도 우리가 결정할 수 있다는 듯 말했다. 기억 속에 남아 있는 힘든 경험들도 현재에 큰 영향을 미쳤다. 그들은 대공황을 버텨냈고 배우자가 서서히 하늘나라로 떠나는 모습까지 지켜보았다.

대화를 하다 보면 루스는 가끔씩 어머니와 남편, 언니가 세상을 떠나기 전 자신이 수년간 그들을 돌봐줬던 이야기를 꺼내고는 했다. 특히 자매들 중에 가장 똑똑하던 언니는 오랜 기간 알츠하이머병에 시달리다가 하늘나라로 떠났다. 하지만 루스가 당시의 기억을 떠올릴 때면 고통스러워한다기보다 오히려 더 즐거웠던 시절로 돌아간 듯했다.

저소득층 노인들을 지원하는 기관을 운영하는 루스의 큰딸 주디는 자신이 돕는 사람들에게서도 이 같은 모습을 자주 볼 수 있다고 말했다. "85세나 90세까지 사는 사람은 다들 무척 강해요"라고 주디는 말했다. "엄마는 남편도 잃고 부모님도 떠나보냈어요. 그래서 죽음을 어떻게 받아들여야 하는지도 알죠. 그렇다고 덜 힘들다는 건 아니지만 사람들은 금방 다시 일어날 수 있어요. 그래서 어르신들에게서 배울 게 무척 많은 거죠. 세상만사를 다 겪고 살아남은 분들이시니까요. 늙는 게 꼭 좋다는 건 아니지만 꼭 끔찍하지도 않아요. 돈이 많으면 더 좋죠. 곁에 가족이 있어도 좋고요. 하지만 제가 만나보니 둘 다 없는 어르신들도 잘들 지내세요."

심각한 기억상실은 끔찍한 일이다. 그러니 두려워하는 게 어쩌면 당연하다. 하지만 선택적으로 잊어버리는 것은 진정한 지혜일지 모른다. 당신이 45세라면 결혼 생활 동안이나 일하는 중에 저질렀던 실수들을 빼먹지 않고 기억하는 편이 좋다. 실수를 통해 교훈을 얻을 수 있기 때문이다. 하지만 90세라면 잊어버리는 편이 더 현명하다. 그저 상처만 되기 때문이다. 중년에는 사업을 하면서 자신을 등쳐먹은 사람이 누군지 알아야 한다. 하지만 나이가 들면 마음속에 품었던 원한을 지워버린다고 해서 더 잃을 것도 없다. 선택적 기억은 일종의 '강화 효과reinforcing effect'가 있다. 부자가 더 큰 부자가 된다는 것이다. 아이들은 지나간 일에 연연해 불평만 늘어놓는 할머니보다 행복했던 옛날이야기를 들려주는 할머니를 더 자주 찾아뵙고 싶어할 것이다.

어느 날 나는 핑 윙에게 지난 90년간 살면서 후회스러웠던 일들이 있는지 물었다. 우리는 그녀의 아파트에 있었다. 집은 자그마했지만 늘 먼지 하나 없이 깔끔했다. 핑은 더 이상 새 옷을 사지 않았기 때문에 목 부분이 살짝 해진 스웨터를 입고 있었다. 그녀는 매일 하루도 빼놓지 않고 창가 옆에 놓인 식물들을 가꿨다. "정말 중요한 일이야. 꽃을 좋아하면 건강에도 좋아." 후회하는 일이 있냐고 내가 묻자 그녀는 고개를 가로저었다. "그럴 수가 없지. 어차피 과거로 돌아갈 수는 없잖아. 지난 일은 잊어버려야 해."

핑은 자신의 평범한 하루 일과를 들려주었다. 아침이 되면 그녀는 느지막이 일어나서 간병인이 전날 밤에 만들어둔 아침 식사를 데워 먹는다. 간병인은 아침 10시에 도착해서 설거지를 한다. 매일 아침마다 핑은 꽃에 물을 준다. 전에는 아침이면 운동을 하러 가곤 했지만, 점점 그냥 빈둥거리는 편이 더 좋아졌다. 점심을 먹고 난 뒤에는 낮잠을 자고, 3시가 되면 아래층으로 내려가서 두어 시간씩 마작을 한다. 늘 중국 남부의 광둥성에서 온 세 여성들과 함께였다. 그녀가 마작에서 이기는 날이 바로 행복한 날이었다. 저녁이면 그녀는 딸과 통화를 하고 나서 같은 건물에 있는 여가 공간에서 책을 읽거나 수다를 떤다. 그녀는 밤에 텔레비전을 보지 않는다. 앉아 있으면 등이 아팠기 때문이다. 그래서 그녀는 가끔씩 자기 전에 누워서 책을 읽는다. 몇 해 전 중국에 있는 친척에게 이메일을 쓰거나 스카이프로 전화를 하라며 딸이 노트북을 사주긴 했지만 놓을 만한 자리가 없었다. 그렇다고 필요할 때마다 들고 다니기엔 너무 무거웠다. 태블릿 PC도 시도해보았지만 손이 심하게 떨려서 터치스크린을 사용할 수 없었다.

그래서 핑은 몇 안 되는 사람들만 만나고 거의 움직이지도 않게 되었다. 게다가 얼마 전 같은 건물에 살며 가깝게 지내던 한 친구마저 하늘나라로 떠나버리자 활동 반경이 더 좁아졌다. 하지만 좁기는 해도 모든 게 알차게 짜여 있었다. 하나하나 그녀에게 큰 의미가 있었다. 그녀는 아끼지 않는 사람들을 만나거나 좋아하지 않는 일을 하느라 에너지를 낭비하지 않았다. 진절 머리 나는 일을 하거나 못된 친구들이 있는 학교에 더 이상 가지 않아도 됐다. 회사에서 잘리거나 수학 과목에서 낙제를 할 걱정도 없었다. 그녀가 그 무엇보다 걱정했던 것은 자신의 장례식을 치를 돈이었지만 그건 이미 마련해둔 터였다.

일로 인한 불안과 결혼 생활의 압박, 돈 걱정, 일상적인 스트레스 때문에 나는 밤잠을 설치거나 우울했다. 하지만 핑뿐만 아니라 다른 노인들에게는 이런 고민들이 존재하지 않았다. 핑은 이렇게 말했다. "지금은 사는 게 너무 쉬워. 젊었을 때야 미래가 저기 저 멀리 있는 것 같고, 앞으로 자신이나 이 세상에 무슨 일이 벌어질지 모르니 두렵지. 그래서 늙었을 때보다 젊을 때 걱정이 더 많은 거야. 하지만 이제 난 걱정이 없어."

미래로부터 자유로워진다고 생각해보자. 그건 바로 반드시 일어날 단 한 가지 사건인 죽음을 제외한 나머지, 즉 일어나지 않을 수도 있는 모든 일들로부터 자유로워지는 것이다. 단 1분일지라도 그 기분이란 마치 처음 하늘을 나는 것처럼 가볍고 자유롭다. 우리는 대부분 매일 이 미래의 무게에 짓눌려 살아가고 있다. 하지만 고령자들처럼 생각한다면 누구든 홀가분한 인생 여행을 떠날 수 있다.

1980년대 스웨덴의 사회학자 라르스 토른스탐Lars Tornstam7은 대부분의 사람들이 핑처럼 나이가 들면서 많은 것을 잃고도 만족하면서 산다는 것을 알고는 깜짝 놀랐다. 그리고 그는 그런 사람들을 쉽게 찾을 수 있다는 사실을 발견했다. 토른스탐은 고령자들을 인터뷰해 그들의 삶에 대해 묻기 시작했고 고령자들은 나이가 들면서 자신들이 생각하는 가치가 어떻게 바뀌는지 들려주었다.

우선 첫 번째는 무엇을 하고 누구와 시간을 보낼지에 대해 점점 더 까다로워진다는 것이었다. 칵테일 파티에서 사람들과 어울리거나 누군가에게 작업을 거는 일은 더 이상 큰 재미가 없었다. 그들은 새로 친구를 사귀거나 새로운 인간관계를 맺으려 하지 않았다.

두 번째는 나이가 들수록 점점 자기중심적인 사고에서 벗어나 자신이 큰 전체의 일부라는 인식을 하게 된다는 것이다. 고령자들은 자신들이 외로이 홀로 있는 게 아니라 명상을 하며 혼자 보내는 시간을 중요하게 여긴다고 말했다. 토른스탐은 노년을 다른 시각으로 보는 '제로트랜센던스*gerotranscendence*'라는 용어를 만들어냈다. 노년이 쇠퇴기가 아니라 물질에 대한 걱정을 초월해 진정 가치가 있는 것에 집중하는 인생의 절정기라는 것이다. 노년으로 가는 시간들은 이 시기를 준비하는 기간이라고 그는 설명했다.

토른스탐은 74세에서 104세 사이의 사람들에게 50세 이후에 그들의 가치관이 어떻게 변했는지에 대해 묻는 조사를 실시했다. "이제 나는 얄팍한 인간관계에 흥미가 줄었다"라는 문항에는 전체의 75퍼센트에 달하는 사람들이 동의했고 "나는 사색하는 시간이 더 즐거워졌다"라는 문항에는 3분의 2가 긍정했다. "물질적인 것들은 전보다 중요하지 않다"에도 81퍼센트가 동의했다. 그들은 점점 더 타인을 배려하게 되었고 인생에는 절대 풀지 못할 수수께끼들이 있다는 사실을 인정하게 되었다. 놀라운 일이었다. 직장에서 출세하고 새로운 기술을 배우는 흔히 '발전'이라고 여기는 것들은 하지 않는데도 노인들은 여전히 더 심오한 방식으로 진화하고 있었다.

토른스탐이 발견한 눈에 띄는 사실 중 하나는, 노인들이 기억과 최근의 경험 사이의 경계를 모호하게 만들어 과거와 현재를 동시에 살고 있는 것처럼 보인다는 점이다. 그들은 과거에 나눴던 대화들을 되새겼고 이미 고인이 된 사람들에게는 자신들의 예전 잘못을 사과했고 오래전부터 좋아하는 것들에 새삼 감사했다.

토른스탐의 연구 대상은 스웨덴과 덴마크 사람들이었다. 후하기로 소문난 사회복지 혜택을 누리고 있는 그들에게서도 노년을 초월한다는 제로트랜센던스 개념은 찾아볼 수 있었다.

플로리다대학에서 지혜와 노화에 대해 연구하고 있는 모니카 아델트 교수는 복잡한 감정들을 받아들이고 부정적인 감정들을 누그러뜨리는 노인들의 성향이 나이가 들면서 생기는 지혜의 바탕이 된다고 보았다. 지혜는 천재성도 아니고 전지전능한 힘도 아니다. 다시 말해 지혜로 상대성 이론을 발견하거나 중동의 위기를 하루아침에 해결할 수 없다. 하지만 경험에서 우러나온 능숙함이 필요하다. 모차르트는 천재였지만 당신과 나의 어머니는 현명하다.

고령자들이 정말로 더 현명한가를 측정해보기 위해 아델트 교수는 '3차원 지혜척도3D-WA'를 고안해냈다. 이 척도에는 인지(삶을 이해하는 능력), 반성(삶을 다른 관점에서 보는 능력), 정서(감정적인 능력)의 세 가지 축이 그려져 있다. 각 개인에 따라 특정한 한 가지 측면이 나머지 측면들에 비해 강할 수도 있지만, 현명한 사람들은 이 세 가지 모두를 골고루 활용했고 그로 인해 각각의 측면이 다른 측면들을 더욱 보강해주었다.

아델트 교수는 이 척도를 통해 실제로 나이가 들수록 더 현명해지며 현명해질수록 더 행복해진다는 사실을 발견했다. 그 효과는 행복감이 낮은 양로원이나 호스피스에 있는 사람들을 대상으로 한 연구에서 특히 두드러졌다. 더 현명하다고 평가된 사람들은 혼자 독립적으로 살고 있는 또래들만큼이나 자신의 삶을 더 만족스러워했다. 현명한 사람은 더 나은 결정을 내리고 더 현실적인 기대를 하며 일이 잘 풀리지 않을 때에도 덜 실망한다. 고령자들은 결코 쓸 수 없는 재산에 욕심을 내거나 이룰 수 없는 욕망을 품지 않는다. 게다가 기억나지 않으니 무시 당했다고 복수한다며 입에 거품을 물지도 않는다.

남은 날이 얼마 되지 않는다고 생각하면 젊은이들도 노인들과 마찬가지로 시시한 것들에 신경을 쓰지 않게 된다고 아델트 교수는 말한다. "자기중심적인 성향이 줄어들어요. 하찮은 것들에 쓰던 에너지들을 이제는 진짜 중요하다고 생각하는 핵심적인 것들에 쏟아 붓는 거죠. 대개 고령자들은 살날이 많이 남지 않았다는 사실을 받아들인 상태니까 괜찮아요. 죽음을 두려워하거나 하지 않죠. 죽는 과정을 두려워하는 거예요. 그러나 현명한 사람들은 죽는 과정까지도 더 잘 받아들여요."

요나스 메카스는 자신이 행복한 이유를 좀 더 간단하게 설명한다. "난 그게 정상이라고 생각해." 행복을 선택하는 게 사실은 제일 쉬운 일이라는 것이다. 수많은 그의 친구들이 일어나지도 않은 일들을 걱정하고 필요하지 않은 것들을 얻으려고 애쓴다. 또 약과 술이나 욕정에 지나치게 빠져들어 스스로 불안을 자초한다. 하지만 그는 소련과 나치에게 시달렸던 일도 결국엔 좋은 결과를 낳았다고 말했다. 덕분에 뉴욕으로 와서 새 삶을 일궈나가게 되었다는 것이다.

"맞아. 나는 앞을 내다볼 수 있는 것 같아." 어느 날 그의 집에서 그가 말했다. "나는 뭐가 변하고 뭐가 그대로일지, 아니면 살짝만 변하고 말지를 더 잘 알아. 내 친구들은 '음, 이건 갑자기 바뀌겠는데' 이렇게만 생각하거든."

자신이 바꿀 수 없는 것들 때문에 안달복달하는 대신에 그는 자신과 남들에게 보탬이 되는 것들을 만들기 위해 에너지를 쓴다. 선택은 그에게 달려 있었다. 왜 자신을 불행하게 만드는 것들을 선택하겠는가? "결국 믿는 대로 되는 거야." 그가 말했다. "나는 우리가 살고 있는 이 추악하고 끔찍한 현실 대신 예술과 아름다움을 선택해. 꽃을 보거나 음악을 듣는 사람은 긍정적인 영향을 미치는데 추악하고 끔찍한 것들에 둘러싸인 사람은 부정적인 영향을 미쳐. 그래서 나는 옛 시인이나 과학자, 성직자, 가수, 음유시인들에 반하지 않고 인간을 더 아름답게 만들기 위해 뭐든 하는 게 내 의무라는 생각이 들어. 나 나름의 방법으로 그분들의 업적을 이어나가는 거야."

나이와 상관없이 현명해지기 위해서는 제일 먼저 우리도 죽는다는 사실을 진심으로 받아들이고 그 안에서 더욱 만족하면서 살아야 한다. 현대의학 덕분에 우리는 죽음을 이기거나 질 수 있는 일종의 시험으로 여기기도 한다. 하얀 가운을 입은 전문가들이 좌지우지하는 무언가로 말이다. 하지만 고령자들은 더 현명한 눈으로 세상을 본다. 우리들 중 누구도 죽지 않는 사람은 없다. 그러니 살아 있을 때 잘 살아야 한다. 우리 조상들이 집에서 사랑하는 사람들에 둘러싸여 따뜻한 보살핌을 받으며 돌아가시던 마지막 순간을 우리도 원한다면 그런 사랑을 받기 위해 노력하면서 살아야 하지 않겠는가?

2천 년 전, 스토아학파 철학자인 세네카는 이렇게 주장했다.[8]

노년을 소중히 여기고 사랑해야 한다. 어떻게 해야 할지 알든 모르든 즐거움이 가득 넘치는 시간이기 때문이다…… 인생은 추락하기 전, 천천히 아래를 향해 내려올 때가 가장 즐겁다. 그리고 나는 그 마지막 끝자락 위에 서 있는 시간에도 나름의 기쁨이 있다고 믿는다. 그렇지 않으면 기쁨을 원치 않는다는 사실 자체가 바로 기쁨이 될 수도 있다. 드디어 뭔가를 원하는 데 질려버렸고 다 끝났다니 얼마나 마음이 편하겠는가!

카스텐슨 교수는 조슈아 L. 리브먼Joshua L. Liebman 랍비의 말을 인용했다.

죽음은 삶의 적이 아니라 친구라는 생각이 가끔 든다.[9] 언젠가 끝이 있다는 사실 덕분에 삶이 더 소중하게 느껴지기 때문이다.

노인들은 나이를 먹으며 이러한 사실을 자연스레 깨닫게 되고 그중 몇몇은 다른 사람들보다 더 선뜻 받아들인다. 하지만 꼭 나이를 먹지 않아도 이렇게 생각할 수 있다. 그저 마음먹기에 달려 있다. 여섯 명의 내 스승들은 기꺼이 그들의 삶뿐만 아니라 내 삶을 더 행복하게 볼 수 있는 방법을 가르쳐주었다.

어차피 과거로 돌아갈 수는 없잖아.

지난 일은 잊어버려야 해.

사랑하고 사랑받는다는 것은

지금의 삶을

있는 그대로의 모습으로 사랑한다는 뜻이다.

4
서로의 가치를 높여주는
그 의미 있는 일

"뭐든 다 해주려고 애써.
꼭 엄마처럼 너그러워져."

　헬렌과 하위의 이야기는 들으면 들을수록 놀라웠다. 스물한 살 차이에 성향도 다르지만 그들은 마치 노년에 제일 잘한 일이라도 되는 듯 서로에게 푹 빠져 있다고 당당히 말했다. 하지만 그 둘과 한자리에서 이야기를 나눌 때면 가끔 전혀 다른 내용의 두 가지 대화를 동시에 하는 기분이었다. 헬렌 따로, 하위 따로, 둘의 대화는 신기할 정도로 제각각이었다. 그들은 상대방의 이야기에는 관심도 없었다. 그저 상대방의 말이 끝날 때까지 기다렸다가 느닷없이 다른 이야기를 꺼냈다. 게다가 기다리지도 못할 때도 많았다.

　그해 겨울, 나는 일을 하다 우연히 알게 된 여성과 1년째 만나고 있었다. 15년 만의 연애였다. 주변 사람들에게 여러 번 등을 떠밀린 끝에야 나는 그녀에게 오페라를 보러 가지 않겠냐고 물었다. 그리고 첫 번째 데이트를 하면서도 우리 둘 다 그게 데이트인지도 몰랐다. 아마도 내가 대화를 제대로 못 했기 때문이었을 것이다. 당시 나는 스스로 감당할 수 없을 정도로 비싸고 넓은 아파트에 혼자 살고 있었고 여전히 유부남인 상태였으며 중년에는 어떤 사랑을 해야 할지 고심하고 있었다. 그러다 보니 마음이 깊어지기까지 시간이 오래 걸렸고 기대가 크지 않았다. 우리는 싸우지 않았다. 내겐 새로운 경험이었다. 게다가 서로에게 필요한 것이 많지도 않았다. 그러니 그저 행복하기만 하면 됐다. 고령자들처럼 오래 살게 된다면 나는 앞으로 30년에서 많게는 40년이나 더 살 수 있었다. 나는 곁에 있는 사람에게서 무엇을 원하는지, 아니면 내가 무엇을 줄 수 있을지 생각해보려 했다.

"다른 종류의 사랑이야." 어느 날 헬렌이 자신의 방에서 하위를 보고 활짝 웃으며 말했다. 하위의 목에는 헬렌이 만들어준 에나멜을 칠한 구리 목걸이가 걸려 있었고 헬렌은 그가 만들어준 핀을 머리에 꽂고 있었다. "두 번째는 더 나아. 더 친밀하지. 가끔 하위는 내가 보는 TV 프로그램을 싫어하거든. 그러면 바로 옆에 있는 자기 방으로 건너가. 내가 다 보고 나서 돌아오라고 부르면 저이는 '금방 갈게요' 하고 대답해."

깨어 있는 시간을 대부분 함께 보내고 엎어지면 코 닿을 거리에 살면서도 전화는 그들의 연애에 매우 중요한 역할을 했다. 7월 어느 밤, 함께 텔레비전을 보다가 헬렌이 잠이 들었다. 그러자 하위는 그녀의 양 볼에 키스를 하고 자리에서 일어났다. "문앞에서 내가 '잘 자요, 내 사랑. 내일 아침에 만나요'라고 했지. 그러고 나서 헬렌에게 전화를 해서 이렇게 말했어. '이렇게 누굴 미친 듯이 사랑하는 건 태어나서 처음이에요.'"

헬렌은 하위에게 대학을 졸업하고 겪은 차 사고 얘기를 내게 들려주라고 했다. 그 사고로 하위의 인생은 확 바뀌었다. "거의 9주 동안이나 혼수상태였어." 마치 연인의 자랑스러운 업적이라도 뽐내듯 그녀가 말했다. 그로부터 거의 50년이 지난 지금까지도 그는 단어를 하나씩 느릿느릿 발음하고 있었다. 그는 그날의 사고에 대해 천천히 이야기해주었다. 당시 하위와 친구들은 농구 경기를 보려고 남쪽으로 차를 몰고 가던 중 그만 북쪽으로 향하던 차와 정면으로 충돌하고 말았다. 운전석 옆자리에 앉아 있던 하위가 가장 크게 다쳤다. "내가 어디로 떨어졌는지 한번 맞춰봐. 내가 앞유리창을 뚫고 나갔을까 문 밖으로 튕겼을까?" 병원에 있던 의사들은 응급 기관 절개를 실시해 으스러진 그의 기관을 열었다. 그가 뇌에 손상을 입은 이유가 사고때문인지 그로 인한 산소 부족 때문인지는 얘기하지 않았다. 그가 이 이야기를 하는 동안 헬렌은 애잔한 표정으로 듣고 있었다. 그러더니 나에게 초콜릿을 권했다. "처음 여기 왔을 때 난 삐쩍 말랐었어. 지금은 65킬로그램이 다 되어간다니까."

하위는 듣고 있지 않는 것 같았다. 그는 중앙에 다비드의 모양이 파여 있는 동그란 목걸이를 자랑스레 보여주었다. "내 인생의 유일한 사랑이 만들어준 거야. 헬렌 말이야." 그가 말했다.

헬렌은 하위에게도 초콜릿을 권하고는 나를 향해 고개를 돌렸다. "자네 여자 친구가 좋은 사람이었으면 좋겠네. 자네 애는 있나? 내일 다시 와." 우리가 만난 지 겨우 30분밖에 되지 않았을 때였다. 헬렌은 거리낌이 없었다.

하위는 잠시 아무 말이 없더니 이윽고 입을 열었다. "난 우리가 결혼을 했으면 좋겠어."

헬렌은 나에게 하위에 대해서 알려주고 싶어 했다. "하위는 말이 많지 않아. 가끔 내 옆에 한 시간쯤 앉아서 단 한 마디도 안 해. 그럼 내가 그래. '하위, 아직 거기 있어요? 신경 쓰지 말아요. 괜찮아요' 이러지."

그녀는 그를 채근했다. "대학도 나왔다고 얘기해요. 난 안 갔어. 우리 엄마는 내가 대학 갈 머리는 아니라고 생각했거든."

나는 헬렌이 무척 흥미로웠다. 15년 전 아버지가 돌아가신 후 어머니는 다른 남자에겐 전혀 관심도 없는 듯했다. 그리고 같은 고령자 주택에 살고 있는 어머니의 친구들 역시 모두 남편을 잃고 혼자 살고 있었다. 그러다 보니 어머니가 다른 생각을 가지고 계실 거라고 상상해본 적도 없었다. 하지만 헬렌은 전혀 달랐다. 그녀는 자신이 특히나 여성의 수가 남성에 비해 압도적으로 많을 때 남자를 유혹하는 데 일가견이 있다고 믿었다. 또 한껏 멋을 내고 화장을 한 뒤 딸이 사준 장신구를 했다. 그녀는 보톡스를 맞고 싶다고도 했다.

"난 매일 아침 립스틱을 발라." 헬렌은 말했다. "약을 타려고 기다리는 사람들이 나를 샘냈으면 좋겠어. 난 항상 멋지잖아."

그녀의 딸인 조이는 59세로 자신의 어머니가 더 너그러워져야 한다고 생각했다. 둘이 이야기를 하기만 하면 빠지지 않고 나오는 주제였다. "하지만 다른 사람들도 멋져요. 안 그래요?" 조이가 말했다.

"아니, 한 명도 못 봤어."

나이가 들면 누군가를 만나는 데 관심이 없어지는 사람들이 있는 반면 그것만 바라보는 사람들도 있는 이유가 뭘까? 85세 이상의 미국인 가운데 27퍼센트만이 배우자가 있고 40퍼센트가 혼자 산다. 그리고 채 1퍼센트도 안 되는 사람들이 결혼하지 않은 채 연인과 함께 산다. 그 나이대에는 여성 두 명당 남성한 명꼴로 여성들의 수가 더 많다. 내 어머니와 마찬가지로 루스와 핑도 남편이 죽은 뒤로는 연애에 대해서는 거의 생각해본 적도 없다고 말했다. 하지만 프레드는 입만 열었다 하면 같은 타령이었다. 심지어는 근처 슈퍼마켓 계산원들 중에 누가 제일 예쁜가 찾아다니기까지 했다. 하지만 소리만 요란했지 정작 그는 뭔가를 주고받는 현실적인 관계를 바라지 않았다. 2004년에 결혼 생활이 끝난 요나스는 2007년, 새로운 사랑을 시작했다. 그리고 연인 라우라 드 노바를 위해 매일 하루에 한 편씩 시를 쓴 14세기 인문주의자 페트라르카Petrarca에게서 영감을 받아 기념으로 1년 동안 동영상 일기를 남겼다. 하지만 연애는 끝이 났고 그는 자신의 일기들을 「365일 프로젝트365 Day Project」라는 제목으로 엮어냈다. 나는 잠시 동안 존 소런슨을 내 어머니가 사는 건물의 남자와 엮어줄까 생각했었다. 그도 59년 동안 함께하던 연인을 잃었다. 하지만 둘 다 새로운 인연을 만들 준비가 되어 있지 않아 보였다.

어쨌든 헬렌과 하위는 다른 사람들이 하지 않았거나 하지 않을 일을 하고 있었다. 별것 아닌 듯 보일 수도 있지만 사실 대단하고 위험한 일이었다. 바로 다른 사람이 필요로 하는 것들을 대신해서 해주는 일을 떠맡은 것이다. 나이가 들면 필요를 충족시킬 수 있는 능력들은 줄어드는 반면에 필요한 것들은 늘어나기만 할 게 분명한데 말이다. 그중 한 명은 나머지 한 명보다 먼저 세상을 떠나게 될 거고 어쩌면 당장 내일 벌어질 수도 있는 일이었다. 헬렌은 하위를 남겨두고 떠나게 될까 봐 걱정이었다. 하지만 그렇다고 하위가 먼저 떠난다고 생각하면 더욱 막막했다.

헬렌은 5월이 되자 '여름쯤에' 결혼하고 싶다고 선언했고 그것은 또 다른 차원의 위험과 헌신이 있을 수 있다는 뜻이었다. 적어도 내 생각은 그랬다.

그런데 결혼 문제에 대한 헬렌의 딸 조이의 입장까지 들어보니 상황은 더 복잡했다. 헬렌 아우어바흐는 유치원에 입학한 첫날 버나드 모지스를 만났다. 그리고 버나드가 제2차 세계대전에 참전했다가 돌아온 뒤 1946년 결혼했다. 당시 그녀는 스물두 살이었다. "남자 친구를 사귈 기회가 없었어. 남편은 '넌 나랑 결혼할 거야'라고 했지. 그리고 우리는 초등학교, 중학교, 고등학교까지 쭉 마쳤어. 그러고 나서 그이가 군대에 갔고 제대해서 돌아온 다음에 결혼을 했지." 그녀가 말했다. 버나드는 남성복 공장에서 재단사로 일했고 헬렌은 세 아이를 낳아서 키웠다. 딸은 헬렌이 "최고의 엄마지만 요리 솜씨는 꽝"이라고 했다. 그녀는 처음에는 치과에서 일했고 큰아들이 대학에 간 뒤에는 갭Gap 매장에서 일했다. 2001년 남편이 죽고 난 뒤 그녀는 다른 남자를 사귀는 데는 관심이 없었다. "너무 즐겁게 지내느라 정신이 없었어. 생각도 안 해봤지. 또래 사람들은 하나도 안 남았어. 벌써 다 저세상으로 갔거든."

다른 기회에 그녀에게 데이트를 해봤는지 다시 묻자 그녀는 이렇게 대답했다. "아무도 나한테 만나자고 하지 않았어. 차라리 죽는 게 낫겠다 싶었지."

하위 지머는 대학 시절 여자 친구가 있었지만 차 사고를 당한 뒤에는 진지하게 누군가를 만나본 적이 없었다. 하지만 그 후 60대가 되어 셰어 톰슨이라는 여성을 만나게 됐다. "나한테 딱 맞는 여자라고 생각했지." 하위가 말했다. 20대 후반이었던 그녀는 주근깨가 많고 미간이 넓은 갈색 눈이었다. 둘은 결혼했다. 그리고 2년 후 그녀는 하위와 다른 남자로부터 10만 달러 이상을 편취한 혐의에 대해 유죄를 인정했고, 법정에서 "존 그랜트와 하워드 지머에게 폐를 끼쳐 미안하다"고 말했다. 하위는 판사의 이름이 슐로모 해글러였다며 기억을 떠올렸다. "무척 친절했고 나를 많이 배려해줬어."

"무슨 소리 하는 거예요?" 헬렌이 말했다.

헬렌은 양로원에 입주해 살게 된 게 이번이 처음이었다. 그녀는 우유를 사러 가게로 걸어가다가 뇌졸중으로 쓰러졌고, 팔이 심하게 부러진 채 집 근처 병원 뒤에서 의식을 잃은 상태로 발견됐다. 당시 그녀는 84세였고, 출근 전에 하루에 두 시간씩 걷는 데 익숙해서 그녀의 딸이 따라가기 어려울 정도로 빨리 걸었다. "나는 걷는 게 정말 좋았어. 특히 내가 전에 살던 곳은 낙엽이랑 나무들이 너무나 아름답거든. 지금쯤은 꽃들도 만발했을 거야. 그리워." 헬렌이 말했다. 그녀는 갭 매장에서 함께 일하던 동료들을 사랑했다. 하지만 뇌졸중을 겪고 팔까지 부러지자 더 이상 혼자서는 자신을 돌볼 수가 없어졌다.

"보행기를 쓰시라고 빌다시피 했다니까요. 그래도 절대 안 쓰세요." 딸인 조이가 말했다.

헬렌은 그 소리를 듣기 싫어했다. "지팡이를 짚고 걷잖아. 그 은색 보행기같이 흥측한 걸 가지고 걷기는 싫어. 도무지 감당이 안 돼. 꼭 꼽추처럼 보인다니까." 그녀가 말했다.

헬렌은 그 이후 작은아들과 함께 지내보려고도 했지만 시작부터 티격태격 다투기 시작했다. 내가 그녀를 만났을 무렵 이미 두 사람은 6년이 넘게 연락도 하지 않고 있었다. 만약 하위와 결혼을 했어도 그녀는 아들을 결혼식에 초대하지 않았을 거라고 말했다. 그녀는 자신이 화해를 청해야 한다고 생각하지 않았다. "해마다 어머니의 날이 되면 나는 '아들이 이번에는 전화를 하겠지' 하고 생각을 해. 하지만 여태 한 번도 연락이 안 왔어."

헬렌은 양로원에서 폴을 만났다. 그는 구리에 에나멜을 입혀 팔찌를 만들어서 그녀에게 사귀자는 뜻으로 주었다. "그 사람이 '7시 30분에 내 방에서 만나요'라고 쓴 쪽지랑 같이 그걸 보내왔더라고. 난 '도대체 이게 뭐야?' 싶었지."

"그래서요?"

"그래서 내가 갔지. 우린 텔레비전을 같이 보곤 했어. 그러고는 다른 여자가 왔는데 그 여자를 더 좋아하더군. 하지만 사실 내가 소개한 거였지."

헬렌은 같은 이야기를 때에 따라서 이리저리 다르게 얘기해보는 듯했다. 언젠가는 폴 이야기를 하면서 그녀는 이렇게 말했다. "그이가 더 좋아하는 사람을 찾게 돼서 너무 다행이야. 지금은 많이 아프거든."

하위는 그로부터 4개월 뒤, 그녀와 가까운 방으로 입주했다. 헬렌은 매력적이었고 그와는 달리 활달했다. 하위는 첫눈에 그녀에게 빠져버렸다고 말했다. 하지만 헬렌은 그다지 관심이 없었다.

"나는 별 생각이 없었어"라고 그녀는 말했다. 헬렌은 뭐든 극단적으로 말하는 편이었다. 어떤 것을 너무 싫어하거나 무척 사랑했고, 때때로 한자리에서 이랬다저랬다 말을 바꾸기도 했다. "같이 텔레비전이 있는 방에 앉아 있었는데 나한테 손을 잡아도 되겠냐고 묻더라고. 그래서 내가 '아니요. 안 돼요. 나는 당신을 모르고 당신도 나를 모르잖아요. 그런데도 이런 얘길 하다니 참 뻔뻔하군요' 이랬지."

그러나 하위는 끈질겼다. "헬렌의 싹싹하고 멋진 성격이 좋았어." 그가 말했다.

"나를 졸졸 쫓아다녔어. 내가 돌아볼 때마다 하위가 가까이 있더라고."

그들은 용케 사람들이 유난히 사교적이고 가깝게 지내는

건물로 배정되었다. 이웃들은 자주 서로의 방을 드나들었고 원래 있었던 사람들은 새로 온 사람들을 잘 돌봐주었다. 시설에서 평균적으로 머무는 기간은 2년에 불과하고 그나마도 점점 더 짧아지고 있어서 서로 빨리 친해져야 했다. 헬렌은 그런 환경에서 잘 지냈다. 딸도 꼬박꼬박 사람들과 나눠 먹을 음식을 들고 찾아왔다. 헬렌은 자신을 '마치 자기 자식처럼 보살펴주던' 너그러운 여성과 방을 함께 썼다. "정말 좋은 사람이었어. 그녀가 죽었을 때는 정말 목 놓아서 울었지." 그녀가 말했다. "처음부터 좋았지. 정말 좋았어. 그리고 나서 하위를 만났을 때도 정말 좋았고."

어머니가 돌아가시고 끔찍했던 셰어 톰슨과의 악몽에서 막 벗어난 하위에게 헬렌은 겉으로는 좀 까칠하긴 했지만 쾌활하면서도 세심해 보였다. "나는 진작부터 헬렌이 결국은 내 운명의 여자가 될 거라고 생각하고 있었어. 마침내 그렇게 됐지. 나도 그녀의 사랑스러운 가족이 되고 싶어. 나한테는 아무도 없거든."

헬렌은 하위가 결코 다른 사람의 험담을 하지 않는 사람인 데다가 그를 돌봐줄 누군가가 필요하다는 것을 알아차렸다. 그에게는 보호자가 있기는 했지만 가족은 없었다. 게다가 그는 뉴욕 메츠 야구단을 좋아했다. 그녀도 마찬가지였다. 그는 양키스를 싫어했고 그녀도 그랬다. 결국 텔레비전을 보던 방에서 그녀는 손을 잡아도 된다고 허락해줬다.

"그때부터 쭉 우리는 항상 손을 잡고 다녀. 그이는 정말 좋은 사람이야."

얼마 지나지 않아 첫 키스도 하게 되었다. 헬렌은 그 순간을 기다리고 있었다. 그가 키스해주길 바랐다. 그리고 키스는 달콤했다고 그녀는 말했다.

"우리가 어디 있었는지 알아?" 하위가 물었다. 그는 세세한 것을 귀신같이 기억하고 있었다. "복도 끝의 응접실에 있었어."

"사람들이 거기서 우릴 쫓아냈지." 헬렌이 말했다. 그녀는 항상 자신이 누군가의 심기를 불편하게 했다는 얘기를 하면서 즐거워했다. "그러면서 우리한테 여기서 이러면 안 된다고 하더라고."

한번 키스를 하고 나자 다음부터는 편해졌다고 그녀는 말했다. "그냥 키스가 자연스러워졌어. 이제는 그냥 일상이 된 거지. 달콤해." 하위는 그때까지만 해도 혼자서 걸을 수 있었다. 하지만 얼마 지나지 않아 그가 쓰러질 위험이 있다며 양로원의 직원들은 그를 휠체어에 앉혔다. 헬렌과 하위의 사이는 계속해서 깊어지고 있었다.

그들을 만나면서 나는 확연히 눈에 보이는 하위의 사랑 말고 헬렌이 둘 사이에서 얻을 만한 게 과연 있을지 궁금했다. 그녀는 하위보다 거동도 훨씬 수월했고 말도 더 빨랐다. 하위가 지나치게 느릿느릿 말하면 헬렌은 듣는 둥 마는 둥 했다. 하지만 둘의 관계는 확실히 둘 모두에게 보탬이 되었다. 헬렌은 남편이 관상동맥우회술을 받은 이후로 보낸 13년을 비롯해 총 57년간 결혼 생활을 하면서 많은 것을 터득하고 있었다. 당시 나는 아내와 헤어진 지 얼마 되지 않아 새 연인을 만나기 시작한 터라 사랑에 대해 내가 모르는 무언가를 혹시 그녀는 알고 있는지 궁금했다. 그리고 그녀가 나에게 해준 조언들은 무척 현실적이었다. "부지런히 돈을 모아. 돈 들어갈 곳 천지야."

그녀는 또한 중요한 게 뭔지도 확신하고 있었다. 그녀는 유치원 때부터 삶의 중심이었던 남자를 잃었고, 나이가 들어서는 친구들이 양로원에서 세상을 떠나는 모습까지 봤다. 하지만 그녀는 그러면서도 계속해서 살아갈 길을 찾았다. 어떻게 계속해서 삶이 살 만한 가치가 있다고 느끼는지 묻자 그녀는 주저하지 않고 대답했다. "나한테는 하위가 있잖아. 우리의 시간이 끝나간다는 건 나도 알아. 그리고 지금 그를 만나게 되어서 난 기뻐. 나는 시계를 봐. 갈 때가 되면 누가 문을 두드릴 필요도 없게 될거야." 6년 동안 그들은 한 번도 싸운 적이 없다고 했다. "왜 그런지 알아? 왜냐하면 내가 하자는 대로 다 해야 되거든. 하위, 그렇죠? 그렇고말고. 내가 집에 데려다줄 때까지 기다려요."

헬렌은 사람들의 관심을 즐기며 어떻게 하면 관심을 받을 수 있는지도 잘 안다. 종종 그녀는 자신이 간호사들과 얼마나 아웅다웅하는지 얘기했다. 하지만 하위는 그녀에게 남다른 존재였다. 그를 위해서라면 그녀는 기꺼이 희생을 할 수 있었다. 손자들까지 어른이 되고 난 뒤로는 하위만큼 그녀를 필요로 하는 사람은 없었다. 어느 날, 조이와 하위 사이에 흐르는 긴장감 때문에 초조해하던 헬렌은 잠시 어찌할 바를 모르는 듯 보였다. 그녀답지 않은 모습이었다. "그러니까 우리가 뭘 해야 할지 말해봐. 누가 좀 알려줬으면 좋겠어. 하위랑 내가 앞으로 어떻게 살아야 될까? 나는 여태껏 살면서 아무것도 이룬 게 없어. 딸 하나 아들 둘을 키웠는데 그중 한 녀석은 나랑 얘기도 안 해. 벌써 7년이 다 돼가잖아. 결국 그 꼴을 보려고 내가 그 고생을 한 건가. 가끔 그런 생각이 들어. 이유는 모르겠어."

하위와 있으면 헬렌은 여전히 쓸모 있는 사람이었다. 하위가 할 수 있는 일이 적을수록 그녀는 더 많은 것을 해줄 수 있었다. 그가 그녀를 더 많이 필요로 할수록 그녀 역시 더 많은 것을 얻게 되는 것이다. 얼핏 한쪽은 주기만 하고 한쪽은 받기만 하는 모습 때문에 남들 눈에는 서로 어울리지 않아 보이기도 했고 헬렌의 자녀들은 그들 사이를 반대하고 있었다. 하지만 오히려 헬렌과 하위는 그 덕분에 삶의 목표와 방향을 찾을 수 있었다. 그녀는 하위를 위해 자신을 희생하는 것이 아니었다. 그녀는 인생에 의미를 부여해주던 자신의 역할을 되찾고 있었다. 상대방을 바꾸고 싶어 하는 젊은 연인들과는 달리 헬렌은 하위가 언젠가 그녀에게 더 많은 것을 갚을 거라고 생각하지 않았다. 그녀는 더 좋은 날이 오길 기대하며 미래에 살고 있지 않았다. 그건 중요치 않았다.

"내가 하위를 돌봐줘." 헬렌이 말했다. "외아들이고 가족이 아무도 없어서 부모님이 돌아가셨을 때도 나밖에는 없었어. 하위한테 뭐든 다 해주려고 난 애써. 정말 그런 것 같아. 꼭 엄마처럼 너그러워져."

여러 연구들에 따르면 다른 사람들에게 도움을 줄 수 있다고 느끼는 노인들이 더 오래 더 잘 살았다. 장애는 더 적었고 더 잘 움직였으며 고통스러운 관절염도 더 빨리 회복했다. 헬렌은 이 연구에 대해 몰랐다. 그저 그녀가 관심을 가진 것은 빨래였다. "내가 그 사람 옷을 빨아줘"라고 그녀가 어느 날 말했다. "세탁기로 가져가거든. 딸한테는 비밀이야. 안 그러면 날 가만 안 둘 거야. 나는 아직 죽고 싶지 않아. 아직 3년은 더 살아야지."

이것이 바로 평생 그녀가 인정받아온 역할이었다. 헬렌은 자신의 어머니를 닮아 청소와(요리는 빼고 청소만) 세 아이들을 돌보는 일을 무척 좋아했다. "어머니는 정말 좋은 분이셨어. 우리가 집에 누굴 데려오면 언제나 저녁을 챙겨주실 정도로 인심도 넉넉했지. '앉아서 밥 먹자' 하고 말이야. 아버지를 열렬히 사랑한 건 아니지만 이해해줬고. 어머니는 내 가장 가까운 친구었어. 일도 정말 열심히 하셨지. 나는 어머니를 보면서 자랐어. 어머니를 정말 사랑했어." 조이는 엄마도 할머니를 그대로 닮았다고 했다. 헬렌은 조이의 친구들을 예뻐했고 남자 친구들은 질색을 했다. "엄마는 친구들 파티에는 빠지지 않고 꼭 초대받았어요." 조이가 말했다.

한 해 동안 헬렌은 세상을 떠난 어머니 얘기를 하면서 여러 번 울었다. "난 아직도 어머니 꿈을 꿔." 그녀는 말했다. 그녀의 부모님은 1900년대 초 러시아에서 뉴욕시 북쪽의 드문드문 개발이 된 지역으로 이민을 왔다. 아이스박스 하나와 집을 따뜻하게 덥힐 석탄 난로 하나만 덜렁 가져왔을 뿐이었다. 아버지는 의류업계에서 일했고 어머니는 헬렌을 포함한 네 자매를 키웠다. 모두 금발에 미인이었다. "우리들 중 한 명을 봤다면 우리를 다 본 거나 마찬가지야"라고 헬렌은 말했다. 어머니가 뇌졸중을 일으키자 헬렌과 여동생들이 어머니를 돌봤다. "내가 주로 어머니 곁에서 잤지. 어머니를 너무 사랑했거든. 그때가 가장 힘든 때였어. 그리고 나는 늘 어머니가 돌아가실까 봐 두려웠어. 결국 어머니가 돌아가셨을 때는 뭘 어떻게 해야 할지 모르겠더라고. 모든 걸 잃어버렸지." 그녀가 말했다.

헬렌은 나이를 먹으며 먼저 어머니가 돌아가시는 것을 지켜보았다. 그다음으로는 어머니로서의 역할을 잃었다. 그리고 이제 그녀의 딸이 그녀를 돌봐주고 있었다. "엄마한테는 미안

하지만 애를 다시 학교에 보내는 기분이에요." 헬렌이 방에서 쓰러지는 일이 있은 뒤 어느 날 조이가 이렇게 말했다. "전 제가 딸에게 해줬던 것들을 그대로 다시 하고 있어요. 그리고 엄마가 나한테 해줬던 것들도요. 완전히 상황이 달라진 거죠."

헬렌은 쓰러지고 난 뒤 모두의 역할이 얼마나 많이 바뀌었는지 실감했다. 쓰러질 당시는 아침 6시였다. 그녀는 치료를 받으려고 그저 일찍 일어났을 뿐이었다. "뭐 하나도 놓치고 싶지 않으니까." 그런데 돌연 그녀는 바닥에 넘어졌고 일어날 수가 없었다. "계속해서 바닥을 탁탁 두드렸지만 아무도 못 들었어. 내가 등을 바닥에 대고 미끄러지듯이 문까지 기어가서 문을 열고 이렇게 소리쳤지. '누가 좀 도와줘요.' 그랬더니 사람들이 휠체어를 가져와서 나를 앉혔어. 그러고는 치료받게 데려다줬지. 그 뒤로는 재활원에 매일 갔어. 딱 일주일 주더군. 그래서 조이가 난리를 쳤더니 그제야 2주를 더 줬어."

어머니와 딸의 관계에서 지금은 헬렌이 도움을 받는 쪽이 되었다. 이제 헬렌은 한때 그녀의 아이들이 그녀에게 대답했던 것처럼 조이에게 답하고 있었다. "조이가 나를 돌봐주지. 얘가 전화를 해서 물어봐. '오늘 운동했어?' 가끔 내가 거짓말을 하기도 해. 거짓말하는 걸 싫어하지만 가끔은 어쩔 수 없이 해야 돼. 여기 오기 전에는 이럴 일이 없었어. 그리고 얘가 여기에 오는 날이면 이렇게 말해. '아유, 엄마, 똥배가 나왔잖아요.' 잔소리가 여간이 아니라니까." 조이가 어머니를 너무 사랑해서 그런 거라고 말했다고 전해도 헬렌은 달래지지 않았다. "내가 맨날 얘기하잖아. '날 그렇게 많이 사랑하지 마. 내가 천년만년 여기 있을 것도 아닌데.' 그럼 얘가 뭐라는지 알아? '엄마, 어디 가는데?'"

헬렌을 보러 가려면 나는 꽤 오래 기차를 타야 했다. 그래서 돌아오는 길이면 종종 나의 결혼에 대해 생각해보고는 했다. 나와 아내는 함께 살면서 아들을 키우는 데 대부분의 에너지를 쏟았고 아들이 자라자 그 빈자리를 채울 만한 것이 아무것도 없었다. 우리가 함께하기 위해서는 새 역할과 새로운 방법이 필요했다. 하지만 그러기에 우리는 이미 너무 지쳐 있었고 무뎌져 있었다. 아내가 이혼하자고 무심하게 말했을 때 나는 부엌 싱크대에서 설거지를 하고 있었다. 하지만 분주히 움직이던 손을 멈추지도 않았던 것 같다. 우리는 도로 위를 끝없이 달리다가 휘발유가 다 떨어져버린 차였다. 버리고 떠나는 게 차라리 쉬운 방법이었다. 나는 아내를 잃었다는 사실보다 피로감이 더 컸다. 그리고 깨달았다. 이미 수 년 전 그녀를 잃었다는 것을.

영국의 문화평론가 테리 이글턴Terry Eagleton은 "인생의 의미는 서로의 가치를 높여주는 관계를 형성하는 법을 배우는 데 있다"고 했다. 재즈 연주자들이 자신을 위해 멜로디 라인을 지어냄으로써 다른 연주자들이 함께할 수 있는 도입부를 만들어내는 것과 마찬가지다. 이글턴은 사랑이란 "내가 다른 사람을 위해서 그가 활약할 자리를 마련해주고 상대방도 나에게 똑같이 해주는 것이다. 자신이 원하는 바를 이루면 그것을 토대로 상대방의 바람도 이뤄진다. 이 원리를 깨닫는다면 우리는 최고의 순간을 맞을 수 있다"라고 했다.[10]

아마 사랑은 사랑하는 사람들의 행복을 빌어주는 것이라는 불교적인 관념을 좀 더 야심차게 해석한 듯하다. 이글턴의 정의를 언젠가 아내에게 들려준 적이 있었다. 이혼한 후에 나는 아내에게 우리가 더 이상 서로가 가장 행복할 수 있도록 돕지 않게 된 순간 결혼 생활이 끝났다고 말했다. 하지만 그녀는 아니라고 했다. 결혼 생활이 끝장난 이유는 내가 나쁜 놈이기 때문이라고 했다. 그녀는 틀린 적이 거의 없었다. 게다가 그녀는 제로섬 공식을 굳게 믿었다. 그러나 하위는 몸이 불편하면서도 헬렌을 위했고 그건 헬렌도 마찬가지였다. 함께 있을 때면 그들은 따로 있을 때보다 더 강했고 더 행복했다.

이번 인생 수업에서 사랑에 대해 배운다면 바로 이 점을 기억해야 한다. 연애를 할 때는 받는 것이 주는 것일 때도 있다는 점이다. 스스로 하겠다고 고집 피우기보다는 상대방이 당신을 위해 뭔가를 할 수 있도록 해주는 것이다. 친구 간이나 사업 관계에서도 마찬가지다. 진정 관대하다면 다른 사람이 관대할 수 있게 해줄 수도 있어야 한다. 하위는 선택의 여지가 별로 없었다. 그는 정말로 헬렌의 보살핌이 필요했기 때문이다. 하지만 두 사람이 그 사실을 받아들이는 방식에서는 분명 배울 점이 있었다. 간병인들이 뭐든 해주는 곳에 살면서도 하위는 헬렌이 자신을 도울 수 있도록 그녀가 할 일을 남겨두었다.

누구나 나이가 들면 어느 시점에서 다른 사람들의 도움을 받아들일 수밖에 없다. 어쩌면 자존심이 상할 수도 있다. 왜냐하면 우리가 세상을 마음대로 좌지우지할 수 없다는 것을 인정한다는 뜻이기 때문이다. 하지만 우리를 도와주는 사람들에게는 큰 가치가 있다. 헬렌과 하위는 계산하지 않았다. 자신이 너무 많이 퍼주기만 하고 받는 건 없는 게 아닌가 하고 끊임없이 손꼽아보는 일은 둘의 관계를 망치기만 할 뿐이었다. 물론 그들은 상대에게 너무 많이 퍼주고 있었다. 그렇지만 그대로가 좋았다.

1년 내내 그들의 결혼 계획은 한결같은 조이의 반대로 생겼다가 사라지기를 반복했다. 마치 파트너를 서로 차지하겠다며 세 사람이 함께 춤을 추고 있는 것 같았다. 헬렌과 하위가 마지막 순간까지 살다 갈 곳이 이 양로원이라는 것은 모두가 알고 있었다. 그들은 남은 시간 동안 최대한 행복하게 살아가기만을 바랄 뿐이었다. 그들이 양로원에 들어왔을 때 그들은 그곳에 있는 대부분의 사람들보다 나이가 더 많았다. 그들과 헤어질 때마다 나는 다시 만날 거라고 생각했지만 장담할 수는 없었다.

"나는 늙는다는 것에 대해서 생각해본 적이 없었어." 어느날 헬렌이 말했다. "그런데 늙었지. 아흔이면 늙은 거야. 내가 열세 살이었을 때가 생각이 나. 매일 점심을 먹으러 집에 오곤 했지. 언덕을 내려오다가 내가 이렇게 말했어. '야, 난 벌써 열세 살이야.' 그런데 내가 지금 몇 살인지 알아? 아흔이야. 그런데 괜찮아."

"쉰 살 즈음이 내 인생에서 제일 끔찍한 시간들이었어. 늙어가고 있었거든. 하지만 지금은 그렇게 나쁘지 않아. 하위를 만났으니까." 그녀가 하위 쪽으로 입을 맞추는 시늉을 하며 말했다. "게다가 나한테 이래라저래라 하는 사람도 없고."

헬렌과의 만남 후 돌아오는 기차는 허드슨강 동쪽 강가를 따라 남쪽을 향해 달렸다. 오후 무렵이면 햇볕은 창문을 통해 비스듬히 비쳐 들었고 많이 늦은 날이면 잔물결이 이는 강물 위에서 반짝거렸다. 거리가 좀 되다 보니 나는 기차 안에서 몇 시간 전에 나눴던 대화들을 다시 떠올려보곤 했다. 헬렌은 아흔 살에 양로원에 살고 있었지만 그녀 나이의 절반 정도밖에 되지 않는 내 주변 사람들보다 더 성숙하고 목표가 뚜렷한 자신의 삶을 살고 있었다. 그녀는 그녀가 가장 아끼는 두 사람에게 없어서는 안 될 존재였다. 그녀가 하위와 결혼을 하게 될까? 이 질문은 이야기에 쫄깃한 긴장감을 불러일으키기는 했지만 그녀의 삶에서 크게 중요해 보이지는 않았다. 하위와 조이를 사랑하고 그들에게 사랑받는다는 것은 지금의 삶과 몸을 있는 그대로의 모습으로 사랑한다는 뜻이었다.

이것은 내가 지금까지 들었던 행복의 정의 가운데 가장 그럴싸했다. 헬렌은 자신을 필요로 하는 사람을 찾아냈다. 그녀는 마침 그에게 딱 필요한 사람이었고 그녀는 대신 그의 사랑을 받아주었다. 그들은 상대방의 완벽한 부분이 아니라 부족한 부분에 신경을 썼다. 그리고 상대방이 필요한 것을 주면서 행복을 느꼈다. 즉, 상대방을 행복하게 만들어줌으로써 자신도 행복해진 것이다. 행복은 어려운 것이 아니었다. 그저 이미 가지고 있는 것들에 감사하는 마음만 있다면 충분했다. 휠체어를 탄 연인과 함께 양로원에서 살면서 같은 이야기를 열아홉 번이나 되풀이하는 할머니도 행복을 느끼고 있었다.

행복해지는 비결이 뭐냐고? 여기서부터 시작해보자. 사람들이 당신에게 베푸는 모든 친절을 고맙게 받아들이고 당신이 할 수 있는 것으로 보답하라. 친구가 당신에게 점심을 살 수 있게 해주고 그 보답으로 친구를 도와줘라. 도움은 도움대로 받고 상대방에게 도움을 주면서 더 큰 보람을 얻게 될 것이다. 당신을 필요로 하는 사람들을 못마땅해하면 안 된다. 도울 수 있는 기회를 준 것을 고맙게 여겨야 한다. 자립해야 한다는 집착을 버려라. 그것은 근거 없는 믿음일 뿐이다.

　이 모든 것들을 나도 하루아침에 저절로 깨닫게 된 것은 아니다. 심지어 이 글을 쓰고 있는 지금도 어쩐지 뜬구름 잡는 소리처럼 들린다. 하지만 헬렌과 하위를 통해 나는 이 비결이 실제로 그리고 계속해서 성공하는 모습을 지켜봤다. 가능한 일이었다. 그것은 특별히 주어진 재능이 아니라 지혜였다.

　집으로 가는 길이면 기차 안은 보통 한산했다. 양로원과 북적거리는 터미널 사이에 놓인 이 완충 지대에서 편안히 앉아 흔들거리며 나는 오후 시간을 마무리했다. 그날 하루는 이미 지나갔고 미처 끝내지 못한 것들은 끝내지 못한 채로 남아 있었다. 근처에 아무도 없으면 나는 여자 친구에게 전화를 걸었고 만약 즐거운 하루였다면 잊지 않고 그녀에게 사랑한다고 속삭였다. 물론 헬렌과 하위를 찾아가 그들이 그들만의 방식으로 서로를 보살피는 모습을 보면 대개는 어김없이 즐거운 하루였다.

헛된 꿈을 꿀 시간이 없다.

아직 시간이 있다는 믿음도 헛된 꿈이다.

우리 중 어느 누구에게나

내일이 오지 않을 수도 있다.

5
사랑은 늘 손을 뻗으면
닿을 곳에 있었다

"내가 사랑하고 있다는 걸
인정하게 됐지."

프레드 존스를 만나기 위해 그가 혼자 살고 있는 아파트의 계단을 오르고, 멀리 떨어진 루스 윌리그의 집을 향해 하염없이 지하철을 타고 가면서 나는 이들이 외로움 때문에 힘들어할 거라고 생각했다.

하지만 이들을 보면서 나는 다시 한번 깜짝 놀라고 말았다. 자신의 삶에서 사라진 다른 것들을 아쉬워하고 투덜거리면서도 정작 어느 누구도 누군가와 같이 살게 되기를 바라지는 않았다.

"아유, 싫어." 앞으로 누군가를 만날 생각이 없냐고 묻자 프레드는 단호히 대답했다. "난 이제 좀 편히 지낼 거야." 바로 며칠 전 그의 여든여덟 번째 생일까지만해도 두 여자가 서로 생일 당일을 자신과 함께 보내겠다고 다퉜다면서 자랑을 하던 그였다. 결국 둘 중 어느 누구와도 아닌 홀로 생일을 보내긴 했지만 그에겐 실망한 기색이 전혀 없었다. 나이가 들면서 고독한 삶이 편해지기 시작했다고 그는 말했다. 오롯이 혼자만의 시간을 가질 수 있고 다른 사람의 습관이나 취향에 맞출 필요가 없었다. 밤을 새거나 대낮에 잠옷을 입고 있어도 그러지 말라고 잔소리하는 사람도 없었다. 1979년, 마지막으로 함께 살던 여자친구와 헤어지고 난 뒤 그는 5년 후에나 새로운 사람을 만나겠다고 다짐했었다. 그 후 그 기간은 10년으로 늘어났다. 그리고 점점 시간이 흐를수록 그는 혼자 사는 게 좋아졌다.

"나는 정착하고 싶다는 생각을 해본 적이 없어. 늘 어딘가 더 좋은 게 있을 것만 같았거든. 그래서 내가 그랬지. 그럼 50 넘어서 하자. 그런데 눈 깜짝할 사이에 쉰 살이나 먹어버렸어. 그래서 내가 또 그랬지. 환갑이 넘으면 결혼을 하고 정착할 거라고 말이야. 그러더니만 어느새 60이 되고 70이 돼버려서 결혼을 할 수가 없었어. 요즘은 내가 가끔가다 한 번씩 만나는 여자가 있는데 차가 있거든. 나는 걷는 게 불편하니까. 내가 그녀한테 '내가 당신한테 줄 수 있는 거라곤 내가 제일 좋아하는 중국 음식밖에 없어요'라고 말했지. 분위기 있는 키스도 안 했어. 가볍게 볼에 입 맞춘 정도. 그게 다야."

내 생각에 프레드는 누군가와 함께 살아도 좋을 것 같았다. 그러면 식사도 같이하고 생활비도 함께 내면서 그가 매력을 발산할 수 있게도 해줄 것이다. 프레드는 칭찬을 자주 했고 칭찬을 듣는 것도 좋아했다. 자신이 멋쟁이 '한량'으로 이름을 날렸다고 자주 내게 말하곤 했었다. 항상 만날 때마다 활기차긴 했지만 나는 아무도 그를 찾아오지 않는 긴 시간 동안엔 그가 어떤 모습일지 궁금했다. 만약 그 나이에 함께 교회에 가거나 산책을 할 연인이 생기고 연애의 즐거움을 다시 찾을 수 있다면 어떻게 될지도 말이다. 그러면 더 규칙적인 생활을 할 수도 있을 것이다. 식습관도 좋아질 것이고 잊어버리지 않고 약도 꼬박꼬박 챙겨 먹을 수 있을 것이다. 발가락에 감염성 궤양을 일으킨 원인이었던 당뇨병도 잠잠해질 수 있을 것이다. 어쩌면 새 연인과 함께 엘리베이터가 있는 아파트로 이사를 가게 될지도 모를 일이었다.

하지만 프레드는 전혀 그럴 생각이 없었다. "내 동생은 나한테 화가 나서 이러더군. '미쳤어? 그 여자가 미인인데 집도 있는 것 같으면 가서 말해.' 나는 아무 소리도 안 했어. 지금은 그러고 싶지가 않아. 그녀가 '자기, 나가서 차 좀 닦아요' 그럴 때 내 기분이 좋으면 문제없지. 하지만 기분이 별로라면 나는 안 할 거야. 그러면 그녀는 아마 화를 내겠지." 그는 덧붙였다. "그리고 그런 여자들은 거의 다 너무 늙었어."

한편 헬렌과 하위가 사는 헤브루 홈은 여러 가지 측면에서 예외적인 경우였다. 이 시설은 1990년대 이후로 알츠하이머병을 앓고 있는 환자들을 포함해 입주자들의 사생활을 장려하는 정책을 유지하고 있었다. 최근 헤브루 홈은 데이트 주선 서비스도 시작했다. 하지만 선풍적인 인기를 끌지는 못했다. 최근 조사에 따르면 이 시설에 거주하는 870명의 입주자 중 40명만 연애를 하고 있었다. 많은 사람이 배우자가 세상을 떠날 때까지 오랜 기간 간호를 하며 진이 다 빠져서 다시는 그런 상황을 겪고 싶지 않아 했다.

루스 윌리그도 같은 일을 겪었다. 그녀의 남편이 21년 전 사망한 이후로 그녀는 한 번도 다른 사람과 데이트를 해본 적이 없었다. 윌리그에게 나이 때문에 포기하게 된 것들이 있냐고 묻자 그녀는 잠시 생각하는 듯하더니 대답했다. "섹스야 너무 뻔한 얘기지. 그런데 사실 그건 그렇게 아쉽지 않았어. 나는 늘 산책하는 걸 좋아했지." 그녀는 산책이 더 그립다고 강조했다.

노인학자들은 루스처럼 혼자 살면서 심지어 전에는 좋아했던 활동마저도 이제 다른 사람들과는 함께 하지 않으려는 이들을 우려한다. 루스를 방문할 때면 그녀는 고민하다가 결국 하지 않기로 마음먹은 야유회나 운동 모임에 대해 종종 얘기하고는 했다. 그녀의 행복한 사회생활은 새 양로원으로 옮겨오면서 함께 사라져버렸다.

하지만 어떻게 보면 사람들이 나이가 들면서 특정한 사회 관계에 흥미를 잃게 됐을 뿐이라고 생각해볼 수도 있다. 대신 좀 더 의미가 있는 사람이나 관계에 에너지를 쏟는 것이다. 가끔 루스는 자녀들이나 손주들을 걱정했다. 하지만 외롭다는 말은 단 한 번도 하지 않았다. 사회학자들은 이를 일종의 '선별 작업'이라고 본다. 고령자들은 자신에게 남은 한정된 시간을 힘이 되는 사람들과 함께 보내려고 하고, 자신을 피곤하게 하거나 자신에게 바라는 것이 많은 사람을 멀리 한다는 것이다. 새로운 사람들을 사귀는 대신 이미 알고 있는 사람들에게 더 많이 의지한다. 그러다 보니 새 친구를 사귀는 것보다 기존의 인간관계를 잘 유지하는 편이 더 중요하다. 그리고 오직 긍정적인 관계만 유지할 가치가 있다. 끔찍한 연애를 한다거나 앙숙 같은 가족들과 함께 있어 봐야 젊은이에게나 노인에게나 좋을 게 없다. 로라 L. 카스텐슨 교수는 자신의 책에 이렇게 썼다. "불행한 연애가 끼치는 손해는 훌륭한 연애를 해서 얻는 이득보다 더 클지 모른다."[11]

루스는 헬렌처럼 어렸을 적 남편을 만났고 다른 남자를 만나봐야겠다는 생각은 해본 적도 없었다. 당시에 그녀는 열한 살이었고 그는 이웃에 사는 친구였다. 그러던 중 그들은 전쟁이 벌어지면서 헤어지게 되었다.

루스는 늘 공부를 더 열심히 해서 좋은 직업을 갖고 싶었다. 그녀는 네 남매 중에서 가장 막내였고 가족들 중 돌연변이였다. 열여섯 살이 되어 같은 반 남자 아이들이 전쟁에 동원될 때 루스는 브루클린대학에 진학해 세균학을 전공했다. 당시에는 학비가 무료였다. 그녀는 전쟁 중에도 남자 친구와 편지를 주고받았고, 그가 집에 돌아오자 결혼해서 전후 호황기를 누리며 두 아들과 두 딸을 낳아 길렀다.

내가 루스를 처음 만났을 때 그녀는 91세였다. 당시 한쪽 다리에 동맥폐색이 생겨 걷기가 불편한 상태였다. 하지만 그녀는 여전히 지적 호기심이 넘쳤다. 그리고 남편이 죽고 난 뒤 알게 된 친구들과는 이따금씩 연락을 했고 자녀들과는 매일 서로의 안부를 물었다. "매일 아침마다 나는 애들 넷한테 이메일을 보내야 돼. 하루라도 걸렀다가는 바로 전화가 울려. '엄마, 별일 없어요?' 그러면 내가 도대체 뭐가 걱정이냐고 물어보지. 난 이런 곳에 살고 있는데 말이야. 사람들이 다 나를 지켜보잖아." 그녀는 이제 인터넷이 끊기면 자녀들이 안절부절못하기 전에 딸에게 전화부터 해야 한다는 것도 알게 됐다.

루스는 순순히 늙지 않겠다고 다짐하고 있었다. 짧은 은발 머리를 한 그녀는 늘 빳빳하게 다림질한 옷을 입고 집을 나섰다. 하지만 맵시만 따지기보다는 실용적으로 차려입었다. 잘 다려진 블라우스처럼 집도 깔끔했다. 이 정도는 그녀가 할 수 있는 것들이었다. 포기하고 싶지 않았다. 그녀는 가끔씩 현기증이 있어서 먹는 항우울제를 포함해 총 여덟 개의 약을 복용하고 있었다. 하지만 대체로 건강했다. 그녀는 도서관에 갈 필요가 없이 책을 배달시킬 수 있다는 것을 알았다. 내가 찾아갈 때마다 그녀는 매번 다른 책을 읽고 있었다. 그녀는 다른 사람들과 만나거나 야유회에 가는 대신 독서를 했다.

"100세까지 살고 싶냐고?" 어느 날 루스가 말했다. "딱히 그렇진 않아. 아흔까지 산 것도 복이지. 지금은 뭐 때문에 죽게 될지가 궁금해. 우리 나이, 아니 내 나이가 되면 전부 얼른 죽고 싶다고 해. 우리는 자식들을 생각하거든. 옛날 말로 하면 자식들한테 '짐'이 되고 싶지는 않으니까. 하지만 그만큼 고생하고 싶지도 않거든. '암에 걸리려나? 이번에도 심장이 말썽인가? 그냥 콱 죽으려나?' 이런다니까. 그런 생각을 정말로 해. 그렇다고 계속해서 곱씹어보진 않아."

그녀는 늙는다는 생각은 하지 않는다고 했다. "그 생각을 하면 정말로 우울해지거든."

나는 다른 사람들에 비해 특히 루스에게 내 어머니 얘기를 많이 했다. 둘 다 대학을 마치고 일을 했던 여성이고 뉴욕에서 살았으며 대도시 근교에서 자녀들을 길렀다. 둘 다 아내, 어머니로 헌신하면서 일생을 보냈고 지금은 역할을 찾지 못해 자신들이 쓸모없다고 여기고 있었다. 또한 모두 남편이 세상을 떠난 뒤 다른 사람을 만나본 적이 없었다.

　루스는 요즘 누군가 자신을 필요로 한다는 느낌이 그립다고 했다. 자녀들은 모두 자랐고 손주들도 그녀의 도움이 필요 없었다. "이런 걸 보면 더 살아서 뭐하나 싶어." 언젠가 그녀가 말했다. 시간이 흐르면서 해가 더 짧고 날씨까지 못 견디게 추운 겨울이 되면 루스가 더 우울해한다는 것을 나는 알게 되었다. 겨울이면 그녀는 새삼 나이를 절감했다. 아직 죽지 않고 살아 있다고 자녀들에게 전화를 하는 것 말고는 아무런 할 일이 없다고 그녀는 말했다. "어쩌면 그게 그리운 걸지도 몰라. 생각해보니 나를 필요로 하는 사람은 아무도 없더라고. 나는 보살핌을 받고 있는 거지. 그게 엄청난 사랑을 받고 있는 거라는 것도 알고 정말 느끼고 있어. 하지만 가진 돈으로 뒷바라지해주는 것 빼고는 나는 아무것도…… 아무래도 오래 사는 건 그게 문제인 것 같아."

　하지만 루스는 또 다시 남자를 만나 일생을 함께하고 싶지는 않다고 분명히 밝혔다. 그녀와 남편은 가족과 일을 우선으로 여기며 평생을 살았고 네 명의 자녀를 대학까지 공부시켰다. 그러다가 남편이 50대 초에 림프종에 걸리게 됐고 림프종은 4기까지 진행되었다. 그녀는 고통스러운 화학 치료와 약해진 면역력 때문에 피부에 잔뜩 돋아난 대상포진으로 고생하는 남편을 간호했다. 치료를 받은 결과 남편의 암은 완화되었고 이후로 건강하게 10년을 더 살았다. 기대하지 못했던 기간이었다. 1994년 남편에게 췌장암이 발병하자 이번에는 루스에게도 문제가 생겼다. 남편이 입원해 있던 병원의 병실에서 그녀가 심장마비를 일으킨 것이었다. 남편은 그해가 다 가기 전에 세상을 떠났다.

"그 이후로 나는 누군가를 돌봐주겠다는 생각은 일절 해본 적도 없어. 꿈에도 생각 안 해." 그녀가 말했다.

가끔씩 나는 루스에게 사랑하는 가족을 간호하던 시간들에 대해서 물어봤다. 남편뿐만 아니라 어머니나 알츠하이머병에 걸렸던 언니에 대해서 말이다. 루스는 마치 별것 아니라는 듯 말했다. "정말 사랑해서 하는 거라면 별다른 생각이 안 들어. 주디가 그러더라고. '엄마, 그냥 힘들었던 걸 기억을 못 하는 거예요.' 나는 남을 돌봐주는 사람이었어. 하지만 나는 그게 못마땅했던 적이 한 번도 없어."

루스는 결혼 후 수십 년을 남편과 네 아이들과 보냈다. 그녀와 남편은 함께 자라고 함께 나이 들어갔다. 그녀는 자기 또래의 다른 여성들이 새 연인을 만났다는 얘기를 들으면 양보한 것은 어마어마한 데 비해 얻은 것은 너무 사소해 보였다. 새로운 연애를 시작하면 온갖 책임들이 따라오게 되고 이는 미지의 세계로 뛰어드는 것이나 다름없다. 그리고 그녀는 지금까지 살아오면서 불확실한 일들을 충분히 겪었다.

루스의 남편이 세상을 떠난 뒤 얼마 지나지 않아 같은 회당에 다니던 친구도 아내를 잃었다. 두 부부는 함께 만나는 일도 많았고 취미도 비슷했다. 어느 날 그 친구가 루스에게 전화를 걸어 점심 식사를 함께 하자고 했다. 그녀는 그가 외로우며 누군가를 만나고 싶어 한다는 것을 눈치챘다. 하지만 그녀는 아니었다. 이미 새 인생을 시작한 터였다. 여전히 운전도 하고 집 근처의 주민회관에서 새로운 친구들도 사귀느라 바쁜 날들을 보내고 있었다. "점심을 먹으러 같이 가긴 했지만 밥이 안 넘어가더라고. 정말로 기분이 별로였어. 그 이후에도 계속 만나기는 했는데 그 사람은 정말로 누가 필요한 것 같았어. 그래서 어쩔수 없이 내가 결국 말해버렸지. '이봐요, 당신은 아니에요.' 정말 아니었거든. 나는 그냥 다른 남자들한테 관심이 없었어. 누굴 만날 기회가 없었기도 했지만 상관없었어. 나는 남편을 사랑했고 우린 잘 살았어. 그러니 살면서 누굴 또 만나고 싶지가 않았어. 뭐라고 해야 되나. 그냥 관심이 없었어."

　　그녀는 이렇게 덧붙였다. "그런데 어떤 여자들은 정말로 누굴 만나고 싶어 해."

　　루스가 특이한 경우는 아니다. 오래된 부부들은 나이가 들면서 결혼 생활이 점점 더 나아졌다고 평가했다. 사소한 의견차이에는 더 너그러워졌고 싸움으로 번지는 경우도 적었으며 싸우고 난 뒤에는 더 쉽게 상대방을 용서했다. 그런데 특히 오랜 세월을 함께한 배우자가 죽고 난 뒤 새로 누군가를 만나는 것은 쉽지 않은 일이다. 고령자들은 흔히 아는 사람이 있었으면 좋겠다고 말한다. 함께 아침도 먹고 요즘 무슨 일이 있는지 도란도란 얘기도 나눌 수 있는 그런 사람 말이다. 살면서 이런 인간관계를 미리 만들어두면 노후에 훨씬 편하다. 하지만 그 후에라도 시작할 수 있다.

어느 날 밤, 어머니의 아파트에서 나는 어머니께 아버지가 돌아가신 후 한 번도 다른 사람을 만나지 않은 이유가 무엇인지 여쭤봤다. 아버지가 돌아가신 지도 거의 12년이나 흘러 있었다. 그 사이 어머니는 보행기나 휠체어가 없이는 몇 발짝 떼기도 힘들어졌다. 하지만 여전히 예전처럼 총기가 있으셨다. 한번은 어머니가 등이 너무 아프다며 통증을 덜어줄 마리화나를 사다달라고 부탁하셨다. 아무래도 마약은 불법이니 지금 사용하고 있는 초고강도의 진통제보다도 더 셀 거라고 생각하신 듯했다. 하지만 연기가 폐를 자극해 간병인의 눈을 피해 마리화나를 숨겨놓으셨다. 아마 지금까지도 피우지 않은 채로 갖고 계실 것이다. 우리는 아버지가 돌아가실 무렵에 대해 이야기를 나누었다. 그런데 어머니와 나의 기억이 서로 달랐다.

내가 정정하시던 아버지를 마지막으로 본 것은 2004년 가을 무렵이었다. 맨해튼의 집 근처에서 열린 저자 사인회 자리였다. 아버지는 어머니와 함께 먼 길을 달려와 내 친구들과 동료들 사이에서 뿌듯해하고 계셨다. 아버지는 전에 운전을 해서 여행을 가던 중에 깜빡 잠이 든 이후로 더 이상 장거리 운전은 하지 않으셨지만 여전히 가까운 거리는 다니셨다. 하지만 집에 계실 때 아버지는 밤이면 점점 불안해하기 시작하셨고 몽유병 증세를 보였으며 어머니에게 말도 안 되는 소리를 하셨다. 아버지는 두 번의 심장마비를 겪었고 가벼운 뇌졸중도 한 번 정도 겪으셨다. 아버지가 집 안을 배회하면 어머니는 감당할 수 없을지 모를 책임을 떠안고 외로워했다. 그러다 아버지는 핼러윈 무렵의 한밤중에 쓰러지셨다. 당신이 어디를 가고 있었는지도 모르셨다.

다른 남자와의 데이트에 대해 생각해보시던 어머니는 아버지가 쓰러지고 그로부터 6~7주 뒤에 있었던 일들을 떠올리셨다. 아버지는 재활을 위해 병원에서 요양원으로 옮겨졌다. 그리고 며칠간 집에 계시다가 두 번째 병원에 다시 입원하게 됐다. 그곳에서 퇴원할 가망은 없어 보였다. 아버지의 신장과 심장 그리고 폐는 상태가 급격히 나빠지고 있었고 그로 인해 다른 기관까지 빠르게 악화되고 있었다. 연쇄적 의원성 질환cascade iatrogenesis이었는데 다시 말해 도미노가 무너졌다는 뜻이었다. 뇌에 산소가 충분히 공급되지 않아 아버지는 자주 멍해지셨다. 아버지는 어릴 적 나눴던 대화들을 다시 떠올리고는 했는데 칙

칙한 병실을 잠시나마 잊을 수 있는 흐뭇한 순간이기도 했다.

어느 날 아버지는 내게 이 세상이 점점 더 나아지고 있다고 말씀하셨다. 그 증거는 바로 자신의 세 아들들이었다. 아버지는 항상 그런 자세로 인생을 사셨다. 하지만 한 번도 그렇게 직접적으로 표현한 적은 없으셨다. 사실 이게 아버지의 마지막 말씀이셨다고 말하고 싶지만 꽤 또박또박 이렇게 말씀하신 것도 기억이 난다. 내가 아버지 얼굴의 산소 마스크를 바꿔드리려고 할 때였다. "나는 죽을 거야." 다시 말해 '도대체 왜 나한테 이 고생을 시키는 거냐?'라는 뜻이었다.

아버지의 시련은 거기서 끝이 아니었다. 가족들끼리 여러 번 상의한 끝에 우리는 아버지의 폐에 고농도의 산소를 불어 넣어주기 위해 목 안으로 호흡관을 삽입하기로 했다. 이는 아버지가 더 이상 말을 하거나 음식이나 물을 입으로 넣을 수 없게 된다는 뜻이었다. 이제 움직일 수도 없었고 천장만을 바라봐야 했다. 호흡관을 빼버리지 못하도록 두 손도 옆에 묶어두었다. 우리는 모두 각자의 방법으로 작별 인사를 했다. 하루나 이틀 정도 걸렸을까. 우리는 얼마 지나지 않아 의사에게 호흡관을 제거해달라고 부탁했다. 하지만 그 며칠간의 기억과 호흡관 삽입을 허락했다는 죄책감은 어머니를 두고두고 괴롭혔다.

내가 어머니께 데이트에 대해서 물었을 때 어머니의 첫 마디는 바로 그 얘기였다. "다시는 하고 싶지 않아. 네 아버지가 돌아가실 때 어땠는지 너는 몰라. 얼마나 처참한 모습이었는지. 얼마나 고통스러워했는데. 사실 마지막으로 입원하게 됐을 때는 들어가기 전에 죽고 싶다고 그러시더라. 그래서 난 계속 그이를 살려두게 놔둔 걸 후회해. 하지만 너희들이 와서 그랬지. '아버지에게 최대한 기회를 드리고 싶다'고. 나는 그걸 단호하게 거절하지 못했어." 그리고 이렇게 덧붙이셨다. "다른 사람과 만나서 그 일을 또 다시 겪을 생각은 추호도 없어. 지켜보는 것만으로도 끔찍했거든."

나의 부모님은 독립성과 부지런함, 검소함을 강조하셨고 남들의 주의를 끌지 말라고 가르치셨다. 아버지와 길게 대화를 하다 보면 어김없이 "네 잠재력을 발휘하라"고 말씀하셨다. 외동딸이었던 어머니는 가족 중에서 가장 처음으로 대학에 갔다. 아버지는 전쟁에 참전하기 위해서 고향을 떠났고 다시는 돌아가지 않았다. 두 분 다 관계를 맺기보다는 끊는 데 더 일가견이 있었다. 그리고 그 성격을 자녀들에게 고스란히 물려주셨다. 나는 부모님이 포옹하거나 입을 맞추는 모습을 본 적이 없었다.

"나는 늘 자립심이 강했어." 어머니가 말씀하셨다. "고집도 세고 무모하지. 나는 결혼해서 살면서도 늘 나를 잊고 산 적이 없는 기분이었어. 애들 때문에 뭔가 할 수 있는 시간이 없을 때도 말이야. 나는 늘 독립적인 게 좋고 일을 할 때가 더 행복했어." 행복한 결혼 생활이었다고 생각하는지 묻자 어머니는 이렇게 대답하셨다. "그런 생각은 안 해봤어. 어떤 부부든 살면서 그만두고 싶은 생각이 들 때가 있어. 하지만 우리는 너무 오랫동안 붙어 있었어. 오랜 세월을 같이 지낸 부부들은 누구나 한 번 이상은 그만두고 싶다는 생각을 해봤을 거야. 하지만 무엇보다 결혼을 맹세했으면 깨서는 안 돼. 확실히 쉽지 않지."

루스는 결혼해 살면서 좋았던 때를 주로 떠올리며 누군가 새 사람을 만나도 그만큼 좋지 않을 거라고 여겼다. 반면 나의 어머니는 아버지가 돌아가실 무렵 슬펐던 날들을 떠올리며 두 번 다시 겪고 싶지 않다고 하셨다. 어쨌든 결론은 같았다.

어느 날 어머니는 자신에게 관심이 있었던 한 남자에 대해 얘기하셨고 그 이야기를 들은 나는 깜짝 놀랐다. 어머니가 아파트로 이사하신 뒤 한두 해 가량 지났을 때니까 한 10년 전쯤이었을 것이다. 어머니는 정말 아무것도 아니었다고 강조하셨다. 그의 이름은 프랭크였고 아일랜드 사람이었다. 그가 이곳으로 이사 왔을 때는 마치 뼈만 앙상한 몸에 옷을 걸치고 있는 듯했다. "처음 이사를 왔는데 끔찍한 몰골이었어. 그래서 나는 인기가 없겠구나 하고 생각했지." 어머니가 말씀하셨다. 같은 건물에 사는 몇몇 여성들은 근사하게 생긴 남성이 이사를 오면 주변을 얼쩡거리고는 했다. 하지만 프랭크는 누구도 거들떠보지 않았다.

"비쩍 말라 있었어. 그래서 무척이나 아팠나 보다 했지. 아침을 같이 먹기 시작했어. 재미난 사람이었지. 경제 전문가였는데 나는 대학에서 경제학을 전공했잖아. 그 사람이 그때 막 블로그를 시작하는데 나한테도 어떻게 하는지 알려준다고 했었어. 내가 그 사람을 사랑한 건 아니야. 그냥 대화하기 즐거운 사람이었고 특히나 내가 늘 같이 다니던 여자들하고 다르게 편했어. 그냥 기분 전환 같은 거지. 대단한 일도 아니었어. 그 사람을 좋아한 게 아니야."

알고 보니 프랭크는 그 아파트에 오래 살지 못했다. 몇 주간 아침 식사를 함께한 뒤 어느 날 그는 홀연 사라졌다. 그런 곳에서는 흔히 있는 일이었다. 사생활 보호 차원뿐만 아니라 다른 입주자들을 동요시키지 않기 위해서 직원들은 입주자가 갑작스럽게 사라져도 사람들에게 알리지 않았다. 어머니도 결국 소문을 통해 프랭크가 죽었다는 소식을 전해 들었다. 그에게 가족이 있었는지도 알 수가 없었다.

"모험을 해본 거지. 하지만 나는 그저 친구가 되고 싶었을 뿐이었어." 어머니가 말씀하셨다.

흔히 결혼한 사람들이 더 오래 산다고 믿는다. 그 이유는 흥미롭다. 배우자가 있으면 서로 빼먹지 않고 병원에 가도록 챙겨주고 저염식을 차려주며 어느 한쪽이 쓰러지기라도 하면 구급차를 불러줄 수 있다. 게다가 가난할 가능성도 적다. 또한 누군가 곁에 있으면 정신건강에도 좋다. 특히나 나이가 들면서 인간관계가 점차 줄어들기 때문이다.

하지만 심리학자인 하워드 S. 프리드먼Howard S. Friedman과 레슬리 R. 마틴Leslie R. Martin은 결혼과 장수에 관한 자료들을 더 심층적으로 파고들었다.[12] 그리고 그 결과는 좀 더 미묘하게 달랐다. 결혼한 남자가 더 오래 산다는 이야기는 사실이었다. 그리고 결혼하지 않은 여자는 결혼한 여자들만큼 오래 살았지만 자신을 위한 여유 시간은 비교적 더 긴 편이었다. 프리드먼과 마틴은 총 80년에 걸쳐서 1,500명의 캘리포니아 주민들을 추적한 연구에서 다음과 같은 사실을 발견했다. "남편이 먼저 세상을 떠난 여성들은 잘 지내는 편이었다. 그들은 여전히 남편과 함께 사는 여성들에 비해 더 오래 살았다." 그들은 사람들과 잘 지냈고 자녀들을 잘 키웠으며 아픈 남편을 돌보면서 미뤄두었던 일들을 처리했다. 하지만 아내를 잃은 남편들은 머지않아 뒤따라 사망하는 경우가 많았다.

아버지가 돌아가신 뒤 어머니의 삶은 움츠러들기는커녕 오히려 활짝 피는 듯 보였다. 처음으로 가볍게 만나는 친구들이 생겼고 어머니 자신 말고는 돌봐야 할 사람도 없었다. 스페인어를 배우기 시작하셨고 도자기반에 등록했으며 할머니들끼리 공연도 보러 다니셨다. 동성 친구들은 함께 즐기는 것 말고는 어머니에게 더 바라는 게 없었다. 난 어머니가 외로울 거라고 생각했지만 그저 외롭기만 한 것은 아니었다. 경제 전문가였던 프랭크와 함께 어머니는 최고의 낭만을 즐겼다. 꿈에 그리던 남자는 아니었지만 어떤 책임도 질 필요 없이 만날 수 있는 남자였다. 어머니가 그를 사랑했는지는 중요하지 않았다. 어머니는 또 다른 사람을 돌볼 생각은 추호도 없으셨으니까.

루스, 헬렌, 핑 그리고 존은 모두 배우자를 마지막까지 돌보았다. 마치 그 세대에 주로 여자들이 거치는 의례와 같았다. 존의 친구들은 월터가 죽고 난 뒤 존이 어떻게 살아갈지 크게 걱정했다. 혼자 사회생활을 하고 공과금을 내고 약을 먹고 침침한 눈으로 복잡한 도시를 돌아다니기가 쉽지 않아 보였다. 과거 에이즈가 급속도로 확산되면서 많은 남성 동성애자들이 죽어가는 연인을 돌봤다. 하지만 수십 년을 함께 살다가 아이도 없이 홀로 남은 노년의 남성 동성애자는 극히 드물었다.

존도 루스나 내 어머니와 마찬가지로 월터가 죽고 난 뒤 다른 남자를 만날 생각이 전혀 없었다. 여전히 자나 깨나 연애에 대해 생각하고 배우 휴 그랜트에 살짝 반해 있었지만 그저 머릿속에서만 일어나는 일이었다.

존 소런슨은 1950년 여름에 열린 한 파티에서 처음으로 월터 캐런을 만났다. 당시 보스턴에 살던 월터는 뉴욕에서 잠시 머물고 있었다. 그날 밤 존은 원래 다른 두 남성을 눈여겨보고 있었지만 알고 보니 그들은 서로에게 끌리고 있었다. "운이 없었어. 그래서 월터에게 말을 걸어야겠다고 마음먹었지." 월터는 영화배우 조시 브롤린 Josh Brolin처럼 우수에 찬 미남형으로 키도 더 컸고 미래도 창창한 실내 장식가였다. 월터가 몇 살 더 많기는 했지만 그는 연애 경험이 많지 않았다. 그날 밤 그들은 존의 아파트로 향했다.

"나는 우리가 계속해서 만날 거라고는 상상도 못 했어. 두 남자 사이에서 그런 일이 일어날 줄은 몰랐지. 그런데 일어나버렸어. 3주를 만났을 때까지도 오래갈 거라고 생각을 못 하고 있었지. 그런데 월터가 집을 비운 사이에 늘 가볍게 만나던 애인 중 한 명이 들렀는데 내가 거절을 했지 뭐야. '잠깐만, 이게 무슨 일이지. 내가 거절을 하다니.' 무려 한 달인가 두 달이 지난 뒤에야 나는 내가 월터를 사랑하고 있다는 걸 인정하게 됐지. 내 평생 제일 잘한 일 중의 하나야." 그 후 존의 스물아홉 번째 생일을 이틀 앞둔 크리스마스이브에 그들은 함께 살기 시작했다. 그리고 월터가 죽을 때까지 평생을 함께했다.

그 무렵 나의 결혼이 막 끝나버렸기 때문에 나는 고령자들 모두에게 오랫동안 결혼 생활을 유지한 비결을 물었다. 대답은 지나치게 간단했다. "같이 살려면 비슷한 구석이 엄청나게 많아야 해. 그리고 항상 마음이 맞을 수 없다는 것도 인정해야 하고. 대부분은 마음이 맞지. 그런데 그건 또 대단하게 생각을 안 해. 뭔가 마음에 들지 않으면 그냥 마음에 들지 않는 거야. 나는 아버지가 골수 민주당원이고 어머니는 공화당 편인 집에서 자랐어." 존이 말했다.

60년을 함께 산 비결이라기에는 너무 소소하게 들렸다. 사이좋게 지내려고 애써야 한다는 것 정도를 모르는 사람이 누가 있을까. 그런데 한 해가 지나면서 존의 말이 무슨 뜻인지 점점 이해되기 시작했다. 나는 내가 고쳐주려고 아무리 애써도 아내가 계속해서 똑같이 말도 안 되는 행동을 한다며 화를 내던 시절이 떠올랐다. '수영도 안 하고 햇볕이라면 질색을 하면서 어떻게 코드곶Cape Cod 해변으로 휴가를 갈 생각을 하지? 일이 잘 안 풀린다고 잠자리를 피하는 건 또 무슨 경우야?' 우리는 매달 그리고 매년 똑같은 문제로 싸웠다. 상대방의 생각엔 그럴 수도 있겠구나 하고 받아들이지 않았다. 대신 우리는 상대방이 바뀌길 바랐고 그러지 않자 화를 냈다.

하지만 존이 발견한 비결은 결코 단순하지가 않았다. 믿지 않는 것들을 받아들이기는 절대 쉽지 않다. 예를 들어 존은 집은 어떻게 꾸며야 하고 테너가 아리아를 어떻게 불러야 하는지에 대해서는 절대로 뜻을 굽히지 않았다. 그런 의견들이 곧 자신이었기 때문이다. 하지만 월터와의 사이에서는 월터의 의견에 그저 휘둘리지 않는 동시에 마음에 들지 않아도 받아들이려고 애썼다. 왜냐하면 월터의 의견이었기 때문이다. 내가 아는 성공한 사람들 중에는 자신은 남이 반대되는 이야기를 해도 기꺼이 들어본 후 반대를 하니까 스스로 마음이 넓다고 생각하는 사람들이 있다. 하지만 존이 말하는 관계의 지혜는, 들어봐서 동의할 수 없다 하더라도 받아들이는 데에 있었다.

월터나 심지어는 그의 죽음에 대해 얘기를 할 때에도 존은 전혀 슬퍼하는 기색이 없었다. 그는 단기기억상실 때문에 자주 애를 먹었지만 월터에 대한 기억만큼은 순식간에 그것도 아주 생생하게 되살려냈다. 정확히 얼마나 많이 기억하고 있는지는 알 수 없었지만, 그는 같은 이야기들을 몇 번이고 되풀이하며 때로는 토씨 하나 틀리지 않고 똑같이 말하곤 했다. 초기에 했던 인터뷰 내용을 후기 인터뷰와 바꿔도 크게 상관없을 정도였다. 존은 과거에 사로잡혀 있었지만 그 안에서 한없이 편안했다.

"슬프냐고?" 그가 어느 날 물었다. "아직도 슬프지. 월터가 사무치게 그리워. 가끔 몸을 돌렸다가 그가 없는 걸 발견하고는 잠에서 깨. 가끔씩은 아직도 여기 있는 것 같아. 한번은 내가 텔레비전을 보고 있다가 프로그램에 대해서 떠들기 시작했어. 그러다 문득 옆에 월터가 없다는 걸 깨달았지. 그가 여기 없다는 걸 아예 잊어버릴 때도 있어. 월터는 정말 멋진 사람이었어."

존은 늘 월터와 함께 있었다. 하지만 그가 더 이상 곁에 없다는 사실을 매 순간 확인하는 것이기도 했다. 어쩌면 월터가 죽은 후에 그를 더 많이 떠올리게 되었을 수도 있다. 살아 있다면 마음속으로 그려낼 필요가 없을 테니 말이다. 살아생전에 월터는 노인이거나 중년이거나 청년이었다. 하지만 죽고 난 뒤에는 존의 기억 속에서 동시에 그 모든 모습으로 생생하게 되살아났다. 존은 원하는 대로 월터의 이야기를 만들어갈 수 있었고 어울리지 않는 부분은 얼마든지 고쳐 쓸 수 있었다. 현실에서는 지루하고 평범한 연인일지라도 기억 속에서는 전혀 다른 사람이 될 수 있었다.

존은 나의 어머니나 루스와는 달랐다. 그는 월터가 세상을 떠나던 날이 마치 어제인 것만 같았다. 그는 새로운 삶을 꾸리려 애쓰지 않았다. 그럴 마음도 없었다. 새 삶은 그와 월터 사이의 거리를 더욱 멀게만 할 뿐이었다. 대신 그는 월터가 늘 함께 있는 것처럼 아파트 온 사방에 월터의 흔적을 심었다. 실크 다마스크천이 해져서 올이 다 드러나고 불편하기만 한 루이 16세 양식의 의자들을 보면 그들이 함께 앉아 있던 때가 떠올랐다. 이제는 보기 흉해진 소파를 보면, 월터가 기부물품 판매점에서 사 와서는 집 근처 공중전화에서 존에게 전화를 걸어 근사하게 만들어놓겠다고 말하던 날이 떠올랐다. 월터가 그 추억 속에서 아직도 젊고 잘생겼다면 존도 마찬가지였다. 존이 아파트를 바꾸지 않는 한 그는 계속해서 그렇게 살아갈 수 있을 것이다.

90대가 되어 존이 깨달은 것 중 하나는 자신을 위로하는 방법이었다. "사람들이 우울증 약을 주더군. 하지만 나는 늘 기분이 좋아. 가끔씩 내가 딱하기도 하고 화도 나지. 하지만 음악을 들으면 썩 만족스러워. 바라는 만큼은 아니지만 딱 내가 누릴 수 있을 만큼은 돼." 그는 얼마 전 라디오를 듣다가 차이코프스키 교향곡 5번을 들었던 때를 떠올렸다. 무척 잘 알지만 거의 20년간 듣지 못했던 곡이었다. 기억을 떠올리며 그가 살며시 눈을 감자 관자놀이 부근의 주름들과 함께 그날의 힘든 일까지 모두 사라지는 듯했다. "나는 그냥 미소만 짓고 있었어. 잊고 있었는데 한 음 한 음 다 떠오르더라고. 다시 들으니까 정말 좋았어. 음악은 가끔 나한테 정말 큰 힘이 돼."

시간이 흐르면서 나는 존의 대화에 단계가 있다는 것을 알게 됐다. 존은 월터를 생각하면 음악이 떠올랐고 음악은 온갖 추억들을 불러왔다. 이렇게 월터는 여전히 존의 삶 속에서 생생하게 살아 있었다. 존은 시력을 잃어가고 있었지만 월터 덕분에 전혀 새로운 눈으로 세상을 보게 됐다.

어느 날 나는 존의 집 거실에서 그와 월터가 함께하던 사교 활동에 대해 오랜 시간 이야기를 나누고 있었다. 존은 메트로폴리탄 오페라 하우스에서 어느 월요일 밤에 있었던 일을 들려주었다. 그날은 값비싼 드레스를 차려입고 최고급 보석으로 치장을 한 뉴욕의 상류층 여성들과 흰 타이와 연미복을 차려입은 남성들이 잔뜩 모여 있었다. 존은 그중에서도 나이가 지긋하고 몸이 쇠약한 한 여성을 보면서 감탄했다. "조지 워싱턴 캐버노라 불리는 부인이었는데 티아라를 머리에 쓰고 팔찌를 주렁주렁 차고 있었지. 부인은 불이 꺼지기 직전에 두 남자의 부축을 받으면서 도착했어. 지팡이를 들고 있다가 남자들에게 지팡이를 넘겨주더니 꼿꼿하게 서서 혼자 복도를 걸어 들어가더군. 그 사이 천천히 불이 꺼졌지. 나이가 아주 많았어. 거의 걷지도 못하더라고."

나는 존이 여전히 월터를 위해서 그 걸음을 걷고 있다는 생각이 들었다. 존이 휠체어와 보행기를 한사코 거부하는 것은 캐버노 여사가 경호원들의 손을 놓고 홀로 걸어 들어오는 모습을 불이 꺼지기 직전 사람들에게 보여준 것과 마찬가지였다. 91세가 된 존은 혼자서 걸어야 할 길이 길지 않다는 것을 알고 있었고 월터와의 사랑을 기릴 수 있는 모습으로 걷고 싶었다. 그의 기억 속에서 월터는 늘 멋졌고 자신 역시 근사했다. 비록 존은 가장 간절한 소원을 이룰 수는 없었지만 그 대신 사랑의 힘으로 월터와 항상 함께할 수 있었다.

한 해 동안 존은 자신의 죽음에 대해서는 숱하게 얘기했지만 어쩐지 다시 월터를 만나길 기다린다는 말은 단 한 번도 하지 않았다. 기독교 집안에서 자랐고 어렸을 때는 성가대원이기도 했지만 그는 사후 세계를 믿지 않았다. "죽고 난 다음이 있는 것 같지는 않아. 사실 없으면 좋겠어. 뭔가 끝없이 계속될 거라는 생각이 안 들어. 월터가 보고 싶고 다음 생에서 다시 만나고 싶지만 그럴 수 없다는 것도 알아. 사실 차라리 마음이 놓이기도 해. 모든 게 끝나는 거잖아. 그게 당연하지." 월터를 다음 세상에서 만난다면 그를 다시 한번 잃게 될 수도 있었다.

고령자들은 각기 다른 종교를 믿고 있었지만 누구도 사랑했던 사람과 다시 만나고 싶다고 하지 않았다. 그들은 배우자를 보살피며 죽음을 눈앞에서 지켜보았기 때문에 더 이상 궁금할 것도 없었다. "죽으면 그냥 죽는 거야." 헬렌은 여러 번 말했다. 심지어 천국이 자신의 집이라고 말하는 프레드조차도 그곳에 가려고 서두르지 않았다. 지금 이곳에서 더 살고 싶어 했다. "우리 할머니는 늘 이렇게 말씀하셨지. '괜찮아. 언젠가는 천국에 가게 될 거니까. 천국은 거리가 반짝거리는 황금으로 덮여 있고 달콤한 젖과 꿀이 흐른단다.' 트집을 잡고 싶지는 않았지만 나는 속으로 생각했지. '뭐든 지금 얻을 궁리를 해야지.' 그 후에야 '그림의 떡'이라는 말을 알게 됐어. 할머니가 딱 그러셨던 거야. '그림의 떡' 얘기를 하실 게 아니라 당장 맛있는 음식을 배불리 먹을 얘기를 하셨어야지."

사랑은 마지막으로 고령자들에게 죽음이 어떤 것인지를 보여주었다. 죽음이 얼마나 가까이 있는지 그리고 진정한 끝이라는 것을 말이다. 그들은 자신의 배우자에게 일어난 일이 그들에게도 일어날 것이라는 사실을 받아들였다. 그런 다음 미래를 보니 자신에 대해서 품고 있던 환상들이 모두 사라졌다. 자신은 더 부유하고 행복하고 잘생기고 마르고 더 사랑받게 될 더 괜찮은 사람이라는 생각이었다. 그 대신 그들은 거울을 들여다보며 자신의 진정한 모습을 볼 수 있게 됐다. 시간이 흐를수록 그들은 더 보잘 것 없어질 뿐이라는 사실을 알게 된 것이다.

최고의 짝은 내 곁에 없는 사람, 다시 말해 아직 만나보지 못한 낯선 이 혹은 현재의 연인보다 더 나은 누군가라고 생각하는 것은 청춘의 자유다. 청춘들은 현재나 과거보다 미래를 더 좋아한다. 미래가 더 길고 뭐든 할 수 있을 것처럼 보일 때는 지극히 당연하다. 또한 청춘의 자유는 곁에 있는 배우자의 진정한 가치를 가리기도 한다. 반면 루스나 존 그리고 나의 어머니는 평생을 함께한 배우자들에게 어떤 단점이 있었든지 간에 누군지 모를 사람들보다 자신의 배우자를 더 사랑했다.

과거에 산다는 것은 어쩌면 미래를 꾸려가야 할 순간을 피하고 있는 것인지도 모른다. 하지만 고령자들은 과거 안에서 안전했다. 더 좋은 것으로 바꾸고 새롭고 나은 것을 원하는 욕구는 인류를 발전시키는 원동력이기는 하지만 그와 동시에 엄청난 불만족과 불안을 불러일으키기도 한다. 고령자들은 그럴 여지를 만들지 않았다.

또한 고령자들은 각자의 방법으로 진정한 사랑을 찾았다. 사랑은 우리가 자유롭게 주는 데에 있었다. 꼭 그만큼 되돌려 받지 않아도 상관없었다. 조건 없이 사랑할 때 우리는 더 나은 사람이 된다. 완벽하지 않은 연인에게서 완벽함을 발견하고, 그들이 절대 변하지 않을 거라는 사실을 받아들이고, 그들을 사랑함으로써 자신의 부족한 점들을 채워나갈 수 있다. 물론 고령자들은 차라리 사랑하는 사람들이 다시 살아 돌아왔으면 하고 바랄 것이다. 하지만 배우자를 잃으면서 그들은 자신의 안에서 새로운 방법을 찾아냈다. 헬렌은 하위와 사랑을 하면서 발견했다. 행복은 저 멀리 어딘가가 아니라 이미 그들 안에 있었다. 행복은 하위나 월터, 아니면 루스의 남편이나 나의 아버지에게 달려 있지 않았다. 결혼 생활의 행복은 내 아내가 나에게 무엇을 해줄 수 있는가에 달려 있지 않았다. 또 그녀의 단점이라고 여겼던 것들 때문에 내가 불행한 것도 아니었다. 행복은 늘 나의 손에 달려 있었고 내가 그녀에게 해줄 수 있는 것들 안에 있었다.

노인들과 꼬박 1년을 함께한 후에야 나는 이 사실을 깨달았다. 하지만 깨달은 후에는 나의 모든 인간관계에 큰 도움이 되었다. 연인뿐만 아니라 친구들, 동료들 그리고 가족들과의 사이에도 마찬가지였다. 만족은 늘 손을 뻗으면 닿을 곳에 있었다. 내가 미처 몰랐을 뿐이다. 당신에게도 마찬가지다.

그들은 더 나은 뭔가를 찾아 애태우지 말고 할 수 있을 때 꼭 붙잡으라고 알려준다. 그들은 헛된 꿈을 꿀 시간이 없다. 아직 시간이 있다는 믿음도 헛된 꿈이다. 그들은 마치 내일이 없는 것처럼 사랑하느라 바쁘다. 그리고 우리 중 어느 누구에게나 내일이 오지 않을 수도 있다.

사랑은 자유롭게 주는 데에 있었다.

꼭 그만큼 되돌려받지 않아도 상관없었다.

조건 없이 사랑할 때 우리는 더 나은 사람이 된다.

사랑함으로써, 우리는 자신의 부족한 점들을

채워나갈 수 있다.

하루하루가 선물이었다.

매 순간은 행복할 수 있는 기회였다.

6
조금만 더 일찍 알았다면
좋았을 것들

"영원히 살 수는 없어.
그러니까 하루하루 즐겁게 사는 거지."

헬렌과 루스 둘 다 산책이 인생에서 큰 즐거움 중에 하나라고 말은 했지만 시간이 지날수록 점점 걷는 일이 줄어들었다. 존은 사소한 문제들이 연거푸 생겨났고 그때마다 조금씩 약해졌다. 그래서 헌신적으로 그를 돌보아주던 월터의 조카, 앤 콘블룸에게 더 의지하게 되었다. 존은 오른쪽 어깨의 회전근개가 파열되어 팔을 거의 못 쓰게 되었다. 젊은이들에게는 비교적 간단한 수술이었지만 그의 나이로는 불가능한 일이었다.

그러던 어느 날 존은 며칠 동안 불면증에 시달리다가 부엌에서 쓰러지고 말았다. 한 번만 더 쓰러지면 아마 요양원으로 가야 할 수도 있겠다는 생각이 들었다. 존은 오히려 죽는 것보다 그게 더 두려웠다. 그리고 10월이 되자 그는 요로감염에 걸려 항생제를 먹게 됐다. 하지만 하나 이상의 처방전을 기억하는 복잡한 일은 그에게 무리였다. 결국 그는 첫날 3일 치의 약을 모두 먹어버렸다. 비뇨기과에서 한 시간이 넘게 기다린 끝에 의사를 만난 존은 그에게 죽어버릴까 생각 중이라고 말했다.

"차마 나를 찌르지는 못하겠어." 존이 말했다.

"그런 생각은 하지 마세요." 의사가 말했다.

"그렇다고 창문에서 뛰어내릴 수도 없어. 왜냐하면 문을 열 수가 없거든. 그리고 너무 낮은 층에 살아서 아마 죽지도 않을 거야. 문제는 내가 죽기엔 너무 건강하다는 거야."

그 후 집에 와서 앤과 함께 앉자 존은 더 이상 자살 얘기를 꺼내지 않았다. 앤은 미국의 우체국인 US포스털서비스에서 범죄수사관으로 일하고 있어서 허튼 소리가 통하지 않았다. 자신의 아파트에 돌아오니 존은 절망할 새도 없이 피곤해졌다. 용기 내서 밖으로 나갔다가도 이내 집으로 돌아온 일이 한두 번이 아니었다. 지금도 완전히 녹초가 되어 있었다.

"꽤 즐거울 때도 있지. 하지만 하루하루가 너무 힘들어." 존이 말했다.

프레드 존스는 그 어느 때보다 힘든 한 해를 보냈다. 여섯 명 중 가장 젊었지만 부실하게 식사를 하고 심장질환을 앓았던 병력도 있었다. 연초에는 오른발이 감염돼 전쟁통에 부상자 치료소에서나 볼 수 있을 정도로 심각한 상태였다. 집으로 가려면 그는 총 3층 높이의 계단을 한 번에 반 층씩 나눠서 올라가야 했다. 그리고 매 층계참마다 멈춰서 숨을 돌렸다. 이따금 멀쩡한 나머지 한 다리가 감염된 다리보다 더 아프기도 했다. "이 계단들을 올라가면 누가 내 등을 막 쥐어짜는 것 같아. 그렇게 잠시 있으면 통증이 다리로 내려와. 그러면 내 다리랑 무릎 그리고 허벅지랑 등이랑 팔뚝까지 뭐가 막 물어뜯는 느낌이야. 이제는 다 끝났어."

지난 몇 년간 그는 엘리베이터가 있는 아파트로 이사를 가야겠다고 여러 번 다짐했었다. 하지만 한 달에 300달러밖에 되지 않는 집의 저렴한 임대료 때문에 그는 조금만 더 버텨봐야겠다며 늘 주저앉고 말았다. 이제 그의 집은 그의 건강 상태로는 무리였다. 하지만 주변 건물들이 개발되어 점점 고급 주택지로 바뀌면서 그의 아파트와 비슷한 아파트들은 심지어 엘리베이터가 없는데도 월세가 다섯 배나 더 비쌌다. 그래서 그는 마음을 단단히 먹고 계단을 오르내렸다. 그리고 매일 저녁 피와 고름으로 범벅이 된 양말을 발에서 떼어냈다. 어리석은 선택이라는 것 정도는 프레드도 알고 있었다. "별로지만 월세가 싼 집과 그보단 나은데 월세가 비싼 집 사이에서 고민하다 보면 이런 생각이 들어. '여긴 썩 좋진 않지만 벌써 몇 년째나 살고 있잖아.' 그래서 그냥 계속 여기서 살자고 마음을 고쳐먹고 있어."

프레드는 감염된 부위를 소독해주고 아파트를 오르내리도록 도와줄 재택 간호사가 절실하게 필요했다. 그러나 불행히도 그는 의료복지의 사각지대에 놓여 있었다. 그는 뉴욕시에서 공무원으로 일했기 때문에 한 달에 2,000달러의 연금을 받았다. 그리고 사회보장연금으로 수천 달러를 더 받았다. 하지만 그 때문에 엘리베이터가 있는 보조 주택은 고사하고 점점 필요해져가는 서비스들을 지원해주는 사회복지 혜택조차 받을 수가 없었다. 이렇게는 오래 버틸 수 없을 거라고 나는 생각했지만 프레드는 절대 의기소침해하지 않았다. 아침에 눈을 뜨는 한 그는 또 다시 좋은 날이 시작됐다고 여겼다.

그러다 5월 무렵 그에게 전화를 걸자 고객의 요청으로 전화가 일시 정지되었다는 메시지가 흘러나왔다. 나는 그의 발을 치료해주던 의사가 일하는 병원으로 전화를 걸었고 그다음에는 한 해 전 저혈압으로 입원해 있었던 병원, 그리고 그 이후에는 브루클린에 있는 모든 병원에 전화를 걸었다. 하지만 아무런 소득이 없었다. 프레더릭 존스라는 이름의 환자는 없었다. 브루클린에 프레드가 없다고? 그때 그의 식사를 배달해주던 업체가 내게 프레드가 살아 있으며 배달을 중지해달라며 그가 전화했었다고 알려주었다. 하지만 개인정보보호법 때문에 그 이상은 말해줄 수 없다고 했다. 나는 병원에 계속해서 전화를 했고 마침내 그를 찾아냈다. 결국 한 병원이 프레더릭 존스라는 환자가 노인 병동에 입원해 있다고 인정해준 것이었다.

프레드는 내가 병실에 들어서자 미소를 지었다. 그러고는 괴저가 진행되어 수술로 발가락 두 개를 잘라냈다고 설명했다. 수술로 인한 고통은 '견디기 힘들' 정도였지만 그는 중독될까 걱정이라며 모르핀을 맞고 싶지 않다고 했다. 그는 1차 진료 병원에서 바로 응급실로 후송된 탓에 갈아입을 옷이나 전화번호부를 챙겨오지 못했다. 그래서 친구나 이웃들에게 자신이 어디 있는지 알릴 수도 없었다. 언제 집에 갈 수 있을지, 그가 없는 동안 고지서들이 얼마나 쌓여 있을지도 알 수가 없었다. 겨우 전기 회사와 신용카드 회사에 한동안 요금을 못 낼 수도 있다고 알렸을 뿐이다.

다른 병실에서 한 여성이 크게 소리를 쳤다. "안 돼. 안 돼! 죽지 말아요. 제발 죽지 마. 봐요. 내가 이럴 줄 알았다고!"

프레드가 더 오래 살아서 감염이 더 악화되었다면 결국 그로 인해 사망했을 수도 있다. 아마 미래에는 그 원인이 되었던 당뇨병을 깨끗이 치료할 수 있는 방법이 개발될 것이다. 그리고 의사들은 프레드 같은 환자들이 아파트 계단 정도는 어린 토끼들처럼 깡충깡충 뛰어올라갈 수 있게 해줄 것이다. 하지만 현재로서는 온갖 질환들이 서로 프레드의 몸을 더 많이 차지하겠다며 싸우는 처지였다. 그 싸움에서 그가 바랄 수 있는 것이라고는 적군의 진격 속도를 늦추는 것뿐이었다. 빠르게 때로는 느리게 그는 한때 점령하고 있던 땅을 잃어가고 있었다.

한 해 전 그는 저혈압 때문에 64일을 병원과 재활원에서 보냈다. 하지만 이번에는 그보다 더 오랜 기간이 필요했다. 그 후 한 달에 걸쳐 그가 겨우 몇 걸음을 걸으려고 애쓰며 고통스러워하는 모습을 보니 나는 그가 도저히 아파트로 되돌아갈 수 있을 것 같지 않았다. 한참을 걷지 않다 보니 양쪽 다리가 위축되어가고 있었다. 의사들은 그의 상황을 모르는 듯했다. "나한테 보행기가 필요할 거래. 보행기야 이미 있지. 사실 세 개나 있어. 하지만 보행기를 들고 3층이나 되는 계단을 오르내릴 수는 없어."

요양원에서 지내던 어느 날 나는 그에게 젊은이들이 노년에 대해서 꼭 알아야 할 것이 무엇인지 물었다. 질문을 듣고 그는 난감해하는 기색이었다. 왜냐하면 노년은 다른 어느 시기와 마찬가지로 그저 인생의 한 부분일 뿐이었다. 오늘은 어제와 크게 다르지 않았고 내일도 오늘과 크게 달라질 리 없었다. "옷의 단추를 잠그거나 허리를 굽히는 게 어려워지고 신발 끈을 묶거나 할 때 등이 아프지. 아니면 거울을 보거나 하얗게 세어버린 머리카락들을 발견했을 때 말이야. 그런데 그런 건 하나도 놀랍지도 않아. 그런 날들이 오고 있다는 걸 알잖아. 그냥 살아가는 과정이야. 이 나이에서 다른 나이로 가는 거지. 나는 특별히 달라진 기분이 안 들어." 그가 말했다.

프레드는 나와 달리 당연히 자신의 아파트로 돌아갈 수 있을 거라고 믿었다. 늘 거울을 들여다보았고 살 만한 가치가 없는 상태가 언제인지에 대해서도 전혀 생각해보지 않았다. 요양원 침대 위에 누워 있든 몸값이 수십억에 달하는 여배우들과 지폐를 가득 채운 욕조 안에 들어가 있든 살아가는 건 마찬가지였다. 내게는 무척 심각해 보이던 건강 문제들도 그에게는 그저 익숙한 일일 뿐이었다.

누구나 자신이 처한 환경에서 살아가기 마련이다. 프레드는 버지니아주에서 가난하게 자랐고 세 살이 되기도 전에 맹장 파열로 아버지가 돌아가셨다. 어렸을 적 그는 할머니와 어머니가 지독한 가난과 인종차별에 시달리는 모습을 지켜봤다. 프레드에게 삶이란 온갖 시련에 적응하며 사는 것이었다. 그는 주위의 기대를 뛰어넘어 제대군인원호법GI Bill의 혜택으로 버지니아 주립대에 입학했다. 그의 가족 중 대학에 간 사람은 처음이었다. 그리고 88세가 될 때까지 살아남아 또 한 번 희박한 확률을 극복했다.

"나는 또래에 아는 사람이 없어. 일하면서 사귄 친구들은 거의 세상을 떠났지. 그러니까 현실을 직시할 수밖에 없어. 영원히 살 수는 없어. 그러니까 하루하루 즐겁게 사는 거지. 물론 하나님께 110살이나 115살까지만 살게 해달라고 기도하지. 들어주실지도 몰라. 천국이 어떤지는 모르겠지만 나는 내가 여기 땅 위에 가지고 있는 것들을 좋아한다는 건 알아. 그리고 나는 옛날 이 말도 좋아해. '천국은 나의 집이다. 하지만 나는 집이 그립지 않다.' 나는 여기서 계속 삶을 즐기고 싶어."

당시 우리는 요양원의 식당에 있었고 프레드는 직원들이 준 옷을 입고 있었다. 한 달 전에 그가 병원에 올 때 입고 있던 옷들은 흔적도 없이 사라진 지 오래였다. 정기적으로 염색하던 머리카락은 뿌리부터 이미 하얗게 변해 있었고 그의 수염은 누군가 묻지도 않고 그냥 깎아버렸다. "내가 뭘 입고 있는지도 모르겠어. 이걸 입고 있던 사람은 죽었는지도 몰라. 내 생각엔 옷을 남겨두는 것 같은데, 어디서 가져오는지 모르겠어." 프레드처럼 자유분방한 사람에게 요양원의 엄격한 일정은 충격이었다. 그는 매일 같은 사람들과 같은 자리에서 매끼를 먹었다. 그날 아침에는 그가 늦잠을 잤는데 직원들이 이 닦는 곳으로 그를 데려다주지 않았다.

다른 고령자들과 마찬가지로 프레드도 자기 일은 스스로 하려고 애썼다. 그리고 그 싸움은 매년 더 치열해졌다. 하지만 그는 요양원이 너무 엄격히 규제한다며 불평하는 대신 상황을 자연스레 받아들이고 다른 사람들과 즐겁게 지냈다. 그는 입주자들이나 직원들과 친구가 되었고 같은 방을 쓰는 사람과 함께 예배에 나갔다. 노래방에 가서는 재즈 가수 빌리 엑스타인^{Billy}

Eckstine의 〈아이 어폴로자이즈I Apologize〉를 불렀다. 프레드는 발가락들을 잃었다며 슬퍼하는 대신 집으로 갈 날을 손꼽아 기다리며 '이 순간 놓치고 있는 즐거움'에 대해서 생각했다. 비록 그게 휘청거리면서 아파트의 계단을 비틀비틀 올라가는 일이라 해도 말이다. "쓰레기장 같은 곳이라도 해도 나는 거기가 익숙해." 그가 말했다. 나는 사는 기쁨으로 가득 찬 요양원을 뒤로하고 집으로 발걸음을 옮겼다.

프레드는 자신의 말년이 젊었을 때만큼 좋지는 않다고 여기고 있었다. 하지만 그저 작은 감자튀김 봉지가 큰 봉지에 비해 좋지 않다는 정도의 차이였다. 그래봤자 여전히 감자튀김이었다. 게다가 남아 있는 시간을 살지 않으면 달리 뭘 어떻게 하겠는가? 대안은 죽음이었지만, 그렇다면 감자튀김은 하나도 없는 것과 마찬가지였다. "내가 하루 중에 제일 좋아하는 시간은 아침에 일어나서 또 하루를 주셔서 감사하다고 하나님께 기도를 올릴 때야." 그가 이렇게 말하면서 씩 웃었다. "그게 내가 하루 중에 제일 좋아하는 시간이야."

"나이는 아무나 먹는 게 아니다." 미국의 영화배우 베티 데이비스Bette Davis가 했다는 유명한 표현이지만 사실 완전히 틀린 말이다. 나이는 아무나 먹는다. 현대의학 덕분에 결국 거의 누구나 늙게 된다. 세월이 몸을 공격하는 날이 짧든 길든 오래 사는 사람들은 어느 시점에서건 몸이 노화되기 마련이다.

하지만 노년이란 과연 무엇일까? 대부분 우리는 그것을 일종의 판결로 만들었다. 너무 늦기 전인 20대쯤부터 현명하게 요가를 시작했다면 일어나지 않았을 일처럼 여기고 있는 것이다. 다시 말해서 노년은 그때를 살아보지 않은 이들이 규정해놓은 개념이다. 인생 중반을 살아가는 사람들이 인생의 전성기는 바로 중년이라고 주장하면서, 젊은이들의 의견은 유치하고 어리석으며 고령자들의 의견은 노망이 나서 주절거리는 소리 정도로 치부해버린다.

고령자들과 젊은이들이 각각 노년을 바라보는 방법이 어떻게 다른지 나와 내 어머니를 보면 알 수 있다. 어머니는 운동을 하거나 살을 빼지 않겠다고 하셨다. 만성적인 등의 통증을 꾸준히 덜어줄 수 있는 방법은 그것뿐이었다. 게다가 물리치료는 '사기'라고 하셨다. 어머니가 사시는 건물에 실내 수영장이 있었지만 수영복을 갈아입기가 너무 힘들다면서 그마저도 하지 않으셨다. 오전 10시에 열리는 태극권 수업은 너무 이른 새벽이라 반대하셨다. 등과 다리의 통증이 심해지면서 동생들과 나는 어머니에게 전동 휠체어를 타지 말라고 말씀드렸다. 한번 걷기를 멈추면 폐도 운동을 하지 못하고 몸 전체에 안 좋은 영향을 미치게 될 거라는 이유였다.

하지만 내가 틀렸다. 휠체어 덕분에 어머니는 더 자유롭게 미술관에 가거나 연극을 보러 다니실 수 있었다. 심지어는 할인을 받기도 하셨다. 그때 나는 받아들이고 적응해야 한다는 것을 깨달았다. 우리는 끊임없이 한계를 넘어서라고 얘기하는 문화 속에 살고 있지만 이따금 그 한계들을 안고 살아가는 편이 더 생산적일 수 있다. 남은 시간이 많지 않은 사람에게는 어쩌면 단기적인 해결책들이나 그냥 받아들이는 자세가 최선일 수도 있다. 그리고 우리는 모두 시간이 많지 않다. 고령자들은 본능적으로 이 사실을 더 잘 이해하고 있을 뿐이다.

처음에는 지팡이를 짚고 있던 헬렌은 1년 사이에 보행기를 잡게 되었다. 하지만 이제 다 끝장이라고 생각하지는 않았다. 정말로 끝장난 사람들은 치매가 있는 요양원의 입주자들이었다. 그녀는 그렇게 되고 싶은 생각이 조금도 없었다. 루스도 더 이상 전처럼 걸을 수가 없었다. 하지만 아직은 휠체어를 타지 않고 있는 데다가 정신도 멀쩡하다며 만족했다. 물론 인생은 살만한 가치가 있었다. 프레드는 다음 날 아침 또다시 눈을 뜨는 게 즐거웠다. 하루하루 더 늙고 약해졌지만 여전히 그는 그였다. 존만 빼고 모두들 받아들일 수 있는 것과 감당할 수 없는 것에 대한 기준선을 다시 긋고 있는 듯했다. 그들이 할 수 없는 수준을 약간 넘어서는 위치에 말이다. 내 눈에는 충격적인 문제들도 그들은 85세 이후에 살아가게 되는 과정의 일부로 보고 있었다. 정말 나쁜 소식은 아예 그 길에서 벗어나는 것이었다.

그들은 모두 자신의 젊었던 시절을 동경하는 대신 스스로를 가장 자신답게 만드는 것들에 집중했다. 다시 말해 자신을 가장 인간답게 만드는 것들이었다. 요나스에게 그것은 예술 작품을 만드는 일이었고 헬렌에게는 하위였다. 전에 살던 시설에서 떠나기 싫어했던 루스는 자녀들이나 가족들과의 관계를 끈끈하게 유지하기 위해 이메일과 페이스북을 사용하는 법을 배웠다. 존은 늘 월터를 떠올렸고 핑은 마작 모임에 꾸준히 나갔다. 프레드에게는 하루하루가 선물이었다. 매 순간은 행복할 수 있는 기회였다. "어젯밤 텔레비전에서 경기를 보고 펄쩍 뛰어올랐다니까. 침대에 아내가 없기에 망정이지 아마 그렇게 침대를 박차고 뛰어나가는 걸 봤으면 나를 미쳤다고 했을 거야. 그 순간에는 그게 행복이었지. 내 생각에 슬픔은, 전에 일어났던 어떤 나쁜 일 생각에 빠져 있을 때 느끼는 감정인 것 같아."

처음에는 그들이 포기했던 것들에 비해 얻을 수 있는 것들이 무척 하찮게 보였다. 하지만 1년을 지내며 나는 그렇지 않다는 사실을 깨달았다. 그들이 얻는 보상은 삶을 가득 채울 정도로 컸다. 고령자들이 지금과 같은 건강 상태를 선택하지 않은 것처럼 우리는 어떤 나이에서도 몸 상태를 마음대로 고를 수 없다. 고령자들은 자신을 '할 수 없는 것이 많은 몸'이 아니라 '할 수 없는 몸으로 어떻게 살아갈지 전략을 가진 몸'으로 보았다. 나는 아버지가 돌아가시던 무렵을 기억한다. 병원의 끔찍한 병실에서 생명을 유지시키는 기계들을 주렁주렁 달고 있던 모습을 말이다. 분명 그런 삶은 살 만한 가치가 없었다. 어느 누구도 그런 식으로 살기를 바라지 않을 것이다. 하지만 아버지는 마음속에서 지금까지 누구에게도 얘기하지 않았던 즐거웠던 과거로 돌아갔을지 모른다. 건강했을 때는 아마 그럴 필요가 없었을 것이다. 나는 서서히 고령자들이 그저 죽음을 준비하는 방법이 아니라 삶을 살아가는 방법을 발견한 게 아닐까 하는 생각이 들었다.

그들과의 대화는 점점 죽어가는 이야기가 아니라 살아가는 이야기에 관한 토론이 되어갔다. 이혼을 하고 한쪽 발의 인대가 끊어져 보조기를 신는 등 내 인생에도 장애물이 생겨났지만 더 이상 나는 초조하지 않았다. 어머니를 방문하는 일 역시 더 즐거워졌고 내게 힘이 되었다. 그들은 각각 다른 것들을 가르쳐주었다. 프레드는 감사의 힘을, 핑은 행복하도록 선택하는 법을 가르쳐주었다. 또 존은 죽음을 받아들이는 법을, 헬렌은 누군가를 사랑하고 그에게 필요한 사람이 되는 법을 알려주었으며, 요나스는 목표를 가지고 사는 법을, 마지막으로 루스는 소중한 이들을 돌보는 법을 가르쳐주었다.

사회는 지난 수백 년간 어른들을 의지하며 가르침을 받아왔다. 가르침에 귀를 기울이지 않기 시작한 것은 겨우 최근부터다. 나는 새로운 땅을 개척한 게 아니라 오래전부터 이어져 내려온 관계들을 재발견했을 뿐이다. 그들의 가르침을 통해 나는 무척 행복해졌다. 그리고 이 가르침들을 조금이라도 더 일찍 알았으면 얼마나 좋았을까 진심으로 아쉬웠다.

미래로부터 자유로워진다고 생각해보자.

그건 바로, 일어나지 않을 수도 있는

모든 일로부터 자유로워지는 것이다.

단 1분일지라도 그 기분이란

마치 처음 하늘을 나는 것처럼 가볍고 자유롭다.

2부

마지막 인생 수업

내 목표는 행복하게 살고 떠들고 인생을 즐기는 거야.
친구들과 즐거운 시간을 보내고 일요일에는 교회에 가지.
가끔씩 사람들과 어울려서 저녁도 먹으러 가고.
그러다 보면 하루하루가 훌쩍 지나가.

- 프레더릭 존스, 88세

1
프레드의
수업

"당장 오늘만 생각해.
내일 일은 내일 생각하면 되지."

프레드와 만나면 늘 수업을 듣는 기분이었다. 그는 전에 데이트를 하러 자주 갔다던 레드랍스터 식당에 가고 싶다거나 집 근처에 장례식장이 있어서 피해 다니는 거리가 있다고 얘기했다. 또 '막대사탕을 좋아하던' 헤어진 여자 친구에 대해 말하면서 기억하고 싶은 노래 가사나 명언을 적어놓은 공책들을 보여주기도 했다. 백화점에서 산 실크 넥타이의 가격이나 일요일 오후가 되면 할렘에 있던 댄스홀에서 춤을 췄던 일까지 프레드는 다양한 추억들을 가지고 있었다. 마치 매번 무슨 맛을 집게 될지 궁금해지는 초콜릿 상자 같았다. 어느 날 그는 유통기한이 지난 약들이 가득 들어 있는 커다란 봉투를 발견했다. 새 약을 다시 받아왔기 때문인지 그저 약을 깜빡하고 먹지 않은 건지 도무지 알 수가 없었다.

"이것 좀 들어봐." 그가 공책 한 권을 휙휙 넘기면서 말했다. "'주변 환경에 눈이 멀어선 안 된다.' 조엘 오스틴 목사가 한 말이야." 교회에 나가지 못하게 되자 프레드는 전보다 더 열심히 매주 일요일마다 오스틴 목사의 설교를 시청했다. 그는 오스틴 목사의 풍성한 머리카락과 아름다운 아내를 무척 부러워했다. 그는 잠시 말을 멈추고 말을 곱씹어보더니 다시 한번 크게 소리 내어 문구를 읽었다. 그러고는 이번에는 출처를 알 수 없는 경구를 읽었다. "최고의 사랑은 희생이다."

그 말에 동의하는지 묻자 그는 이렇게 대답했다. "글쎄, 얼마나 희생해야 되느냐에 따라 다르지."

프레드는 5월 말에 발가락 수술을 받은 뒤 일주일 뒤에 재활치료를 위해 요양원으로 옮겨졌다. 그리고 8월 중순에 퇴원할 준비를 하라는 통지를 받았다. 환자들이 늘 그렇듯 아무런 설명도 듣지 못한 상태라 프레드는 자신이 돈 때문에 서둘러 쫓겨나는 게 아닌가 싶었다. "내 보험사가 요양원에 전화를 걸어서 거기 충분히 있었으니까 더 이상은 비용을 지불하지 못하겠다고 했대." 그가 말했다. 그는 8개월 전에도 다른 요양원에서 같은 일을 겪었다. "그래서 이제 우선 내 돈을 내고 조건도 안 되는 저소득층 의료보장제도에 신청을 해보든가 여기서 나

가든가 해야 돼." 그리고 3개월 후인 8월 말에 그는 집으로 돌아왔다.

그로부터 4일 뒤 그의 아파트에서 만난 프레드는 피곤하고 어지러운 데다가 무척 아프다면서 너무 일찍 퇴원했다고 불평을 늘어놓았다. 그의 퇴원 서류에는 이렇게 쓰여 있었다.

존스 씨는 스스로 침대에서 일어나고 의자에서 침대로 이동하며 이동식 보행기를 이용해 걸을 수 있다. 목욕 시에는 다른 사람의 감독이 필요하다. 식사를 준비하거나 청소, 빨래 시에 도움이 필요하다. 혼자 용변을 보거나 옷을 입을 수 있다. 퇴원 후 일상적인 여가 활동을 지속하도록 한다. 퇴원 후 방문 간호사 서비스가 제공된다. 노인 의료보험제도가 적용된다. 입주자는 배달 음식 서비스와 익스프레스 스크립츠Express Scripts, 의약품 관리 및 처방 서비스를 제공하는 미국 최대 보험약제관리 회사 - 옮긴이를 사용하고 있다. 돌봐주는 가족이 있다.

이 중 일부는 사실이다. 프레드에게는 보행기가 이미 세 개나 있었지만 요양원은 또 보행기를 주며 그를 집으로 돌려보냈다. 하지만 하루아침에 그가 보행기를 들고 계단들을 오르락내리락할 정도로 나아질 리 없으니 크게 도움이 되지 않았다. 장담하던 것과는 달리 방문 간호사는 아직까지 한 번도 집으로 찾아온 적이 없었다. 또 실제로 딸이 돌봐주기는 했지만 딸도 몸이 너무 아파서 프레드가 집으로 돌아온 첫날 식료품들을 사다준 정도밖에는 할 수가 없었다. 프레드는 의료체계를 이해 해보려고 최선을 다했지만, 기력도 있고 보건행정학을 공부한 사람들조차 제대로 이해하기 어려운 내용이었다. 게다가 정작 그에게는 기력과 지식 둘 다 부족했다.

프레드는 면도도 하지 않은 채 잠옷 차림이었다. 여태껏 이 렇게 우울한 모습은 처음이었다. 그는 집에 온 후로 제대로 먹 지도 못하고 있었다. 요양원에서는 머리를 염색해주지 않으니 20년 전 머리 염색을 시작한 이래 처음으로 새하얀 백발이 되 어 있었다. 그는 거울을 들여다보고는 흠칫 놀랐다.

"정말 다시 돌아가고 싶어. 하지만 나를 받아주지는 않을 거야. 친구 녀석이 돌아갈 수 있는 방법을 하나 알려주더군. 앰 뷸런스를 불러서 병원에 가라는 거야. 병원에서 퇴원시킬 때가 되면 비슷한 다른 의료기관으로 보낸다는 거지. 하지만 난 어 쨌든 이 의료기관인지 병원인지가 지긋지긋해. 그래서 죽이 되 든 밥이 되든 내가 할 수 있는 대로 할 거야."

우리는 조금 더 이야기를 나눴다. 하지만 프레드는 더 이상 그럴 힘이 없었다. 나는 그에게 앞으로 며칠간은 먹고도 남을 정도로 넉넉하게 중국 음식을 사다 주었다. 그는 조심조심 먹으 며 음식도 음식이지만 신경 써줘서 고맙다고 내게 인사했다. 요양원에서는 적어도 이야기를 나눌 친구가 있었고 규칙적으로 식사도 하니 기력도 차릴 수 있었다. 그래서 그는 살도 조금 올랐고 가끔씩 너무 낮아서 위험할 정도였던 혈압도 올랐다. 하지만 그 대신 사생활이 없었고 늘 정해진 일정을 따라야만 했다. 이제 집에 돌아온 그는 다시 밤늦게까지 깨어 있기도 했고 음식도 요리할 기분이 날 때만 차려 먹었다. 그는 다시 나갈 수 있다며 애써 명랑해지려고 해봤지만 어쩐지 이번에는 크게 기운이 나지 않았다. "모르겠어. 그냥 그럴 기분이 들지 않아서 서두르지 않는 거야. 옷을 갈아입고 싶은 생각도 안 들어."

프레드는 종종 이런 우울한 기분을 느끼기는 하지만 놀랍게도 그 기분이 오래가지는 않는다. 내가 프레드를 인터뷰하기로 결정한 이유는 그의 삶이 점점 더 힘들어지고 있었기 때문이었다. 그는 심장이 약하고 날이 갈수록 거동까지 불편해지고 있는 외로운 노인이었다. 하지만 프레드는 결코 그렇게 생각하지 않았다. 그는 마치 선물처럼 또 다른 하루가 주어지고, 누군가 찾아와주고, 따뜻한 음식을 먹을 수 있고, 나가서 즐기지는 못하지만 햇살이 가득한 오후를 맞을 수 있어서 감사했다. 프레드는 지금까지 내가 만난 그 어떤 사람보다도 여전히 누릴 수 있는 기쁨에 감사하며 매 순간을 살았다. 고통은 잠시일 뿐이라고 그는 생각했다. 그리고 내일을 걱정하지 않았다. 그저 살아서 내일을 즐길 수 있기를 바라는 정도였다. 그와 마주 앉아 있으면 가진 것들에 감사하지 않는 내가 옹졸하게 느껴졌다.

그리고 반년쯤 지나 나는 프레드를 따라 해보기 시작했다. 불평불만 거리들 때문에 속을 끓이는 대신 나는 그동안 당연히 여겨왔던 것들에 고마워하기로 했다. 나는 프레드에 비해 무척 사치스러운 것들에 만족하고 있었다. 왜 그게 고마운 줄 몰랐을까? 우선 나는 쉬운 것부터 시작했다. 부모님과 여자 친구에게 받는 사랑, 친구들과 함께 보내는 시간, 일에서의 성공에 감사했다. 그러자 뒤이어 그보다는 좀 더 심오한 생각들이 꼬리를 물었다. 무언가에 감사한다는 것은 나를 위해 우주의 상서로운 힘이 작용한다는 사실을 인정하는 것이다. 삶은 외롭게 홀로 싸워나가는 전투가 아니었다. 나에게 주어진 선물이자 나를 든든히 받쳐주는 힘이었다. 그런 것들을 누릴 수 있다는 것은 행운이었다. 점점 나는 프레드가 감사하는 방식을 이해하기 시작했다. 그것은 이런저런 상황들에 대한 반응이 아니라 세상을 보는 방식이었다. 삶은 그 자체만으로도 감사할 일이었다. 그런 면에서, 누군가는 프레드와 같은 삶을 살고 싶지 않을지 몰라도 프레드가 자신의 삶에 감사하는 것은 어쩌면 당연했다.

얼마 지나지 않아 나는 놀라운 얘기를 더 듣고 싶어서 다시 그의 아파트를 찾았다. 그가 들려주는 이야기들 덕분에 나는 점점 더 나은 삶을 살게 되었기 때문이다. 나는 더 이상 불안하지도 우울하지도 실망스럽지도 않았다.

요양원에서 퇴원한 지 일주일 만에 그는 다시 원래의 명랑한 모습으로 돌아와 있었다. 계단을 어느 정도 내려갔다가 다시 올라올 수 있었고 며칠만 있으면 기분도 더 나아질 거라고 믿고 있었다. 그는 여전히 남은 중국 음식을 먹고 있었다. 늘 그래왔듯 최악의 순간들은 지나갔다. 그리고 앞으로는 좋아질 일만 남아 있었다. 순간을 산다는 것은 오늘 할 수 있는 만큼만 계단을 하나하나 즐기면서 올라가는 것이었다. 그가 회복되는 속도를 보면 여전히 그는 110세까지 끄떡없이 살 수 있을 것 같았다. 그는 소박하지만 자신에게 주어진 행운들에 감사하며 잠시 기도를 드렸다. "하나님 덕분에 다음 주에는 밖에 나갈 수 있을 것 같아." 그가 말했다.

프레드 존스는 1927년 필라델피아에서 태어났다. 당시 아프리카계 미국인 남성의 기대수명은 채 50세도 되지 않았다. 프레드가 태어난 지 2년 반 만에 아버지가 돌아가셨고 어머니와 할머니는 그와 형을 키우기 위해 궂은 일도 마다 않았다. 어머니는 재봉사로 일하면서 일주일에 25달러를 벌었고 할머니는 남의 집들을 청소했다. 그는 신비로운 성의 세계에 푹 빠져들었고 그건 나이가 들어서도 여전했다. 직접 만나기도 전에 그는 내게 대놓고 자신을 꼬셨던 여성들 이야기를 늘어놓았다. 알고 보니 그가 제일 좋아하는 이야깃거리였다.

"나는 사랑에 빠졌다는 게 무슨 뜻인지 정말 모르겠어." 어느 날 그의 아파트에서 그가 말했다. 집 안에는 평생 그가 모은 물건들이 가득 쌓여 있었다. 간신히 켜지는 텔레비전 한 대가 고장 난 텔레비전 위에 올려져 있었다. 1967년 이후로 한 번도 타보지 않은 자전거와 상점에서 가져온 낡은 종교 관련 책자들, 보험 광고와 사진들이 가게에서 가져온 봉투에 그대로 담긴 채 공간만 차지하고 있었다. "나는 형을 사랑해. 여자도 좋아하지. 둘 다 같이 있는 게 좋아. 하지만 나는 사랑에 푹 빠져본 적이 없어. 그 사람 말고는 눈에 보이는 게 없는 그런 사랑 말이야. 여자 친구도 오늘은 사랑하다가도 내일이 되면 금방 시들해져."

그의 냉장고 문 앞에는 한 여성의 사진이 붙어 있었다. 하지만 그는 아주 오래전 그녀가 결혼 이야기를 꺼내길래 연락을 끊었다고 했다. 그는 침실에 놓여 있는 어머니의 사진을 훨씬 더 아꼈다. 가장자리가 말린 사진 속에는 깔끔한 곱슬머리의 매력적인 중년 여성이 활짝 웃고 있었다. 넓은 이마가 프레드와 꼭 닮았고 지금의 프레드보다 더 젊었을 적 같았다. 아마 그녀가 가진 옷 중 제일 좋은 옷을 차려입은 듯했다.

"혼자 살아서 다행이야. 누가 옆에 있었으면 날 미쳤다고 생각했을 거야. 난 저기 서서 어머니한테 말을 걸어. '사랑해요. 우리를 잘 키워주셔서 감사해요. 어렸을 때 전 우리가 가난한 지도 몰랐어요. 항상 크리스마스면 좋은 선물을 주셨고 학교에 갈 때면 깔끔한 옷을 입혀주셨으니까요.' 그냥 옛날 생각을 하는 거지. 그런 것들을 쭉 돌이켜보는 거야." 프레드가 말했다.

그가 지금까지 살면서 가장 슬펐던 때는 1979년 어머니가 돌아가셨을 때였다. 그날 오후 그는 병실에 어머니를 남겨둔 채 근처에 있는 쇼핑몰에 영화를 보러 갔다. 공교롭게도 〈천국의 사도Heaven Can Wait〉라는 제목의 영화였다. 다음 날 아침 프레드가 다시 병원에 찾아갔을 때 이미 어머니의 침대는 말끔히 정리되어 있었다. "보자마자 무슨 뜻인지 알아차렸지. 다리에 힘이 풀렸어. 난 그 이후로 단 한 번도 영화를 보러 간 적이 없어. 지금도 계속 그 생각이 나고 어머니가 나오는 긴 꿈도 꿔. 하지만 늘 사라지셔."

프레드가 매사에 감사하게 된 계기는 어려웠던 어린 시절, 그리고 그를 키워주신 어머니와 할머니 때문이다. 대공황을 겪으며 어머니가 직장을 잃은 뒤로 집이 너무 추워서 가족들이 방 하나도 채 덥히지 못하는 석탄 난로 곁에 옹송그려 모여 있던 모습이 프레드의 기억에 남았다. 음식은 자선단체에서 받아왔다. 하지만 불행하지는 않았다. "어렸을 때는 아무리 찢어지게 가난해도 부모님이 계시고 그 부모님이 나를 위해서 최선을 다하신다면 행복해. 왜냐하면 세상에 대해 아는 건 그게 전부니까." 프레드가 말했다.

"그렇다고 해도 나는 내가 열일곱인가 열여덟 살인가 될 때까지도 우리가 가난한지 몰랐어. 록펠러가나 케네디가 그리고 금수저를 물고 태어난 사람들에 대한 책을 읽기 전까지는 말이야. 크리스마스에 장난감도 받았고 입을 옷도 있었으니까. 그땐 가게에서 전날 만든 도넛 여섯 개들이 한 상자를 10센트에 살 수 있었지. 난 그걸 점심으로 먹었어." 그 경험들 덕분에 그는 어렸을 적부터 자신이 무언가를 문제라고 생각하면 그때부터 진짜 문제가 된다는 것을 알게 됐다. 그러지 않으면 그것은 그저 우리가 살아가야 하는 삶이었다.

그 후 그는 군 복무를 마친 뒤 제대군인원호법의 지원을 받아 대학에 가게 되었다. 그리고 할머니의 은혜에 보답하지 못한 것이 가장 큰 후회로 남았다. 그는 제일 처음 월급을 받으면 할머니가 직접 만들어 입으시던 속옷들을 모조리 버릴 생각이었다. "제일 큰 쓰레기통을 찾아서 전부 집어넣는 거야. 생전 처음 받은 200달러를 할머니를 위해 쓰려고 했어. 그런데 내가 대학을 졸업하기 1년 전에 돌아가셨어. 그래서 그럴 기회조차 없었지. 그다음부터 나는 어머니한테 매달 돈을 보내드리기 시작했어."

프레드는 그렇게 힘들었던 시절을 보냈지만 놀랍게도 항상 운이 좋다고 여길 만한 이유를 찾았다. 그는 이래저래 의료보험제도 때문에 골치를 썩었고 고통에 시달렸으며 매일 조금씩 더 바깥세상과 멀어지고 있었다. 게다가 딸은 죽어가고 있었으며 나머지 다섯 명의 자녀들과도 사이가 크게 어그러져 있었다. 그의 인생에서 가장 가까운 사람인 동생은 쓰러지면서 머리를 크게 부딪혔고 가끔 발작을 일으켜 말하는 데 어려움이 있었다. 그래서 형제간에 더 이상 전화 통화를 할 수도 없었다. 프레드는 이 모든 일들을 자연스레 받아들였다. "인생은 참 즐거운 거야." 어느 날 요양원에서 그가 말했다.

여기서 중요한 점은 통제하고 있다는 환상을 버려야 한다는 것이다. 만약 당신이 삶을 통제하고 있고 선택한 방향으로 끌고 갈 수 있다고 생각한다면 노년은 마음에 상처가 될 것이다. 왜냐하면 당신이 선택하지 않은 목적지이기 때문이다. 하지만 삶을 당신에게 일어나는 수많은 일에 그때그때 대처하는 것, 즉 있는 그대로 세상에 대처하는 것이라고 받아들이면 노년은 장편소설의 또 다른 한 부분일 뿐이다. 늘 다른 사건들이 벌어지고 그중에는 늘 견디기 너무 버거워 보이는 일들도 있기 마련이다.

나는 프레드가 그의 아파트에서 더 이상 살 수 없을 거라고 확신했다. 그는 무모해 보일 정도로 현실을 받아들이지 않았다. 현재만 보고 사는 프레드의 평소 모습과는 사뭇 달랐다. 그는 미래를 대비하지 않았다. 아이스크림과 감자튀김을 적게 먹으면 당뇨병을 완화시킬 수 있었다. 그냥 오르내릴 계단이 없는 다른 집을 찾을 수도 있었다. 하지만 그의 생각은 달랐다. 그가 이제 집에 왔으니 스스로를 돌볼 수 없다는 게 분명했다. 호기로운 것은 좋지만 의욕만으로 서른일곱 개나 되는 계단을 오르내릴 수는 없었다.

하지만 2주쯤 지나자 그는 계단을 내려가 가게까지 혼자 걸어갈 수 있게 되었다. 심지어는 신호등도 없는 복잡한 길을 건너기도 했다. 10월 무렵이 되자 그는 내가 차를 태워주겠다고 해도 굳이 마다하고 고집을 부려 함께 먼 거리를 걷기까지 했다.

그날은 눈부신 늦여름의 오후였다. 프레드는 체크 무늬의 울 소재 재킷을 입고 있었고 진홍색 니트 셔츠 아래로는 교정용 신발을 신고 있었다. 빨래를 밀린 지가 어쩌면 한두 해 정도 되다 보니 진홍색 셔츠에 어울리는 밤색 양말도 없고 주머니에 넣을 손수건도 없었지만, 자신의 두 발로 걸어 밖에 나온 그가 어찌나 행복해했는지 모른다. 집으로 돌아오자마자 우울해하던 그의 모습은 이미 사라진 지 오래였다.

"나는 절대로 늙은이들처럼 행동하고 싶지가 않았어. 노인네들은 모여 앉아서 이러지. '어이, 젊은이, 내가 영 허리가 쑤시는 걸 보니까 비가 올 모양이야.' 아프다는 얘기들을 하는 게 무슨 재미인지 모르겠어. 나는 노래나 노래를 쓰는 사람들, 일요일에 열린 축구 경기 얘기를 하는 게 좋아. 그러면 기분이 좋아지지. 하지만 사람들은 이래. '아, 지난밤에 어찌나 시끄러운 소리가 들리던지. 누가 문 앞에 서 있는 줄 알았어. 문을 따고 들

어오는지 알았다니까.' 그런 말은 듣고 싶지가 않아. 나하고는
영 안 맞아."

그는 가장 좋아하는 가수 빌리 엑스타인의 노래를 불렀다.

젤리 젤리 젤리
젤리는 내 마음 속에 있네

"이 노래 알아?" 그가 물었다.

신문에 기사 한 건이 나간 뒤 세 명의 독자가 프레드에게 연
락을 해왔다. 한 명은 그와 함께 기도를 하고 싶다고 했고 다른
한명은 그가 외로워 보인다면서 찾아오고 싶다고 했다. 프레드
는 둘 다 그러라고 했다. 세 번째는 짐 힐리라는 남성으로 퇴직
한 기업 임원이었다. 짐은 프레드의 아파트에서 가까운 버거킹
으로 그를 데려가 점심을 함께 먹었다. 그러고는 프레드에게 만
약 길에서 200달러 정도를 줍는다면 뭘 하고 싶은지 물었다.

"양복을 사야지." 프레드가 말했다.

그래서 그들은 양복을 샀다.

프레드가 보라색 양복을 사고 싶어 했기 때문에 쇼핑이 수
월하지는 않았다. 하지만 이미 몇 년째 가게들을 들여다보고
있었던 터라 어디로 가야 할지 알고 있었다.

프레드는 어머니를 닮아 색을 사랑했다. 그가 전에 세어본

바로는 한때 양말 여든세 켤레, 벨트 스물다섯 개, 그리고 손수건은 열 장 내지는 열다섯 장까지 갖고 있었다. 마지막으로 함께 살았던 여자 친구가 옷장을 가지고 나가버리는 바람에 모두 쇼핑백에 잔뜩 쑤셔 박아 두었다.

보라색 양복은 단추가 두 줄이었고 체크 무늬였는데 프레드에게 무척 잘 어울렸다. 그는 겨울을 맞은 사자 같았다. 어쩌면 가을쯤일지도 몰랐다. 그의 미소는 1년 내내 나를 행복하게 만들었다. 우리가 이야기를 나누는 동안 짐 힐리도 프레드만큼이나 의기양양하면서도 고마워하는 표정이었다. 그도 나처럼 주는 만큼 받는다는 것을 알고 있었다.

프레드는 그런 사람이었다. 그는 절대 우울한 채 지내지 않았고 아직 일어나지 않은 미래에 대해서 걱정하지도 않았다. 그리고 매 순간 그가 태어난 이 세상에 감탄했다. 물론 보라색 양복도 있었다. 세상은 선물로 가득했다. 아무리 힘든 시기라도 그는 더 달콤한 추억들을 떠올리며 기뻐했다.

프레드는 늘 이런 식이었다. 그는 별안간 뭔가 재밌거나 친절하거나 아니면 특이한 것들을 기억해냈고 그럴 때마다 온몸에는 활기가 넘쳤다.

언젠가 한번은 버지니아주에서 만난 선원들에 대한 얘기를 했다. 프레드가 겨우 열여섯 살밖에 되지 않았을 때였는데 유흥가로 데려다 달라면서 그에게 팁을 찔러주었다고 했다. 이런 것들이 그가 가장 아끼는 기억들이었다. "한 여자가 이 방만큼 기다란 리무진에서 내렸어. 털을 두르고 있었는데 얼마짜리인지는 몰라도 비싸 보였어. 한쪽 끝이 바닥에 살살 끌렸어. 어디서 왔는지는 모르지만 이미 만취해서 클럽으로 들어가고 있었어. 여자는 둘이고 남자는 하나였어. 그래서 내가 말했지. 이런, 정말 골치 아프겠어요. 술에 반쯤 취한 여자가 둘이라니. 어떻게 감당하려고요."

프레드는 고생스러워도 남의 탓을 해본 적이 없다. 자신의 인생을 망치긴 했지만 그것은 자신의 탓이었다. 그래서 그 인생을 살아가는 행운도 자신의 몫이었다. 다른 사람이 망쳐놓은 삶을 사는 것보다 나았다. 결국 살아가는 재미는 자신의 몸으로 자신의 삶을 살아가는 데 있었다.

프레드는 한때 형에게 버럭 하는 성질 때문에 결국 감옥에 갈 거라는 소리를 듣기도 했다. 하지만 그 화를 억누르는 법을 배웠다. 그리고 질색하는 약속을 지키는 법도 배웠다. 이런 것들이 하나하나 모여서 그의 인생 이야기가 되었다. 그의 인생은 공짜로 받은 선물과도 같았다. 그가 술이나 마약에 유독 약하기는 했지만 어떤 죄를 저질렀고 어떤 나쁜 버릇을 가지고 있었든 그저 하나님이 사랑과 용서를 보여주실 기회들이 더 많았던 것뿐이었다. "기도를 할 때 나는 하나님께 작년보다 올해 더 나은 사람이 되게 해달라고 빌어. 여기저기서 애들이 자라면 아빠 노릇을 제대로 하기 어렵지. 그래서 나는 자식들이 날 보러 오고 싶지 않은 거라고 생각해. 다 그런 거지."

기독교, 유대교, 이슬람교, 불교, 힌두교의 서적들 그리고 수많은 자기계발서는 모두 한결같이 감사의 장점을 극찬한다. 고대 로마의 정치가 키케로Cicero는 "감사는 덕목 중의 최고일 뿐만 아니라 모든 덕목의 부모"라고 했다. 소설가 G. K. 체스터턴G. K. Chesterton은 "감사는 최고 수준의 사고이다. 그리고 감사를 하면 기적처럼 행복이 두 배가 된다"[13]라고 썼으며, 비단 식사 전뿐만이 아니라 "연극이나 오페라나 콘서트나 팬터마임을 보기 전, 그리고 책장을 열기 전, 펜싱이나 수영, 권투, 산책을 하거나 춤을 추기 전, 잉크에 펜을 묻히기 전"에도 습관처럼 감사 기도를 올렸다.

어느 누구나 삶에 고마워하는 때가 있다. 그 대가로 뭔가를 바란다면 특히 더 그렇다. 친구가 맛있는 저녁을 대접해주었다면 다음번에 또 초대해주기를 바라며 감사 인사를 한다. 고마움을 표시하는 것만으로도 상대방의 기분을 좋게 할 수 있다. 상대방의 친절을 고마워하는 사람과 함께 있으면 더 즐겁기 때문에 그 주변에는 사람들이 더 많아지고 더 많은 친절이 오고 간다. 반면 감사할 줄 모르는 배은망덕한 사람을 좋아하는 이는 없다.

하지만 누가 보든 보지 않든 항상 감사하며 사는 사람들도 있다. 다른 사람들보다 더 나은 삶을 살고 있는 것은 아니지만, 그들은 조그만 일에도 감사할 이유들을 더 많이 찾아낸다. 프레드 존스도 그런 사람 중 하나다. 그는 감사를 드리며 행복해하고 행복하다는 사실에 또 감사하며 더욱 행복해한다.

서던캘리포니아대학의 연구자들은 고마움을 느끼는 사람의 뇌에서 어떤 변화가 일어나는지 알아보는 연구를 실시했다.[14] 그들은 기능성 자기공명영상fMRI 촬영 장치를 이용해 스물세 명의 피실험자들에게 홀로코스트 생존자들이 작성한 짧은 글을 보여주었다. 글의 내용은 다른 사람들이 베풀어준 친절한 행동들에 관한 것이었다. 그런 다음 그런 친절을 피실험자들이 받았다고 상상해달라고 요청했다. 쉰 빵 한 덩이처럼 매우 사소한 도움도 있었고, 나치군이 포위망을 좁혀오는 상황에서 은신처를 제공하는 것처럼 커다란 희생과 위험이 따르는 도움도 있었다. 피실험자들은 도움이 얼마나 고마운지를 점수로 매겼다. 그리고 연구자들은 그 결과를 바탕으로 뇌에서 활성화되는 영역을 살펴보았다.

그 결과 두뇌의 여러 부분들이 활성화됐다. 작은 도움일지라도 감정 반응들이 그물처럼 얽혀서 일어났다. 피실험자의 뇌는 도움을 받은 것과 관련해 보상 중추가 작동했을 뿐만 아니라, 도움을 준 사람들과 관련해 도덕 및 사회 인지를 처리하는 영역들도 활발히 작동했다. 피실험자들이 더 크게 고마움을 느낀다고 답할수록 도덕 및 사회 인지를 담당하는 뇌의 영역들이 더 강하게 반응했다. 실제 도움의 크기와는 무관한 경우가 많았다. 피실험자들이 느끼는 고마움은 도움 자체뿐만 아니라 도움을 준 상대방과의 관계와도 관련이 있었다.

이 연구 결과는 대단히 흥미롭다. 만약 어느 마케팅 담당자가 당신에게 "여러분 지역에 출시하고 있는 신상품에 대한 여러분의 의견을 듣고 싶어요"라면서 둘이 먹다 하나가 죽어도 모를 맛있는 파이 한 조각을 건넨다면 당신의 보상 중추는 폭죽처럼 활활 타오를 것이다. 하지만 도덕과 사회 인지 처리 영역은 아마 그렇지 않을 것이다. 당신은 파이에 반응하는 것이지 그 파이를 준 사람에 대해 반응하지 않는다. 하지만 같은 파이를 이웃이 준다면 모든 영역이 반응할 것이다. 심지어 이웃이 준 파이는 절반만큼 작은 크기인 데다 그 정도로 맛이 있지 않다고 해도 마찬가지다.

또한 이 실험 결과를 통해 힘든 상황에서도 어떻게 감사할 수 있는지 알게 되었다. 꼭 풍족하게 살아야만 감사하는 마음이 생기는 것은 아니다. 어느 누구도 나치군을 피해 쉰 빵 한 덩이를 허겁지겁 먹어치우는 유대인을 부러워할 리 없다. 그 빵 한 조각조차 없는 도망자가 아니라면 말이다. 힘겹게 살거나 편안하게 살거나 감사할 일은 주변에 널려 있다.

프레드만 봐도 알 수 있었다. 그는 머리를 싸매고 드러누워도 이상하지 않을 정도로 골치 아픈 일들이 많았다. 하지만 그는 아이스크림 한 스푼, 이웃의 미소와 같은 아주 작은 일들에도 감사하고 크게 기뻐했다. 그러다 보니 불평하거나 부러워할 틈이 남아 있지 않았다. 또한 감사를 드리면서 그는 덜 외로워했다. 왜냐하면 자신을 넘어선 초월적인 힘에 정신적으로 연결되었기 때문이다. 그는 이 세상을 자신이 행복해지기를 바라는 자애로운 곳이라 여겼다. 프레드는 늘 자신이 겪었던 힘든 일들을 거리낌 없이 이야기했다. 그저 그로 인해 자신의 인생이 불행했다고 한탄하지 않았을 뿐이다.

나는 자주 그에게 그 비결을 묻고는 했다. 그는 결코 그 질문을 이해하지 못했다. 그는 무척 사소하고 흔한 것들에도 감사해서 그 모든 과정이 숨 쉬는 것만큼이나 쉬운 일이었기 때문이다. 그의 종교도 한몫했겠지만, 그에게 어떤 힘이 작용한다기보다는 그저 그가 나름대로 긍정적인 감정들을 다스리는 한 가지 방법처럼 보였다. 그는 자신의 삶에 만족했다. "내 목표는 행복하게 살고 떠들고 인생을 즐기는 거야. 친구들과 즐거운 시간을 보내고 일요일에는 교회에 가지. 가끔씩 사람들과 어울려서 저녁도 먹으러 가고. 그러면 하루하루가 훌쩍 지나가."

내 어머니가 왜 만족하거나 감사하지 못하는지도 쉽게 알 수 있었다. 어머니는 프레드보다 더 편안한 삶을 사셨지만 미래에 대한 기대치가 서로 달랐다. 프레드는 지금까지의 경험을 통해 끔찍한 고난도 잠시뿐이라는 것을 알고 있었기 때문에 문제들에 대해 깊이 생각하지 않았다. 나의 아버지도 이렇게 긍정적이셨다. 아버지는 세상은 점점 좋아지고 있으며 '병'이라는 것도 그저 천재적인 사람들 덕분에 언젠가는 사라질 단어 중 하나라고 생각하셨다. 반면 내 어머니는 만성적인 등 통증 때문에 고생을 하셨는데 그저 점점 심해지리라고 생각하셔서 무척 열심히 치료를 받으러 찾아다녔다. 하지만 대부분 별다른 효과가 없었다. 프레드는 언젠가 다시 계단을 걸어 올라갈 수 있을 거라고 굳게 믿으며 물리치료를 받았다. 나의 어머니는 등이 더 아파지기만 할 거라면서 질색을 하셨지만 말이다.

캘리포니아대학 데이비스 캠퍼스의 심리학과 교수인 로버트 A. 에먼스Robert A. Emmons는 프레드와 같은 사람들에게 감사하는 마음이 미치는 긍정적인 영향과 선천적으로 고마워할 줄 모르는 사람들에게 이 같은 마음가짐을 심어줄 수 있는 방법에 대해 오랫동안 연구했다. 에먼스 교수와 마이애미대학의 마이클 E. 매컬로프Michael E. McCullough 교수는 감사를 한 덕분에 삶을 사는 자세가 바뀌는지, 아니면 미래를 긍정적으로 보는 사람들이 감사하는 성향이 강한 것일 뿐인지 측정하는 연구를 하기로 했다.[15] 각각 다른 기간과 강도를 적용한 여러 실험을 통해, 그들은 한 그룹의 피실험자들에게는 고마운 일들을 적게 하고 또 다른 그룹에게는 화나고 귀찮은 것들을 적어달라고 요청했다. 마지막으로 세 번째 그룹에게는 다른 사람들보다 자신이 어떤 점에서 나은지 써달라고 요청했다. 각각의 실험에서 세 그룹은 비슷한 정도의 고마움을 느끼는 단계부터 시작했다. 실험 중 두 번은 대학생들을 대상으로 실시했고 한 번은 신경근질환을 앓고 있는 환자들이 대상이었다. 이 실험은 최소 2주에서 최대 9주간 실시됐다.

실험 결과, 고마운 일들을 적은 피실험자들은 더 행복하다고 느꼈으며 앞으로 며칠 혹은 몇 주간 좋은 일이 있을 것 같다고 답했다. 더 많이 적을수록 이런 경향은 더 강해졌다. 이들에게는 다른 긍정적인 효과들도 나타났다. 더 열심히 운동하고 더 푹 자고 개운하게 일어났으며 더 적극적으로 문제가 있는 다른 사람을 도와주려고 했다. 그 후에 실시한 연구를 통해 에머슨과 동료들은 감사하는 사람은 혈압이 더 낮고 염증도 적으며 면역력이 높고 스트레스 호르몬인 코르티솔의 수치도 더 낮다는 사실을 발견했다.

이 연구들에서 나온 한 결과에 따르면, 단순히 다른 사람들보다 자신이 더 나은 점을 적는 것만으로는 같은 효과가 나타나지 않았다. 자신이 더 혜택을 받는다고 느끼기에는 부족했다. 그러다 보니 감사하는 마음도 들지 않았다. 프레드는 대부분의 사람들보다 더 힘들게 살았지만 더 많이 감사했고 110세까지 살기를 바랐다. 나의 어머니는 대부분의 사람들보다 더 많은 것을 누리고 살았지만 살 이유가 없다고 했다. 심지어는 자신이 누리고 있는 혜택을 깨닫고 있다고 해도 혜택만으로는 충분하지 않았다. 아마 사라질 수도 있기 때문일 것이다. 반면에 감사하는 마음에는 세상이 뭔가를 나에게 주어왔고 앞으로고 계속해서 그래줄 거라는 믿음이 담겨 있었다.

프레드는 늘 이런 식의 농담을 좋아했다. "내 아내는 한 번도 바람을 피워본 적이 없어. 왜냐하면 나는 결혼을 해본 적이 없거든." 그러면서 그는 환한 표정으로 빙그레 웃었다.

12월 초 그의 아파트를 찾아갔을 때였다. 그는 그때까지도 추수감사절에 딸이 가져다준 음식들을 먹느라 슬슬 물리고 있었다. 바깥 날씨는 점점 추워지고 있는데 1년 내내 날씨와 상관없이 꽁꽁 닫힌 채 집주인이 제대로 손봐주지 않는 그의 아파트는 답답하고 한기가 돌았다. 그의 마음속에는 엘라 피츠제럴드Ella Fitzgerald의 〈쿠치쿠치쿠Coochi-Coochi-Coo〉와 특히나 근사하고 낭만적인 러스 콜럼보Russ Columbo 버전의 〈사랑의 죄수Prisoner of Love〉, 그리고 콜먼 호킨스Coleman Hawkins의 〈보디 앤드 소울Body and Sould〉이 흐르고 있었다. 프레드는 댄스홀에서 호킨스의 빅

밴드의 연주에 맞춰서 춤추던 시절을 떠올렸다. "아, 테너 색소폰 독주가 아름다웠어." 프레드가 말했다.

어느덧 함께한 한 해가 거의 다 끝나가고 있었다. 나는 그에게 어렸을 적은 어땠는지, 그리고 젊었을 적에는 나이가 들면 어떨 거라고 생각했었는지 물어보았다.

그리고 대답은 정말 프레드다웠다. "하나님, 하루씩이요. 하루씩만요. 나는 당장 오늘만 생각해. 내일 일은 내일 생각하면 되는 거지."

돌이켜 생각해보면, 프레드가 온갖 고생들을 겪은 끝에 이런 마음가짐을 갖게 됐다고 생각하게 된다. 하지만 정작 프레드는 그렇지 않았다. 그 대신 그가 여전히 누릴 수 있는 즐거움에 집중했다. 그와 함께 일했던 동료나 친구들은 대부분 세상을 떠났고, 그는 날씨가 좋다고 나들이를 할 수도, 그렇다고 사회보장연금을 받을 수도 없었다. 하지만 그는 여전히 살아 있었다. 어디가 아픈 것은 중요치 않았다. 이승에서의 삶이 꼭 완벽해야 하는 것은 아니다. 그냥 삶일 뿐이다. 그렇게 생각해보면 삶은 무척 기적 같은 일이다.

"다른 세상은 모르겠어. 하지만 이 세상에는 나를 행복하게 해주는 것들이 많아. 100년하고도 10년을 더 나는 건강하게 보내고 싶어. 나한테 요리를 해줄 사람이 필요할 수는 있겠지. 하지만 나는 내가 씻고 옷을 입고 머리를 빗는 게 좋아. 내가 바라는 건 그냥 가게들을 둘러보는 일처럼 내가 좋아하는 것들을 하는 거야."

프레드는 점점 말이 없었다. 1년 중 해가 가장 짧은 시기였고 길가에 서 있는 가로등이 거실 안으로 그림자를 드리우고 있었다. 집 안에는 남자들 사이의 어색한 침묵이 감돌았다. 우리들 중 어느 누구도 감상적인 말을 하고 싶지 않았다. 하지만 그렇다고 작별 인사를 하고 싶지도 않았다. 프레드는 고령자들 중에서 설득하기 가장 어려웠지만 막상 속마음을 가장 먼저 털어놓았다. 하지만 그가 아직 털어놓지 않은 이야기들도 여전히 남아 있었다. 나는 내년에 무슨 일이 있었으면 좋겠는지 물어보았다. 프레드에게 앞날을 내다보기란 늘 어려운 일이었다. 아마도 매년 그가 예상치 못한 문제들이 생겨났기 때문일 것이다.

"내년? 여든아홉이 되면 말이지?" 그가 빙그레 웃으며 말했다. 그는 어릴 때 가난하고 지저분한 거리에서 자랐다. 그래서 지금까지도 어렸을 적 보았던 화려하게 차려입은 밀주업자들처럼 눈앞에서 지팡이를 흔들고는 했다. 그는 내년에는 지금보다 더 나은 사람이 되길 바라지만 이뤄질지는 모르겠다고 대답했다. "마음을 먹긴 하는데 잘 안돼." 그가 말했다.

그는 처음으로 재활을 위해서 요양원에 들어가 새해를 시작했다. 그래서 어떤 면에서는 시작보다는 끝이 나은 한 해가 되기는 했다. 하지만 그는 죽어가고 있었고 자신도 그 사실을 잘 알고 있었다. 그는 그저 자신의 인생을 그렇게 생각하지 않기로 마음먹었을 뿐이다. 그가 아버지나 남편으로서는 자신이 부족하다며 대충 얼버무리는 것도 아마 방어기제일지도 모른다. 하지만 그런 방식 덕분에 그는 지난날들을 살아왔고 기쁨을 느낄 수 있었다.

프레드를 마지막으로 방문했을 즈음 그의 집 여기저기가 컴컴해져 있었다. 전구를 바꿔야 했지만 그가 사다리를 타고 올라갈 수 없었기 때문이었다. 부엌에서도 더 이상 전기 코드가 있는 높이까지 손을 뻗을 수가 없어서 불을 켤 수가 없었다. '암흑 속의 노인.' 바로 1년 전까지만 해도 내가 쓰려고 했던 이야기였다. 하지만 지금은 그다지 어울리지 않게 들렸다. 그의 삶은 그보다 훨씬 더 즐거웠다. 나는 프레드를 위해 전구를 갈고 부엌 전등의 코드를 아래쪽으로 낮춰 놓았다. 사실 취재 원칙에는 위반되는 일이었다. 기자는 뉴스를 전달하되 만들지는 말아야 한다. 하지만 나는 에드워드 R. 머로_{Edward R. Murrow, 미국의 전설적인 언론인 - 옮긴이}를 비롯해 하늘에 있는 선배들이 이번만큼은 눈감아줄 거라고 생각했다. 그들도 전설이 되기 전까지는 노인이었으니까.

프레드는 도움을 받으면서도 민망해하지 않았다. 그는 그의 아파트처럼 금방이라도 쓰러질 것처럼 보였지만 이제 적어도 불은 켤 수 있었다. 그가 저 전구들을 새로 바꿔야 할 때까지 살게 될지는 아무도 알 수 없었다. 하지만 환히 빛나는 불빛 속에서 그는 그때까지 살았으면 좋겠다고 말했다. 역시 프레드다웠다.

벌써부터 그가 그리워지는 듯했다. "타이멕스 시계에 대해서 어떻게 생각해?" 그가 물었다. "어떤 충격에도 끄떡없이 가지. 나도 그런 기분이야. 여태까지 여기저기 많이 부딪혔지만 감사하게도 아직도 잘 굴러가지. 정말 그래."

무언가에 감사한다는 것은

나를 위해 우주의 상서로운 힘이 작용한다는

사실을 인정하는 것이다.

삶은 외롭게 홀로 싸워나가는 전투가 아니었다.

나에게 주어진 선물이자 나를 든든히 받쳐주는 힘이었다.

그런 것들을 누릴 수 있다는 것은 행운이었다.

일어날 수 있는 일이야.

삶이 너무 순탄하기만 해도 좋은 게 아니야.

어려운 일도 헤쳐나갈 수 있게 머리를 훈련시켜야지.

지나간 일은 그냥 내버려둬.

그런 다음 거기서 뭔가를 배우는 거야.

- 핑 웡, 90세

2
핑의
수업

"남들은 위로를 안 해줘.
자기가 자신을 위로해야지."

　돈 걱정 없는 노후를 맞으려고 온갖 노력을 다했던 프레드
에 비하면 핑 웡은 거의 빈털터리에 가까웠다. 그녀는 차이나
타운의 한 개인병원에서 최저시급도 안 되는 돈을 받으면서 오
랜 기간 일했고, 80세가 다 되어서 퇴직할 때는 저축 한 푼 없이
겨우 월 700달러의 생활 보조비 지원에 의존하게 되었다. 홍콩
에서 미국으로 온 지 30년이나 지났지만 영어는 여전히 초보자
수준에 머물러 있었다. 남편과 두 언니는 죽었고 하나밖에 없
는 아들도 중국의 한 백화점에서 살해당했다. 고관절 치환 수
술을 두 번이나 받았고 등과 다리에 관절염이 심해 걸을 때마
다 고통스러웠다.

나는 그녀를 잘 가꿔진 그녀의 아파트에서 만났다. 그녀의 불만 사항은 딱 한 가지였다. 노인들은 불평이 너무 많다는 것이었다.

"사람들이 몸이 아프다고 투덜거려. 아니면 '오늘은 꼭 병원에 가봐야겠어' 이런다니까. 많이들 그래. 사실 거의 대부분이 그렇지. 그 사람들은 자기가 불평을 하면 다른 사람들이 불쌍하게 볼 거라고 생각해. 하지만 난 반대라고 봐. 누가 도울 수 있겠어? 살짝 아픈 건 그냥 받아들이고 튼튼해지려고 자기가 애써야지. 깊이 숨 한번 들이마시고 말이야. 나으려고 혼자 할 수 있는 건 다 해봐야지."

우리가 처음 만났을 당시 89세였던 그녀는 자신이 기대했던 것보다 더 나은 삶을 살고 있었다. 그녀는 호화로운 동네의 터무니없이 싼 아파트에 살고 있었다. 저소득층 의료보장제도의 혜택으로 간병인이 집을 방문해 요리에서부터 청소와 쇼핑까지 모든 것을 해주었고, 식품 구입권과 배달 식사까지 제공받았다. 그리고 같은 건물 안에 있는 여가실에서 다른 중국인 친구들과 매일 마작 게임을 즐겼다. 핑은 난생 처음 편안한 마음으로 오롯하게 자신만을 위한 시간을 누리고 있었다. 필요한 것들은 다 갖춰져 있었고 다른 사람을 보살필 필요도 없었다. 주변에 늘 친구들이 있으니 결코 외롭지 않았다. 지난 수십 년간 일을 하면서 가족을 꾸리고 죽어가는 남편을 보살폈던 때와 비교하면 경제적으로 더 안정되고 걱정거리도 적었다. "즐겁게 살고 있어. 부자는 아니지만 번듯하게 더 잘 살고 있지. 사고 싶은 건 다 살 수 있어. 심지어 비싼 옷도 말이야. 예전에는 너무 비쌌거든."

핑을 처음 만난 순간부터 그녀의 인생 수업은 시작됐다. 핑은 노년이 여느 나이와 다름없는 인생의 한 단계라며 "최대한 즐겁게 살려고 노력해야 한다"고 했다. 누구나 나이가 든다고 그녀는 말했다. "경험이랑 비슷한 거야. 늘 명랑하게 지내야 해. 끔찍한 생각들은 절대 하지 말고. 아름다운 것들만 생각해. 어렸을 때나 좋아하는 것들. 나는 남편이 얼마나 좋은 사람이었는지 같은 것들을 떠올려. 나는 '아, 내 남편이 죽었지. 슬퍼' 이런 생각은 안 해. 절대로. 나는 항상 그이가 나랑 쭉 같이 있다고 생각해. 그래서 내가 늘 명랑한 거야."

내가 양로원에서 만난 사람들은 모두 사회적으로 통합되거나 고립되어 있거나 활동적이거나 조용하거나 만족하거나 좌절하거나 죽을 준비가 되어 있거나 어떻게든 살려고 발버둥을 치거나 했다. 하지만 핑 웡을 만났을 때, 그녀에게는 그뿐만 아니라 뭔가 더 있었다.

"난 안 외로워." 처음 만난 자리에서 핑은 이렇게 말했다. "왜냐하면 여기 와서 필리핀 심장전문의의 통역사로 일하게 됐거든. 이 건물에만 중국인이 서른 명이나 살아. 그리고 열여덟 명이 광둥어를 쓰지. 나는 의사가 중국인들이랑 대화하는 걸 도와줘. 우리는 마작을 거의 매일 하지. 그래서 나는 혼자 살기는 하지만 여전히 행복해. 게임만 있다 하면 오라고 하거든."

그녀와 친해지면서 나는 그녀가 어떤 방식으로 이야기하는지 알아차렸다. 대부분의 이야기들은 또 다른 그녀의 인생 이야기로 이어지고, 그 앞이나 뒤에 약간의 충고가 나온다. 그리고 마무리는 어김없이 마작 이야기였다. 여러 번 나는 그녀가 마작을 하는 모습을 보고 놀랐다. 경기 규칙을 내게 설명해줄 때 빼고는 거의 말 한마디 없이 게임만 했기 때문이다. 핑은 어느 날 오후에 마작판을 앞에 두고 이렇게 설명했다. "마작은 말이지, 게임을 하는 거지 대화하려고 하는 게 아니야. 우리는 게임할 힘밖에 없거든."

그해에 핑에게 일어났던 가장 극적인 사건은 매년 딸과 함께 애틀랜틱시티에 가던 여행 때문에 일어났다. 최근 몇 년간 애틀랜틱시티에 있는 많은 카지노가 문을 닫았지만 핑은 여전히 큰 기대를 품고 기다렸다. 그러다 그녀의 아흔 번째 생일을 2주 앞둔 지난 봄, 그녀는 평소와 달리 무척이나 우울해 보였다. 핑은 영어로 말할 때 뜬금없이 웃는 버릇이 있었다. 아무래도 영어가 어색하다는 사실을 감추기 위해서인 듯했다. 하지만 그날 그녀는 누가 봐도 우울했다. 애틀랜틱시티에 가기에는 몸이 좋지 않다고 결론을 내린 것이다. 관절염 때문에 차로 세 시간을 달려가기엔 무리였다. "당연히 속상하지. 이렇게까지 늙고 싶지는 않아. 자네는 점점 더 튼튼해지는데 나는 점점 더 약해지고 있어." 풀 죽은 목소리로 그녀가 말했다.

이렇게 말하는 그녀에게서는 침울한 기운이 물씬 풍겼다. 자신마저도 잊고 지내는 그녀의 모습 중 하나인가 싶었다. "재미있는 얘기 하나 해줄까. 가끔씩 나는 너무 오래 살고 싶지 않아. 고통이 너무 심해. 뼈마디도 끔찍하게 아프고. 그래서 나는 차라리 죽고 싶을 때가 있어. 아흔이나 살았으면 충분하지."

좀처럼 보기 드문 모습이었다. 하지만 오래 가지는 않았다. 자신이 한 말이 겸연쩍었는지 내가 떠날 무렵 그녀의 말투는 평소와 비슷하게 돌아와 있었다. 하지만 나는 어디까지가 진짜인지 알 수가 없었다.

그녀는 가끔 자신은 복도 많다며 한참 기뻐하다가 순식간에 바뀌어 절망에 빠지고는 했다. 그 때문에 나는 처음에는 혼란스러웠다. 그리고 어쩌면 핑이 주변 사람들에게 행복해 보이고 싶어 평소에 일부러 밝게 행동하는 것일지도 모르겠다는 생각이 들었다. 절망의 구렁텅이에 빠져 사는 것처럼 보이고 싶은 사람은 없으니까. 하지만 시간이 지나면서 나는 노년을 긍정적 또는 부정적으로 바라보는 핑의 관점이 유용하다는 사실을 깨달았다. 그녀의 만족감은 순수한 기쁨이 아니라 힘들었던 지난 날들을 솔직하게 인정한 데서 얻을 수 있었다. 애틀랜틱시티에 못 갈 정도로 심한 고통이나 남편과 아들의 죽음 말이다. 고령자들 모두 이런 복잡한 감정을 조금씩 느끼고 있었다.

여기서 우리는 난관에 대해서 배워야 할 점이 있다. 고령자들은 복잡한 감정을 해결하려고 애쓰기보다는 그것을 인정하는 경향이 있다. 노인학자들은 이런 경향이 지혜로워지는 밑바탕이 된다고 본다. 인생이 처음부터 끝까지 전부 다 좋을 필요는 없고 당연히 그렇게 될 리도 없다는 사실을 인정하는 것이다. 우리에겐 늘 문제가 생기고 그중 이것저것 한두 가지 문제를 해결한다고 우리가 행복해지지는 않는다.

코넬대학의 칼 필레머 교수는 '그럼에도 불구하고 행복'한 것과 '그래야만 행복'한 것을 구분했다.[16] 전자는 노년의 즐거움이고 후자는 젊음의 괴로움이라는 것이다. '그럼에도 불구하고 행복'하려면 행복하기로 마음을 먹어야 한다. 문제를 깨닫고는 있지만 그렇다고 해서 그 이유 때문에 불만스러워하지 않으려고 노력하는 것이다. '그래야만 행복'한 경우는 행복을 외부 상황에 돌린다. 돈이 더 많고 덜 아프고 더 좋은 배우자나 집이 있다면 나는 정말 행복하다는 것이다. '그래야만 행복'하다고 생각하는 사람들 때문에 수십억의 돈이 로또나 충동구매로 흘러들어가지만 다 부질없는 짓이다.

핑은 자신의 골칫거리들이 사라질 거라고 생각하지 않았

다. 그래서 자신의 행복을 다른 곳에서 찾았다. 그녀는 젊었을 적에 미국에 가면 문제가 다 해결될 것이라고 생각했다고 한다. 하지만 그 방법은 고작 이 문제를 다른 문제로 바꾸는 것밖에는 되지 않는다는 것을 깨달았다. 결국 진정한 지혜는 난관이 있더라도 인정하고 받아들이며 행복을 느끼는 데 있었다.

간단하게 들리지만 이는 살아가면서 지키기 가장 힘든 것 중 하나였다. 나는 살면서, 특히 일을 하면서 불만족스러운 것들을 받아들이지 않았을 때 가장 좋은 결과들을 얻었다. 다시 말해 역경을 받아들이지 않고 맞서 싸운 것이다. 물론 역경에서 벗어날 수는 없었고 새로운 역경이 닥쳐왔지만 맞서려고 노력하는 자체가 원동력이 되었다.

하지만 나는 핑이나 다른 노인들과 시간을 보내며 지금까지 내가 해온 노력과 그 덕분에 이뤄낸 성과들에 대해 다시 생각하게 되었다. 80세나 90세가 넘어도 그런 것들이 중요할까? 고령자들은 지난 1년간 아무도 자신이 직업적으로 성취한 것들에 대해서 얘기하지 않았다. 우리가 살면서 얼마나 많은 시간을 일하고 일에 집착하는지를 생각해보면 놀라운 일이다. 심지어 아직까지 대단한 작품들을 만들어내는 요나스 메카스도 마찬가지였다.

또한 자신들이 극복한 난관에 대해서도 결코 언급하지 않았다. 어쩐지 이런 것들은 더 이상 인생을 평가하는 척도가 아닌 듯했다. 대부분의 사람들은 일터에서 느끼던 동료애만을 그리워했을 뿐이지 은퇴했다는 사실에는 크게 기뻐했다. 그들은 가족이나 가까운 사람들에 대해서 이야기하며 마치 자신의 업적을 평가하듯 평가하지 않았다. 자녀가 얼마나 상냥하고 훌륭하든지 간에 자녀를 사랑하는 마음은 다르지 않기 때문이다.

연구자들은 우리 모두에게는 인생의 우여곡절을 겪으면서도 행복이 일정 수준으로 유지되는 행복의 '설정값'이 있다고 믿는다. 예를 들어 로또가 당첨되는 것처럼 좋은 일이 벌어지면 우리는 한동안 행복하다. 하지만 결국에는 전과 같은 수준으로 돌아오게 되어 있다. 좌절도 마찬가지다.

이 설정값은 선천적인 유전자와 후천적인 환경의 영향을 받아 형성되는 것으로 보인다. 그리고 왜 어떤 사람들은 비참한 상황에서도 행복한 반면 어떤 사람들은 남들의 부러움을 사는 상황에서도 불행한지를 설명해준다. 하지만 우리가 꼭 그 설정값에 얽매여 있지는 않다는 증거들이 있다. 우리가 고민거리를 머릿속에서 떨쳐버린다거나 자주 감사하고 남을 돕는다면 그 설정값을 살짝 끌어올릴 수 있다. 핑은 자신의 고통을 삶의 한 부분으로 받아들임으로써 늘 명랑했다. 고통은 행복을 막아서는 장애물이 아니라 행복을 따라다니는 일행과 같았다. 그녀는 관절염 때문에 아프고 많은 것을 잃었지만 동시에 삶에서 만족감을 느낄 수 있었다. 핑은 이렇게 말했다. "좋은 집이 있고 적당한 돈과 훌륭한 가족이 있다는 게 바로 행복이야. 그게 다야. 그리고 젊었을 때 하고 싶은 걸 해. 난 여행을 했어. 세상은 정말 넓고 아름다워. 세계를 여행하면서 관광하는 데 돈을 써야 해."

핑은 늘 조언을 아끼지 않았다. 젊었을 때 세계를 돌아다녀라. 돈을 벌어라. 돈을 써라. 즐겁게 살아라. 멋대로 살다가 건강을 잃거나 돈이 떨어지면 안 된다. 아내한테 만족해라. "일하면 행복해. 더 오래 살 수 있어." 어느 날 그녀가 말했다. 그녀는 자주 노후를 준비하라는 얘기를 했다. 철학적인 측면이 아니라 경제적인 측면에서였다. "늙어서 제일 중요한 건 돈이야. 여기 사는 사람 중에 중국에서 온 무지렁이가 하나 있는데 자기 장례식 얘기를 안 해. 자기가 죽으면 쓰레기통에 버리라고 해. '장례식에 내가 왜 돈을 내?' 이런다니까." 핑은 1년 동안 이 이야기를 여러 번 했다. 늘 한결같이 마음에 안 든다는 말투였다. 반대로 자신은 만반의 준비가 되어 있다고 자신만만했다.

핑은 나이가 든다고 꼭 현명해지지는 않는다고 믿었다. "젊은 사람들이 나이 든 사람들보다 훨씬 나아야지. 과학이 발전하면서 하루가 다르게 모든 게 변하잖아. 이제는 달에도 갈 수 있어. 늙은이들은 꿈도 못 꾸지. 젊은 사람들이 옛날 것을 배워서 좋을 게 뭐 있어. 옛날 것들은 대부분 다 지나간 거야. 세상은 계속해서 발전하니까 말이야."

하지만 이렇게 말할 때도 있었다. "젊었을 때는 말이야. 행복이나 슬픔이 무슨 뜻인지 몰라." 다른 고령자들처럼 그녀도 살면서 많은 것을 잃었다. 그리고 최악의 상황을 더욱 끔찍하게 만드는 것은 바로 그 자신이라는 것을 알게 되었다. 어느 날 그녀는 최근에 사망한 이웃과 치매 치료를 위해 요양원에 들어간 또 다른 이웃 이야기를 꺼냈다. 두 번이나 이웃을 떠나보내면서 그녀는 무척 슬펐지만 그와 동시에 어쩐지 마음이 치유된 느낌이었다고 했다. "마음이 아프지만 일어날 수 있는 일이야. 삶이 너무 순탄하기만 해도 좋은 게 아니야. 어려운 일도 헤쳐나갈 수 있게 머리를 훈련시켜야지. 지나간 일은 그냥 내버려둬. 그런 다음 거기서 뭔가를 배우는 거야. 나는 뭔가를 잃어버린 뒤에 배워. 나쁜 일을 겪어보지 못하면 나중에 그런 일이 생겼을 때 어떻게 해야 될지를 모르거든."

나와 핑의 삶을 비교하면서 나는 그동안 내가 꼭 '필요'하다고 생각했던 것들 없이도 그녀가 잘 살아왔다는 사실을 알고 깜짝 놀랐다. 직업적인 성공, 부모님의 허락, 결혼, 운동 시간, 농산물 시장에서 산 새싹채소, 너무 비싼 아파트. 비록 이 모든 것을 포기하고 싶지는 않지만, 나는 핑과 함께 시간을 보내며 그것들이 꼭 필요하지는 않다는 것을 깨달았다. 가끔 보람이 있긴 하지만 엄청난 시간과 에너지가 낭비되고 있었다. 심지어 나는 오른쪽 발의 족장판이 파열돼 보조기를 차고 있어 걷기가 불편한데도 생각보다 크게 불편하지가 않았다. 그건 여전히 내 삶이었고 그 삶을 살고 있는 사람도 여전히 나였다. 핑은 내가 그 '필요'한 것들을 잃을까 봐 두려워할 것이 아니라 실제로 가치가 있는지를 봐야 한다는 것이었다. 다른 직업을 갖고 다른 집에 살며 허리에 군살이 조금 더 붙는다고 해도 내 삶은 크게 달라지지 않을 것이다. 그것들은 내가 생각했던 것만큼 중요하지 않을지도 모른다.

어느 날 차이나타운에 있는 한 딤섬 레스토랑에서 나는 핑에게 젊은 시절의 자신에게 어떤 조언을 해주고 싶은지 물었다. 핑은 딸 일레인과 식사하러 가는 길에 나를 초대했다. 예순두 살의 일레인은 어머니와 함께 있을 때면 가끔씩 자신의 나이에 대해 생각한다고 말했다. "저는 엄마를 보면서 내가 나이가 들면 어떤 모습일까 생각해요. 전 엄마만큼 건강할 것 같지는 않아요. 엄마는 항상 운동을 하는데 전 게을러요." 핑이 사는 아파트에는 정기적으로 운동 강좌가 열렸는데 핑은 지난 몇 년간 꾸준히 참석해왔다. 하지만 내가 만났을 무렵에는 핑 역시 자신은 너무 게을러서 운동을 할 수가 없다고 말했다. 일레인은 지난 한 해 동안 엄마가 기억을 잃어버리는 경우가 생겼는데 최근 들어 더 잦아지고 있다고 말했다. 이날 핑은 습한 날씨에 몸도 여기저기 쑤시는 데다가 나갈 준비를 하느라 피곤하기도 하고 들뜨기도 하는 듯했다. 그녀는 최근까지 시드니 셸던^{Sidney} ^{Sheldon}의 소설들을 읽고 있었는데 등장인물들의 기쁨과 절망에 푹 몰입할 수 있어서 재밌다고 했다.

"나는 젊은 사람들한테 나이 든 다음에 대해서는 생각하지 말라고 할 거야." 핑이 대답했다. 마치 어릴 적 자신뿐만 아니라 딸에게 건네는 충고 같았다. "늙으면, 늙으면, 늙으면 어떻지 생각하는 것은 좋지 않아. 당연히 늙는 건 끔찍해. 좋은 점도 있고 안 좋은 점도 있지. 어떻게 알겠어? 그래서 내가 너무 멀리 생각하지 말라고 하는 거야. 당장 코앞을 생각해. 어떻게 신나고 건강하게 살지, 어떻게 돈을 벌지, 어떻게 그 돈을 허투루 낭비 안 하고 제대로 쓸지 말이야. 노후를 꼭 생각할 필요는 없어. 건강하게 열심히 살면서 돈을 벌어." 그녀는 이렇게 말하고는 한바탕 크게 웃었다. 마치 자기연민의 기미 따위는 모두 날려버리겠다는 듯했다. "세상은 점점 더 좋아지고 있어. 내 인생도 점점 좋아지고 있고."

운이 참 좋았다. 2005년, 핑은 고령자들을 위한 정부 보조 아파트가 새로 들어선다는 소식을 한 중국어 신문에서 우연히 읽게 되었다. 임대료는 의료비를 제한 입주자 소득의 30퍼센트 이내로 정해져 있었다. 1차로 700명이 넘는 많은 사람이 지원을 했는데 당첨자 가운데 핑도 포함되어 있었다. 그래서 그녀는 방

두 개짜리 아파트를 얻게 됐고 영어를 못하는 중국인 입주자들을 관리하는 일을 하며 매주 50달러씩 벌었다. 그러던 중 한 이웃이 그녀에게 무료로 방문 간병인을 신청할 수 있다고 알려주었다. 이 혜택들 덕분에 그녀는 '독립'할 수 있었다. 다시 말해 딸과 함께 살지 않게 된 것이다. 부지런히 출퇴근하며 일하다 80세가 된 후에야 그녀는 이제야 정부의 지원을 받을 자격이 있다고 느꼈다.

그녀가 찾아낸 아파트에는 사회복지사가 상주하고 있었고 여러 여가 활동이 마련되어 있었으며 건물 관리인도 있었다. 비공식적으로 입주자들은 서로서로 사회복지들을 받을 수 있도록 도와줬다.

핑은 특히 관절 통증과 같은 질환이 있었지만 그런 생각은 애써 하지 않으려고 했다. "나는 죽는다는 생각은 절대 안 해. 죽음 같은 건 생각하면 안 돼. 침대에 누워 있으면 편안하지. 하지만 나는 이래. '일어나.' 나를 재촉하는 거야. 쉽지는 않지. 하지만 그래도 움직여야 해. 늙은이들은 너무 불평을 많이 하면 안 된다는 걸 꼭 알아야 돼. 남들은 위로를 안 해줘. 자기가 자신을 위로해야지."

그녀는 이런저런 선택을 했다. 운동을 하고 싶지는 않지만 계속해서 움직이기 위해 창턱에 화분들을 가꿨다. 약제비 지원 프로그램이 관절염 통증을 줄여주는 국소 마취약 리도카인 패치 비용을 더 이상 지원하지 않게 되자 그녀는 자신이 가진 패치들을 작게 잘라 붙이고 대신 타이레놀을 함께 복용했다. 일상생활을 하고 마작을 할 수 있을 정도의 효과는 있었다. 또한 마작 덕분에 그녀는 팔과 머리를 부지런히 움직였고 그녀가 좋아하는 사교 활동도 계속할 수 있었다. 규칙적으로 게임을 하니 지겹거나 외롭지도 않다고 그녀는 말했다. "건강에도 좋은 점이 한두 가지가 아니야."

어느 날 마작 탁자에 앉아 그녀가 말했다. 이제 막 게임에서 이긴 후라 다른 사람들에게 타일들을 자신의 쪽으로 밀어 달라고 부탁했다. 멀리 손을 뻗으면 아팠기 때문이다. "머리를 쓰지. 그리고 그게 달랑 손만이긴 하지만 몸을 쓰고. 운이 좋은 날은 마작을 해서 이기는 날이야. 그럼 나는 행복해. 돈 따려고 게임을 하는 게 아니야. 그런데 이기면 머리도 더 좋아져."

내가 핑에게 장수의 비결을 묻자 그녀가 말했다. "우선은 자신을 행복하게 만들어야 해. 누가 봐도 나는 온갖 고생을 했지. 당연히 살면서 좋을 때도 있고 나쁠 때도 있지. 내 아들이 죽고 나서 2년이나 나는 잠도 제대로 못 잤어. 2년 동안 하루도 빼놓지 않고 말이야. 하지만 그 이후에 나는 적응했어. 내 곁엔 정말 훌륭한 딸이 있으니까. 나는 지금 내 삶이 무척 마음에 들어. 이 건물에 사는 것도 큰 복이지."

나는 핑에게서 늘 목표나 인생의 진정한 가치를 따져보며 유연해지려고 노력해야 한다는 것을 배웠다. 만약 젊은이에게 애틀랜틱시티로 가는 여행이 취소되는 일이 벌어진다면, 그 여행 생각 덕분에 자신이 얼마나 기뻤는지를 되새기며 실망에서 헤어 나오지 못할 것이다. 하지만 핑은 털어버렸다. 그녀는 한때는 중요해 보였지만 더 이상 그렇지 않은 것들을 포기하고 자신이 가진 것들 가운데서 행복을 고르는 방법을 알고 있었다.

　이 가르침 덕분에 내 삶은 엄청나게 수월해졌다. 헛된 욕구들을 채우기 위해서는 해야 할 일이 너무 많았다. 그러나 한번 내려놓기 시작하자 나는 더 기쁘고 오래 남는 것들에 마음껏 집중할 수 있었다. 또한 꼭 해야 한다 싶으면서도 하지 못했던 것들에 대해 죄책감을 느끼지 않아도 상관없게 되었다. 하루하루 마음을 비우는 연습을 하거나 예전 입출금 내역서들을 분쇄기에 넣어버릴 수도 있었다. 옷과 소지품들의 절반, 일터나 SNS 상에서의 말다툼, 아니면 나를 슬프게 하는 어떤 친구나 가족들을 나는 내려놓았고, 다시는 그리워하지 않았다.

　고령자들 때문에 이따금 젊은 사람들은 중요하다고 생각했던 것들이 헷갈리기도 한다. 1993년부터 1994년에 걸쳐 네 개 대학병원의 연구자들은 80세 이상의 입원환자들에게 지금과 같은 건강 상태로 1년을 살고 싶은지 팔팔한 몸으로 그보다 더 짧게 살고 싶은지를 물었다.[17] 그리고 주로 환자의 자녀인 의료

대리인들에게 환자들이 어떻게 답할 것이라고 생각하는지 물었다. 노인들, 특히 심각한 건강 문제가 있는 사람들이 자신의 남아 있는 삶을 어떻게 여기는지 알아보기 위한 실험이었다. 대리인들에게 그 질문의 답은 뻔해 보였다. 병든 80대 노인은 병원 침대에 누워 지내느니 더 짧지만 건강하게 살기를 바랄 것이었다. 하지만 결과는 놀라웠다. 대다수가 건강한 몸으로 산다고 해도 수명을 한 달 이상은 포기하지 못하겠다고 답했으며, 40퍼센트의 사람들은 조금이라도 생을 포기하고 싶지 않다고 말했다. 그들은 건강보다는 시간을 택했다. 1년 후에 다시 한번 환자들에게 같은 질문을 던지자 오히려 환자들이 포기할 수 있겠다고 한 기간은 평균 2주가량 줄어들었다.

수많은 젊은이가 가장 두려워하는 병인 치매에 걸린 환자들조차도 자신의 삶을 훨씬 더 괜찮게 평가하고 있는 것으로 밝혀졌다.[18] 2010년 영국정신건강재단British Mental Health Foundation이 치매 환자 44명을 대상으로 조사한 결과였다. 연구원들은 사람들이 건강 상태에 따라 자신의 삶의 질을 평가할 것이라고 예상했다. 치매가 심할수록 삶의 질 역시 더 나쁠 것이라고 본 것이다. 하지만 이것은 가족을 간병하는 대리인들의 관점일 뿐이었다. 그들은 아버지의 삶의 질이 나쁘며 점점 나빠지고 있다고 보았다. 그러나 정작 치매를 앓고 있는 사람들은 자신의 삶을 다른 눈으로 보고 있었다. 그들은 잃은 것보다는 현재 그들이 한 일로 삶의 가치를 판단했다. 그들은 이웃이나 가족과 함께 시간을 보내고 머리를 써서 골치 아픈 문제를 해결하며 자연을 즐겼다. 그들은 치매가 그들에게 가장 중요한 것이라고 생각하지 않았다.

연구자들은 "치매는 감정이나 기분 그리고 정신건강과 관련해 삶의 질에 예상과 달리 큰 영향을 미치지 못할지 모른다"고 밝혔다. 병이 악화되어 기억이나 인지력이 더 나빠진다 해도 삶의 가치에 대한 그들의 평가는 그대로였다. 연구자들은 이를 "직관에 어긋나는" 동시에 "특히 향후 특정 상태로 사는 기분이 어떨지를 예상해 생전 유언을 작성해두는 사람들의 수가 늘고 있는 시점에 중요한 발견이다"라고 했다.

핑은 자신의 생일 즈음에는 뷔페식 점심을 먹고 나서 딸과 저녁을 먹을 수 있을 정도로 몸이 괜찮아졌다. 그리고 여름이 끝날 무렵 그녀에게 깜짝 놀랄 만한 기쁜 소식이 있었다. 바로 중국에 있는 며느리와 손자가 잠시 애틀랜틱시티에 놀러 올 계획이라는 것이었다. 게다가 그녀가 아직 한 번도 보지 못한 증손자도 데려온다고 했다. 그래서 핑은 다시 한번 얼마나 아픈지 생각해보았다. 도저히 못 참을 정도인가? 아니면 가족을 만나는 즐거움을 위해서 참아낼 수 있을 정도인가? 그녀에게 뭐가 더 중요할까. 차로 세 시간의 거리가 어쩐지 대단치 않은 일인 것처럼 느껴졌다. 결국 그녀는 고통스럽기는 하겠지만 애틀랜틱시티에 가기로 결심했다. 그 후 그녀는 그 결정 덕분에 최고의 여름을 보냈다고 말했다. "많이 행복하면 다 잊어버리게 돼. 우리는 하루 종일 떠들었어. 그래서 몸이 아픈지도 몰랐다니까."

하지만 한 해 동안 핑에게는 눈에 띄는 변화가 일어났다. 그녀와의 대화는 점점 뚝뚝 끊어졌고 한 가지 생각에 집중하지 못한 채 오락가락했다. 그러다 이듬해 2월, 걱정스러운 징후가 나타났다. 그녀가 아주 중요한 얘기를 할 게 있다며 내게 전화를 걸었다. 아주 급한 일이라고 했다. 하지만 내가 집에 도착했을 때 그녀는 왜 전화를 했는지 기억하지 못했다. 그녀는 어이없다는 듯 웃으며 말했다. "늙어서 그래. 자꾸 깜빡깜빡해."

그녀는 분명 기억이 사라져서 애를 먹고 있었다. 새로운 현상이었지만 이번 프로젝트에 참여한 여섯 명 중 누구에게나 있어날 수 있는 일이었다. 그녀는 생각이 중간에 끊겨 놀란 듯 천천히 일어서서 방 안을 둘러보았다. '어디로 갔지?' 하지만 그녀는 여전히 틀림없이 핑이었고 오랜 세월의 조각들을 토대로 자신을 추스르고 있었다. 그녀는 친구들이 치매에 걸린 모습을 보아왔다. 이제 그녀의 기억 하나가 사라졌다. 그녀는 창피함을 감추려고 웃었다. 내일은 더 많이 잊어버리게 될까? 아니면 그냥 또 한 가지를 잊어버렸을 뿐일까? 이런 일은 지금까지 살면서 수도 없이 겪어왔고 앞으로도 계속해서 겪게 될 텐데.

마침내 그녀는 기억해냈다. 그녀는 내가 새로 깐 장판에 대해 건물 관리자에게 항의해주기를 바랐다. 질서를 유지하려는 힘과 쇠락하는 힘이 상반되게 작용하고 있었다. 핑은 서서히 무너져가는 기억력에 맞서 자신의 세계를 지키려고 애쓰고 있었다.

하지만 몇 달 후 내가 다시 방문했을 때 핑에게 전처럼 혼란스러워하는 기색은 없었다. 핑은 쌀을 사려면 배급표가 있어야 했던 마오쩌둥 시대에 그녀가 어떻게 살았는지, 처음 이 아파트에 온 뒤 몇 년간 어떻게 지냈는지에 대해서 또렷하게 이야기했다. 이미 또 한 번의 생일을 앞두고 있었고, 확실하지는 않지만 어쩌면 또 한 번 애틀랜틱시티에 갈 수 있을지 몰랐다. 그전에 방문했을 때 그녀는 체코산 와인잔을 비롯해 유럽 여행에서 사온 기념품들을 자랑했다. 그 물건들을 보면 지금은 좀처럼 건물을 떠나지 않는 자신이 한때 여행가였다는 사실이 새록새록 떠올랐다.

간병인이 자신의 젊었을 적 사진을 가져오자 핑은 웃었다. "내가 얼마나 예뻤는지 보여주고 싶은가 봐." 그녀는 이렇게 말한 뒤 한참을 더 웃다가 멈췄다. "다 옛날이야. 다 늙었지 벌써." 하지만 그녀는 여전히 스스로를 위해 애쓰고 있었다. 그녀는 자신에게 영어를 가르쳐달라고 했다. 더 배우기에 너무 늦지는 않았다면서 말이다. "우리가 몇 년째 알고 지낸 좋은 친구라고 치면 내가 '보고 싶다'고 말해도 괜찮은 거야?" 그녀가 물었다.

곰팡이가 피어 있던 카펫 대신 바닥에 새로 깔린 장판이, 이제는 핑의 마음에 드는 듯했다. "훨씬 낫지 않아?" 장판 덕분에 핑은 또 한 번 이 아파트에 살아 다행이라고 여기며 행복해했다. 그녀는 평소와 다름없이 지내고 있었다. 눈앞에 닥친 현실에 맞서 싸우는 대신 그에 맞춰 기대치를 낮췄다. 이것이 바로 그녀가 행복을 선택하는 방법이었다. 심지어 머리가 혼란스러웠던 일조차도 기뻐할 만한 이유가 될 수 있었다.

"깨끗한 데다 건강에도 더 좋아." 그녀가 새 장판에 대해 말하며 웃었다. "아무래도 내가 더 오래 살 것 같으니 자네도 여기 좀 더 와야겠어." 또 다시 웃음이 그칠 줄 모르고 터져나왔다. 이렇게 웃는 핑의 모습을 보는 것도 이번이 마지막일 것이다.

늘 명랑하게 지내야 해.

끔찍한 생각들은 절대 하지 말고.

아름다운 것들만 생각해.

어렸을 때나 좋아하는 것들.

나는 사후 세계가 없으면 좋겠어.

뭔가 끝이 없다는 게 상상이 안 돼.

월터가 보고 싶고 다음 세상에서 또 만나고 싶지만

그럴 수 없다는 것도 알아.

사실 차라리 마음이 편해. 모든 게 끝나는 거잖아.

- 존 소런슨, 91세

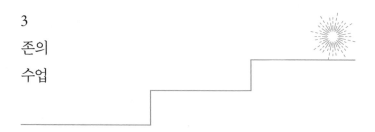

3
존의
수업

"난 어떤 일이 있어도
슬프지 않아."

존 소런슨은 내게 가장 어려운 것을 가르쳐주었다. 죽음을 받아들이고 계속해서 살아가는 법이었다. 그는 우울해하지 않았고 목숨을 끊으려 하지도 않았다. 가끔 죽었으면 좋겠다고 말하긴 했지만 그뿐이었다. 그는 행복할 때가 많았다. 뉴욕 북부에서 보낸 어린 시절부터 월터 캐런과의 오랜 사랑 이야기까지 그는 추억들을 떠올리며 즐거워했다. 그는 자신이 원하는 그대로 꾸며놓은 아파트에 살고 있었다. 그에겐 매우 중요한 일이었다.

그는 그저 죽고 싶었을 뿐이다. "난 멋지게 잘 살았어. 처음에는 더 근사한 직업을 갖지 못해서 아쉬웠어. 하지만 대신 그런 것과는 비교도 할 수 없는 월터를 만났어. 우린 정말 행복했지." 하지만 그는 91세가 넘은 뒤로는 달라졌다고 했다. "이제는 사는 게 큰 재미가 없어. 끝났으면 좋겠어."

몇 년 전 나는 어머니의 생명을 끊을 수 있는 방법을 찾아보았다. 당시는 어머니가 두 번째 척추유합술을 받은 후였다. 감염 때문에 어머니는 거의 저승 문턱까지 다녀오셨고 동생과 내가 급식 튜브 삽입을 허락하는 바람에 자신의 목숨이 이어졌다며 우리를 탓했다. 나는 이라크에서 돌아온 뒤 결혼을 해 뉴욕에서 다시 자리를 잡고 있었다. 수술 후 어머니는 쓰러졌고 수술한 부위 바로 위에 있는 척추에 압박 골절을 입었다. 수년간 뻥뻥 구멍들이 뚫린 뼈가 파삭파삭한 스펀지처럼 부러졌다고 의사가 설명했다. 다시 탄탄하게 만들어줄 치료 방법은 없었다.

그 후 몇 달간 어머니는 도저히 견딜 수 없을 정도로 극심한 고통에 시달리셨다. 그전과 같은 생활은 거의 불가능했다. 어머니는 바다처럼 끝이 보이지 않는 고통 속에서 허우적거리고 있었다. 해변은 보이지 않았고 어머니는 찾아보려고도 하지 않으셨다. 물리치료라면 질색을 했다. 일부러 아픈 곳을 더 아프게 한다면서 말이다. 그러면서 점점 통증을 줄여주는 진통제에 의존했다. 통증 관리 전문가는 척추 주변의 신경을 전기로 죽이면 통증도 줄어들고 기운이 날 거라며 추천했다. 하지만 예전과 다름없는 심한 고통이 되돌아왔고 더 이상 어머니에게 희망을 줄 특효약은 없었다. 어느 날 어머니는 침대 끄트머리에 머리부터 고부라져 누워 있었다. 그 자세로 꼼짝 않고 끙끙거리는 사이에 간병인들은 어머니가 깔고 누워 있던 위생 패드를 교체했다.

바로 그때부터 나는 안락사에 관한 정보를 모으기 시작했다. 어머니에게 그 정도는 해드려야 한다고 생각했다.

하지만 다행히도 그런 일은 일어나지 않았다. 같은 건물에 있는 의사가 진통제의 양을 늘려 처방해주었고, 그 덕분에 어머니가 마침내 여기저기 돌아다닐 수 있게 되면서 조금씩 예전의 생활을 되찾았기 때문이다. 전처럼 친구들과 저녁을 먹거나 함께 차를 타고 가끔 나들이를 가기도 하고 스페인어나 도자기 수업을 듣기도 했다. 전동 휠체어를 타고 어디든 원하는 곳으로 갈 수도 있었다. 간병인들도 그녀 곁에서 위로가 되어주었다. 문제는 어머니가 여전히 죽고 싶어 한다는 것이었다. "나는 너무 억울했어." 그 후에 어머니는 이렇게 말했다. "더 이상 하나님을 믿을 수가 없었어. 나를 사랑하면서 이런 꼴로 살게 놔둔다는 걸 믿을 수가 없었지. 난 지금도 그렇게 생각해." 나도 지저분한 위생 패드 위에서 뒹구는 처지가 됐다면 삶을 끝내는 편이 낫 겠다는 생각이 들었다. 하지만 그렇게 어렵사리 일궈놓은 삶을 이대로 포기해버리다니 너무 나약한 거 아닐까.

어머니의 생각은 달랐다. 대신 그녀는 제임스 조이스James Joyce가 썼다는 글을 한 구절 인용했다. "나는 늙고 지쳤도다. 강을 따라 바다로 흘러가고 싶다." 그녀는 자신이 쓸모 있던 시간들은 이미 지나갔고 앞으로는 더 큰 고통에 시달리며 쇠약해질 일만 남았다고 했다. "내가 보기엔 그래. 어쩌면 지금 당장 두려워서 그런 걸지도 몰라. 그게 당연하고. 너도 너무 오래 버티고 싶지는 않을 거야."

존을 볼 때마다 나는 늘 어머니가 생각이 났다. 존은 말하기를 좋아했다. 어렸을 적부터 그는 너무 수다스러워서 말썽이었다고 했다. 그리고 나이가 들면서는 했던 얘기를 자꾸만 반복했다. 심지어 죽음에 대해 얘기하면서도 그는 미소를 띤 채 신이 나서는 금세 다른 주제로 넘어가곤 했다. 내 어머니와는 달리 그는 여전히 그에게 주어지는 즐거움을 누리고 있는 듯했다. 어느 날 존을 찾아가자 그는 얼마 전 소프라노 손드라 라드바노프스키Sondra Radvanovsky가 메트로폴리탄 오페라에서 부른 베르디Verdi의 〈가면무도회A Masked Ball〉를 라디오 방송으로 들었다고 했다. 그는 그 얘기를 하고 싶어서 못 견디겠다는 표정이었다. "그 이후로 며칠 동안 공중에 둥둥 떠 있었던 것 같아. 그렇게 노래하는 걸 정말, 정말로 오랜만에 들었어. 그 노래를 들으니 진짜 살아 있는 느낌이었어. 일주일 동안 나는 천국에 있는 기분이었지." 그가 말했다.

존은 새롭게 등장한 훌륭한 소프라노처럼, 이 세상에는 여전히 아름다운 것들이 새록새록 생겨나고 있다는 사실에 깜짝 놀란 듯했다. 음악을 듣자 그 밖의 다른 모든 것들은 싹 잊혀졌다. 바로 며칠 전 그는 글렌 밀러Glenn Miller의 〈진주 목걸이 A String of Pearls〉가 라디오에서 흘러나오자 감동에 겨워 갑자기 부엌에서 혼자 춤을 추기 시작했다. "결국 일어나서 냉장고를 붙잡고 춤을 췄어." 그가 말했다. "훌륭했어. 음악을 들으면 나는 들뜨고 정말 행복해."

존을 처음 만났을 때는, 그가 죽고 싶다고 이야기할 때마다 나는 그가 좋아하는 모든 것을 짚어가면서 그걸 봐서라도 계속해서 살아가야 한다고 말했다. "요나스 카우프만의 노래를 한 번 더 듣고 싶지 않아요? 파이어아일랜드에 사는 친구들, 마이크와 존을 만나고 싶지 않아요? 왜 지금이에요, 3일 후나 3년 후면 어때요?" 난 마치 기분이 울적한 친구를 위로하듯 자동적으로 이렇게 반응했다. '힘내. 타오르는 땡볕 아래서 나무 밑동을 파내겠다고 삽질하고 있는 것도 아니잖아.' 마치 그게 다 자신이 사랑받고 있다는 사실을 몰라서 그렇다는 듯 친구들은 모두 그가 살아 있기를 바란다고 말해주기도 했다. 나는 투사를 찬양하는 우리 문화를 그대로 따르고 있었다. 항복하지 말고 포기하지도 말고 끝까지 싸우라고. 중간에 멈추는 건 왠지 약하거나 잘못된 행동처럼 보였다. 아니면 영성가 디팩 초프라 Deepak Chopra가 말하듯 우주의 선한 기운 속에서 상상의 나래를 펼치는 데 실패한 것이었다. 그는 우리가 누구나 "노년, 노쇠, 질환 그리고 죽음이 존재하지 않고 그럴 가능성조차 없어 보이는 세상의 개척자"[19]가 될 수 있다고 했다. 죽음은 누구나 피해갈 수 없다. 하지만 여전히 죽음을 원하는 것은 부끄러운 일처럼 여겨진다.

그러나 존은 결코 흔들리지 않았다. 죽고 싶다는 그의 바람은 맹목적이거나 억지스럽지 않았다. 그는 오히려 마치 노래를 끝낸 가수 같았다. 그저 더 이상 부를 노래가 남아 있지 않을 뿐이었다. 더 이상 줄 것도 받을 것도 없는데 왜 무대에 남아 쏟아지는 조명 아래에서 헉헉대며 땀을 흘려야 하겠는가? 나이가 들면서 아픈 곳은 점점 늘어가고 자신은 점점 작아졌다. 하지만 싸워서 얻는 것이라고는 멍 투성이의 뻐근한 몸으로 다음 날 그 싸움을 또다시 시작할 수 있다는 사실뿐이다. 게다가 작아졌다는 것은 말 그대로 사실이었다. 존은 키가 183센티미터 정도였지만 가장 최근에 재보니 겨우 173센티미터밖에 되지 않았다. 그는 그 사이 키가 줄었다고 생각했다. "나는 당장이라도 갈 준비가 됐어. 하루나 이틀만 더 있으면 돼." 그가 말했다. 어쩌면 그는 2주 안에 죽게 될지도 몰랐다. 아니면 3년하고도 8

개월쯤 더 살지도 몰랐다. 91세의 미국인 남자에게는 그 정도의 수명이 남아 있으니까. 하지만 어느 쪽이든 남은 시간은 아무 의미가 없었다. 그는 이미 그가 주어야 할 것들을 친구들에게 주었고 그들로부터 그가 가질 수 있는 것을 받았다.

　나는 존을 보면서 죽음을 받아들이거나 아니면 심지어 바라기까지 한다고 해서 남은 날들이 하찮게 여겨지는 것은 아니라는 사실을 깨달았다. 오히려 너무 짧아서 더 소중하게 느껴졌다. 그 덕분에 그는 할 수 있다면 무엇을 할 것인가를 고민하지 않고 자유롭게 그가 좋아하는 것을 즐기며 살 수 있었다. 그래서 그는 죽음에 대해 이야기하면 오히려 기운이 났다. 죽음은 모든 것을 가치 있게 만들어줬다. 이 친구 저 친구를 만날 일이 앞으로 많지 않으니 매번 소중했다. 또한 매 순간을 젊었을 때처럼 덧없이 흘려보내지 않고 알차게 보냈다. 오래된 영화를 보면 그는 부모님이나 월터, 배우 다나 앤드루스, 아니면 그의 별장이 있던 파이어아일랜드의 파티를 떠올렸다. 아니면 이 모든 것들이 동시에 생각나기도 했다.

　존은 사후 세계를 믿지 않았기 때문에 죽음은 그에게 변화나 목적지가 아니라 끝이었다. 그는 그것을 피할 수 없는 것이라고만 생각했다. 그러니 지금 굳이 넘겨다볼 필요가 없었다. 그는 더 많은 것을 바라지 않았고 그러고 싶지도 않았다. 그런 희망을 품는다는 것 자체를 도무지 이해할 수 없었다. 더 이상 아무 의미가 없었다.

심리학자인 메리 파이퍼Mary Pipher는 저서 『또 다른 나라 Another Country: Navigating the Emotional Terrain of Our Elders』[20]에서 이렇게 썼다.

> (노인들은) 실존적 공간을 찾는다. 그들은 이렇게 묻는다. '내 인생이 중요해?' '내가 그동안 제대로 잘 살았나?' '내가 다른 사람들에게 어떤 존재였지?' '내가 한 일 중에 자랑스러운 일은 뭐가 있을까?' '내가 내게 맞는 사람을 사랑했었나?' 그리고 그들은 편안하고 사랑받을 수 있는 집과 동네를 찾는다.

하지만 내가 보기에 존은 그 어떤 것도 하지 않았다. 적어도 내가 그를 만날 무렵까진 그랬다. 그는 질문하는 단계를 지나쳐 있었다. 왜냐하면 그 답이 그에겐 더 이상 아무 의미가 없었기 때문이다.

그는 자신이 좋아하는 것과 자신에게 중요한 것, 그리고 그가 이미 잃어서 되찾을 수 없는 것들도 알고 있었다. 그는 자신이 더 이상 쓸모없다는 기분이 들어 화가 났다. 그리고 자신이 사랑받았었다는 사실은 그저 조금의 위로가 되었을 뿐이다. 과거에 그가 실존적 공간이나 집을 찾아보고 있었다고 해도 그저 이미 지나간 일이었다. "나는 항상 나이 들면 책을 읽고 피아노를 쳐야지 하고 마음먹었는데 둘 중 하나도 할 수가 없어." 그가 말했다. "자네는 나이 들면 뭘 하고 싶어?"

매번 만날 때마다 그는 내게 즐거웠던 자신의 추억담을 들려주었다. 가끔씩은 같은 이야기를 반복해서 들려주기도 했다. 그의 인생은 마치 작지만 반짝반짝 빛이 나는 보석 상자 같았다. 그는 어렸을 적 가구들을 사랑했던 이야기며 열두 살 때 라디오에서 흘러나오던 소프라노 키르스텐 플라그스타^{Kirsten Flagstad}의 목소리를 듣고 뉴욕 북부의 조그만 마을 너머의 세계를 발견하게 된 이야기들을 들려주었다. 존이 가장 좋아하던 오페라는 물론 바그너의 작품들이었다.

"젊었을 때의 어머니를 만나봤으면 좋았을 텐데." 어느 날 그가 말했다. 그 말 한마디면 여행을 시작할 만반의 준비는 끝난 거나 다름없었다. 그의 기억에 지루함, 두려움, 분노, 질투, 상처, 배반, 외로움 따위는 없었다. 대신 사랑, 따스함, 친구들과 보낸 시간, 월터와 함께 지은 해변의 집만이 남아 있었다. 죽음에 대한 그의 병적인 집착 역시 그의 앞에 얼마 남지 않은 시간을 즐길 수 있는 가장 쉬운 방법이었다. 결국 마지막 순간에는 죽음이 올 수밖에 없다는 사실을 받아들이자 삶은 더 질서정연해졌다. 그렇지 않고서는 불안정할 수밖에 없었다. 마치 어울리지 않는 화음이나 흐트러진 침대와도 같았다. 존은 마지막 조각이 제자리에 딱 맞아떨어지고 대칭이 되고 질서를 이루며 결국 완전해지는 모습을 상상하면 마음이 편안해졌다.

"자넨 전쟁이 기억나?" 4월의 어느 날 존이 내게 물었다. "전쟁이나 대공황을 기억 못 하는 사람들이 있을 거라고는 상상이 잘 안돼. 나한테는 그게 바로 어제 일 같거든. 내 친구들은 제2차 세계대전을 아무도 기억 못 해. 나는 진주만이 공격받던 때가 기억나. 나는 다음 날 학교에 갈 때 입을 바지를 다리고 있었어. 그리고 우리는 아무도 진주만이 어딘지 몰랐지. 어딘가 공격을 받은 줄 알았지만 그게 어디 붙은 건지는 몰랐어. 난 집에 있었어. 그때만 해도 내가 옷이라면 정말 까탈스러웠거든."

우리는 늘 그렇듯 그가 가장 좋아하는 의자에 앉아 있었다. 존이 손수 천을 씌운 루이 16세 양식의 낮은 안락의자들이었다. 손이 굳어 더 이상 고치지 못한 탓에 지금은 의자가 해져 있었다. 사실 그 의자들은 무척 불편했다. 특히 존은 의자에 앉거나 일어나기조차 너무 힘들어했다. 하지만 그러면서도 좀 더 실용적인 것으로 바꾸라고 하면 한사코 거절했다. 아무리 나이가 들어도 외모가 중요하다면서 말이다.

그 전날 그는 간병인과 함께 길모퉁이로 걸어가고 있었다. 그런데 별안간 힘이 빠지더니 몇 발짝만 걸었을 뿐인데도 덜컥 겁이 났다. 결국 도움을 받아 집으로 돌아올 수밖에 없었지만 양쪽 다리는 여전히 욱신거리며 아팠다. "간병인이 나를 들어서 데려다준다고 했지만 내가 안 된다고 했어. 아직 그렇게까지 포기할 준비가 안 됐어. 난 포기하는 게 정말 싫은가 봐." 그가 나를 보며 말했다. "사실 난 자네가 잘 안 보여. 거뭇거뭇한 그림자로 보인다고." 존은 그 이후로 의사를 찾아갈 때 말고는 집을 떠나지 않았다. 그리고 마지막으로 향한 곳은 병원이었다.

존과 함께 한 해를 보내며 나는 이따금 지난 세기의 미국을 여행하고 있는 기분이 들었다. 그는 부정맥을 앓고 있어서 전쟁에는 나가지 않았지만 대공황, 트루먼과 닉슨의 시대, 성 혁명, 동성애자 권리 운동의 등장을 모두 겪었다. 그는 엘비스를 싫어했지만 엘비스가 〈러빙유Loving You〉라는 노래를 발표하자 사랑에 빠졌다. 그는 늘 동성애자들이 결혼할 수 있다는 사실을 놀라워했다. 그와 월터는 동거인으로 등록하고 증명서를 욕실에 걸어두었다. 증명서 옆에는 노랗게 빛이 바랜 1990년도 기사가 붙어 있었다. 월터가 운영하던 뉴욕에서 가장 오래된 서점인 아이작 멘도사Isaac Mendoza가 문을 닫았다는 내용이었다. 두 남자는 함께 나이 들어갔다. 그들 세대의 게이로서는 두 가지 모두 대단한 일이었다. 어느 날 월터가 변비인 것 같다며 의사를 찾아갔을 때 그는 이미 가족 내에서 최장수 기록을 8년째 갱신하고 있었다.

"삼촌은 행복했어요." 월터의 조카인 앤 콘블룸이 존의 아파트에서 존과 앉아서 월터에 대해 말했다. "아저씨는 무뚝뚝

한 쪽이었고요."

"나도 월터만큼 행복했어. 우리는 둘 다 행복했어." 존이 말했다.

월터는 병원과 재활센터에 입원해 있다가 결국 집으로 돌아와 숨을 거뒀다. 마지막 무렵에 그는 잠을 자는 동안에도 눈을 감지 않았기 때문에 의식이 있는지 구분하기가 어려웠다. 게다가 호흡이 너무 얕아 거의 느껴지지 않을 정도였다. 존은 그날 밤에 대해 이야기면서도 슬퍼 보이지 않았다. 그게 예전 일이어서 그런 건지 여전히 월터가 매우 가깝게 느껴지기 때문인지는 알 수 없었다. "내가 밤에 방에 한번 들어갔다가 말했어. '모르겠어'라고 말이야." 그가 말했다. "알 수가 없었어. 나갔다가 조금 후에 다시 돌아왔더니 확실하더라고. 힘든 밤이었지. 911에 신고했더니 경찰이 왔어. 난 만신창이였지. 경찰이 어찌나 친절하던지 잊을 수가 없어. 자연사 진단을 받으려고 전화를 얼마나 많이 걸었는지 몰라. 무려 세 시간이 지나서야 장의사가 올 수 있었어. 허가를 받기 전에는 경찰이 월터를 보내주지 않았어."

그들이 결혼한 사이였다면 존은 월터의 배우자로서 매달 3천 달러가 되는 국민연금을 받을 수 있었을 것이다. 하지만 월터가 죽을 때까지도 뉴욕은 동성 결혼을 인정하지 않았다. 존의 국민연금과 소액연금은 그 절반밖에 되지 않았다. 생활비는

커녕 집세를 내기도 빠듯했다. 그때부터 앤이 존의 삶에서 한 자리를 차지하게 됐다.

내가 만났을 당시 61세였던 앤은 거칠 것이 없는 성격이었다. 그녀는 존을 돌보는 일 외에도 미국의 우체국인 US포스털 서비스에서 범죄수사관으로 일하면서 자신의 어머니뿐만 아니라 시부모까지 돌보았다. 그녀의 시아버지는 심각한 치매를 앓고 있었다. 시어머니는 남편을 돌보고 있지만 아흔에 가까운 나이였다. 앤의 어머니는 노인 거주시설에서 살고 있었는데 '거기 있는 사람들 중에 가장 최악의 상태'라고 앤은 말했다. 무슨 일이라도 생기면 당장 앤에게 전화가 걸려왔다. 만약 살면서 앤 콘블룸을 만나게 된다면 행운일 것이다. 만나지 못한다면 앤과 같은 사람을 찾고 싶어질 것이다.

앤에게 월터 삼촌과 존은 가장 근사한 커플이었다. 뉴욕에 살며 공연장과 음악에 대해서는 모르는 게 없었다. 존은 취미가 고상하고 못 고치는 게 없었다. "5년 전까지만 해도 엎드려 팔굽혀펴기를 하루도 거르지 않고 하셨어요." 그녀가 말했다.

존은 희미하게 웃으며 말했다. "오늘은 못 했어. 바닥이 날 놔주지를 않아서 말이야." 앤과 함께 있으면 존은 유머 감각도 되살아났다. 앤은 존의 "여자는 대통령이 될 수 없다"는 말이 영 마음에는 들지 않아도 잠자코 들어줬다.

"네가 겨울에 별장에 놀러왔을 때 물이 끊긴 적이 있었지. 다들 주전자를 들고 마을의 공용 펌프에 갔었어. 난방도 안 되고 석유램프도 없었어. 그래서 추수감사절에 우리는 전부 코트랑 장갑을 껴입고 앉아 있었어. 기가 막히게 좋은 시간이었지."

"술이 큰일을 했었죠." 그녀가 말했다.

존은 그들이 함께 겪은 행운이 믿기지 않는 듯했다.

앤은 존의 재정을 관리해주기 시작했다. 고령자 임대료 동결 혜택을 신청하고 존의 거래 은행을 아파트 근처의 지점으로 옮겼다. 또 의료급여 혜택을 정리하고 각기 다른 업체에 요청해 간병인 한 명과 자원봉사 방문자 두 명을 배정받았으며 저소득층 의료보험 혜택도 신청했다. 전에 의사가 존을 퇴원시키면서 100일간 상근 간병인들의 도움을 받으라고 지시했지만 존은 집 안에 있는 물건들에 손가락 하나도 대지 못하게 했다. 그래서 간병인들은 자신들을 못마땅해하는 환자 옆에 그저 멀뚱히 앉아 있어야만 했다. 하지만 앤은 단념하지 않았다. 내가 그녀를 만났을 무렵에 그녀는 다음 단계로 넘어갈 준비가 되어 있었다. 물론 존도 그렇다고 그녀는 생각했다.

"존은 내가 아는 노인들 넷 중에서 그나마 제일 멀쩡해요." 그녀가 존의 아파트에서 말했다. "하지만 제일 까다롭죠. 그래도 뭐 어쩌겠어요. 협상을 잘 해야죠. 이 나이까지 이분들을 모실 수 있는 건 행운이에요. 하지만 힘들기도 해요. 스트레스도 받고요."

앤이 있기는 했지만 그날 존은 일진이 사나웠다. 내가 그의 집에 도착해 보니 존의 팔 윗부분에는 새빨간 멍이 들어 있었다. 그리고 한쪽 정강이 부근에는 피로 얼룩진 밴드가 붙어 있었다. 부엌 찬장 한 곳에는 한 줄기 핏자국이 나 있었다. 그는 불안하게 휘청거리며 서 있었다. 어떻게 넘어졌는지 기억도 하지 못했다.

"오늘만 벌써 스무 번이나 서른 번은 넘어질 뻔했지만 내가 간신히 버텼지." 존의 목소리는 들릴 듯 말 듯 조용히 떨리고 있었다. 앤은 그가 가장 좋아하는 의자로 그를 데려다주었다.

"이러니까 보행기를 쓰시라는 거예요. 이런 날에 꺼내서 쓰시라고요."

"지팡이를 쓰잖아." 존이 말했다.

"지팡이는 넘어질 때 도움이 안 돼요. 지팡이는 그냥 다리 하나 더 짚은 거나 마찬가지예요."

"나는 보행기의 그 모양이 정말 싫어. 이 방 한구석에 갖다 놓기라도 하면 나는 돌아버릴 거야. 참을 수가 없어. 꼴이 흉하다고."

이런 대화가 한참 계속됐다. 그들은 서로 무슨 말을 할지 알고 있었지만 앤은 강경했다.

"넘어져서 어딘가 부러지기라도 하면 지금처럼 사는 건 꿈도 못 꿀 거라고 제가 얘기했죠. 이 집에서 더 이상 살지 못할 수도 있다고요. 한번 어디가 부러져서 병원에 들어가기라도 하면 무슨 일이 일어나도 제가 손을 쓸 방법이 없어요."

앤은 존의 팔과 다리에 다른 멍은 없는지 살펴봤다. 그녀는 그들 모두 알고 있는 사실에 대해서는 얘기하지 않았다. 그가 지금처럼 요양원 밖에서 살 수 있도록 그녀가 최선을 다하고 있으며 그녀가 아무리 열심히 노력해도 결국 언젠가는 그녀의 손을 떠날 수밖에 없다는 것을 말이다.

존은 정기적으로 다녀가는 앤과 매주 찾아오는 간병인 그리고 친절한 자원봉사 도우미 두 명에게 의지하고 있었다. 다른 세 명의 방문자들은 말벗이 되어주고 그의 처방약을 다시 받아오는 것처럼 자질구레한 일들도 처리해주었다. 존은 그들과 함께 있는 시간을 방해받고 싶어 하지 않았다. 그래서 나는 그 일정에 맞춰 방문 약속을 잡았다.

그러다가 8월 초, 앤의 시어머니가 쓰러져 일주일 동안 병원에 입원을 하게 됐다. 그녀가 바쁜 사이에 존의 자원봉사 도우미 중 한 명이 결혼식에 가야 해서 한 주간 오지 못했고 또 다른 사람은 짧게 휴가를 떠났다. 간병인의 순서가 돌아왔을 즈음에는 존이 잠을 자기 위해 먹던 항우울제 트라조돈이 이미 다 떨어진 뒤였다. 공교롭게 약국에도 약이 다 떨어져서 더 주문해야 했다.

존은 혼자서 너무 많은 시간을 보낸 탓에 점점 불안해진 데다가 약을 먹지 못해 잠도 제대로 자지 못했다. 결국 탈진 상태에 이르러 그는 부엌에 쓰러져버렸다. 앤이 그의 아파트에 도착했을 때 그는 피투성이에 멍이 들어 있었고 외로웠다.

그녀는 존의 처방약을 타오고 그의 오랜 단골 식당에서 피자를 사다 주었다. 그리고 존의 다리에 묻은 피를 닦아준 뒤 욕실로 부축해가면서 말했다. "사고는 이 정도면 충분해요." 그녀는 집을 뒤져 위험한 것들을 모두 찾아냈다. "나는 약이 걱정이에요. 내가 집에 와서 보면 온 사방에 약들이 떨어져 있거든요. 안 보이시나 봐요. 약을 떨어뜨려요. 심장약은 제때 챙겨 먹는게 제일 중요해요. 그리고 먹었는지 안 먹었는지 기억이 안 난다고 다음 약을 먹으면 안 되죠. 그런데 존은 기억이 안 날 때는 그냥 다시 약을 먹는다고 의사한테 그랬대요."

앤은 어깨를 으쓱해 보였다. 시어머니는 퇴원해 집으로 가셨지만 이번에는 어머니가 병원에 입원 중이셨다. 앤은 적절한 단어를 고심하다가 말했다. "점점…… 힘들어져요." 그러고는 한숨을 내쉬었다.

머지않아 그녀가 돌보던 고령자들에게 더 많은 위기가 닥칠 것이다.

월터가 세상을 떠날 당시 존은 86세였고 그 후로 1년 정도는 건강했다. 해변의 별장과 아파트를 관리했고 심지어는 마당에서 체인톱을 쓸 수 있을 정도였다. 그런데 이듬해 여름이 지나면서 조금씩 달라지기 시작했다. 아파트 바닥에 떨어진 물건을 집으려고 무릎을 꿇었는데 돌연 일어날 수가 없었다. 어디 아픈 구석도 없었는데 계속해서 아래로 몸이 내려가더니 결국 바닥에 그대로 뻗어버렸다. "처음에는 주책이네 싶었는데 어떻게 해도 일어날 수가 없었어. 결국엔 겁이 나더군." 그가 말했다. 결국 그는 구급차에 타게 되었고 구급대원에게 괜히 호들갑 떨지 말고 죽게 내버려두라고 말했다. 알고 보니 원인은 면역 체계의 속도가 느린 고령자들이 쉽게 감염되는 웨스트 나일 바이러스 때문이었다. 존은 3주 동안 의식을 잃었다가 되찾았다가를 반복했다. 그리고 거의 추수감사절이 다 될 때까지 재활 센터에 있었다. 그가 집에 돌아왔을 무렵에는 그동안 사용하지 않은 근육들이 약해져 있었다. 그리고 내가 그를 만나기 1년 전부터는 그는 더 이상 파이어아일랜드의 별장에 가지 않았다. 소화에도 문제가 있어서 오페라 공연이나 극장에 가기도 불편했다. 그래서 그곳에도 발길을 끊었다. 뉴욕에는 여전히 그를 만나러 오는 친구들이 있었다. 하지만 그의 세계는 좁아졌고 가장 큰 기쁨을 주던 것들은 이미 저만치 사라져가고 있었다.

나와 만나던 해에 존의 목표는 다른 도시에 사는 친구들과 추수감사절을 보내는 것이었다. 하지만 이미 3월부터 그는 그 정도 거리를 가는 건 무리라고 말했다. 엉망인 식습관이나 소화장애 때문에 난처한 상황에 처해 창피를 당하고 싶지 않았다.

존은 월터가 병약해졌을 때 늙고 병에 걸렸으니 당연하다고 받아들였지 월터의 잘못이라고는 생각하지 않았다. 하지만 자신에게는 그렇게 관대하지 못했다. 존은 친구들의 집에 있는 자갈밭과 계단이 걱정이었다. 심지어 자신이 원하는 대로 옷을 입을 수도 없었다. 그것은 여전히 그에게 중요한 일이었다. 그 후 7개월 동안 그는 쭉 결국 참석하지 못할 거라고 생각했다. 그래도 그는 이렇게 말했다. "내가 정말로 기대하는 건 그거 하나야."

마침내 11월이 되자 존은 충분히 갈 수 있을 만큼 기력을 되찾았다. 심지어 식탁에서 나이프와 포크를 사용할 수도 있었다. 추수감사절 파티에는 그의 가장 가까운 친구들이 모였다. 그와 비슷한 또래의 친구들은 모두 죽었기 때문에 다들 그보다 스무 살은 젊었다. 한 달 후 존의 92세 생일에는 존의 아파트 근처의 한 식당에 다들 모였다. 존은 그 생일이 오길 바란 적이 결코 없었다. 앤의 손자까지 오다 보니 한 지붕 아래 무려 4대가 모여 있었다. 온갖 끔찍한 이야기들이 오갔지만 그해에는 건강에 커다란 문제가 생기지는 않았다. 그저 근육과 장기가 서서히 퇴화하고 얼마 전 일이 점점 더욱 가물가물해졌으며 쉽사리 잠들기가 어려워졌고 거동도 더 불편해졌을 뿐이다.

과연 그는 오래 살고 있는 것일까, 오래 죽어가는 것일까? 내 어머니는 끝없는 고통에서 벗어나길 원하셨다. 반면에 존은 너무 공허했고 계속 살아야 할 이유를 찾을 수가 없었다. 가장 좋아하는 영화의 대사를 이미 다 알고 있고 더 이상 화면이 보이지도 않는데 왜 다시 보는 거지? 볼 때마다 재미는 점점 줄어들었다.

이제 존은 파이어아일랜드에 뿌린 월터의 재 위에 자신의 재가 뿌려지기만을 바란다고 말했다. 그보다 앞서 세상을 떠난 친구들을 위해 그가 해주었던 일이고 친구들도 자신을 위해 그렇게 해주리라고 굳게 믿었다.

"그러면 나는 정말 행복할 거야." 그가 무심하게 말했다. "정말이야. 나는 내가 죽으면 슬퍼해줄 정말 좋은 친구들이 몇 명 있어. 그 친구들은 내가 그걸 바란다는 것도 알아. 그래서 크게 나쁘지 않을 거야. 하나도 안 무서워. 언젠가 한번은 밤중에 '맙소사, 내 몸에서 뭔가 이상한 일이 벌어지네. 이제 죽는구나' 싶었던 적도 있었어. 그런데 눈곱만큼도 두렵지가 않더라고."

존처럼 가르쳐줄 교훈이 없다고 우기는 고령자들에게 무엇을 배울 수 있을까? 가장 간단한 대답은 연민과 공감이었다. 존과 함께 있으면 다른 사람의 삶 속에 깊이 들어가볼 수 있어서 나는 매 순간이 언제나 보람찼다. 다른 사람들에게 나이 들어가는 것이 무엇인지를 보여주는 용기와 심지어 의지하는 것을 싫어하지만 앤에게 자신의 곁을 내주는 너그러움을 확인할 수 있었다. 마지막으로 그를 찾아갔을 무렵, 나는 다음번에 내 어머니가 또 죽고 싶다고 하시면 뭐라고 말해야 할지 그에게 물어보았다.

존에게는 무척 어려운 문제였다. 존은 다른 사람의 앞날을 생각해본 일이 없었다. "친구들은 내가 아직은 안 갔으면 좋겠대." 그는 이렇게 말했다. 그는 사람들의 이런 말들을 들어도 달라지는 것은 없지만 덕분에 친구들과 함께했던 좋은 시간들이 떠오른다는 것을 알고 있었다. "어머님께서 지난 세월을 대부분 기억하셔? 행복하게 사셨나?" 그가 물었다.

내 생각에 존이 행복하게 살았던 비결 중 하나는 그가 자신의 추억들을 행복했던 이야기로 바꾼다는 것이었다. 존은 삶을 사랑하면서도 끝내고 싶은 마음이 모순적이라는 사실을 결코 이해하지 못했다. 어쩌면 어머니가 죽고 싶다고 하실 때 내가 할 수 있는 가장 훌륭한 대답은 어머니를 사랑하며 앞으로도 그럴 것이라고 말씀드리는 것일지 모른다. 그리고 나는 지금 그러고 있다.

그날 존을 만난 뒤 앤은 존이 누가 자신을 만나러 왔었는지 기억하지 못한다고 말했다. 녹음기를 들고 있는 사람이라는 것은 알았지만 그게 나인지는 모르겠다고 했다. 어떤 의미에서 나는 그와 함께 있지 않았던 것일지 모른다. 그의 대화에 잔뜩 등장하는, 그가 전부터 알고 지내던 사람들과 나는 달랐다. 또 여전히 그의 곁에 있는 월터와도 달랐다.

마지막으로 나눴던 대화에서, 존은 다리가 부러져 체육 시간에 빠져놓고는 그 후 춤을 추러 가서 체육 선생님이 보는 앞에서 지터벅 춤을 추었던 이야기를 해주었다. 이 이야기를 하면서 여전히 그는 배꼽을 잡고 웃었다. 물론 나를 기억하지는 못했다. 그는 곧 세상을 떠날 것이고 그도 그 사실을 알고 있었다. 그는 기억할 것들이 너무 많았다. 91년이나 되는 시간들을 얼마 남지 않은 이 짧은 시간 안에 쟁여 넣어야 했으니 말이다.

존과 처음 만났을 때 나는 지금껏 이렇게 죽음에 집착하는 사람은 처음 봤다고 생각했다. 하지만 그건 내 실수였다. 나는 존 소런슨에게서 죽음을 받아들이는 것은 삶을 받아들이는 것이며, 삶을 받아들이면 아무리 비참한 상황에 있더라도 기쁨 속에서 살 수 있다는 사실을 배웠다.

죽음을 받아들이거나 심지어 바라기까지 한다고 해서
남은 날들이 하찮게 여겨지는 것은 아니었다.
오히려 너무 짧아서 더 소중하게 느껴졌다.
죽음에 대해 이야기하면 오히려 기운이 났다.
죽음은 모든 것을 가치 있게 만들어줬다.

나는 네 나이였던 적이 있지만
너는 절대 내 나이였던 적이 없지.

– 헬렌 모지스, 91세

4
헬렌의
수업

"나쁜 일은 절대
생각하지 않는 거야."

헬렌 모지스는 자기 나름대로 친절했다. 못 믿겠다면 직접 물어보시라. 일례로 그녀는 어느 날 내게 양로원에서 새 친구를 사귄 얘기를 들려주었다. "그런 여자를 나는 뚱뚱이라고 불렀거든. 지금은 내 제일 친한 친구야. 너무 더워하더라고. 내가 못되게 굴려고 한 건 아니야. 그냥 이렇게 말했지. '뚱뚱한 사람들은 대부분 열이 많죠.' 그랬더니 나보고 진상이라고 하더라고. 그러다 다음에 만났더니 나를 잔뜩 째려보기에 내가 그랬지. '어머, 아직도 뚱뚱하네요.' 그런데 이제 나를 알고 나서는 나를 좋아해. 자기 딸이 내년 11월에 결혼한다고 하더라고. 진심으로 행운을 빌어줬지. 그래도 그 여자는 아직도 뚱뚱해."

의외라고 생각할 수 있겠지만 헬렌은 내게 인간관계와 사람을 다루는 수완을 가르쳐주었다.

당시는 5월의 어느 오후였다. 헬렌은 뉴욕 메츠 야구팀이 경기에서 지는 바람에 밤새 잠을 못 이뤘다고 말했다. 메츠가 이길 때마다 켜두던 침대 곁의 네온사인은 그녀의 등 뒤로 쓸쓸히 꺼져 있었다. 그녀는 밤에 자신의 방을 나서던 하위를 간호사들이 쫓아왔다는 둥 이런저런 이야기를 하고 있었다. 그러다가 별안간 폭탄 선언을 했다.

"나는 결혼을 하고 싶어. 어쩌면 여름에 할지도 몰라." 그녀가 말했다.

당시 사진사와 영상기사까지 곁에 있다 보니 그녀가 강렬한 인상을 심어주려고 그랬을 수도 있다. 하지만 그녀의 말뜻은 분명했고 그녀는 이미 어느 정도 생각을 마친 듯 보였다. 그러고는 이렇게 덧붙였다. "이 나이에 항상 붙어 다니기만 하는 게 무슨 소용이야?"

그녀는 첫 결혼식에서 이미 웨딩드레스를 입어봤으니 이번에는 입지 않을 거라고 했다. 비록 그녀와 하위가 완벽한 웨딩드레스를 찾아 헤매는 내용의 TV 프로그램 〈세이 예스 투 더 드레스Say Yes to the Dress〉의 열혈 팬이기는 했지만 말이다. 하위는 휠체어에 앉은 채 헬렌의 침대 곁에서 그녀의 손을 잡고 있었다.

결혼에 대해서 어떻게 생각하는지 묻자 그는 놀라는 듯했다. "나야 좋지." 그가 말했다. 잠시 생각을 한 뒤 그는 좀 더 야단스러워졌다.

"완벽한 천국이 될 거야. 정말이야. 딱 천국이지. 헬렌은 정말 완벽해."

"거짓말." 헬렌이 말했다.

하위는 불쾌한 듯 물었다. "왜요?"

"그럼 테레사는요?" 헬렌이 물었다. 테레사는 TLC 방송의 〈롱아일랜드 영매Long Island Medium〉라는 프로그램으로 유명한 영매 테레사 카푸토Theresa Caputo를 말했다. 그녀는 머리숱이 무척 풍성한 금발이었다. 하위는 다시 입을 꾹 다물었다.

게다가 헬렌은 구리 법랑칠 수업에 하위와 잘해보려던 여자가 있었다고 했다. 그녀가 그에게 추파를 던졌다는 것이다. 그가 눈치를 챘는지는 알 수가 없었다. 아마도 그들은 이따금 이런 장면을 연출하는 듯했다. 다른 수많은 연인이 그렇듯 그들 사이에도 익숙한 상황들이 있었다. 함께한 추억이 많은 연인들이 더 오래가는 법이었다.

질투가 났냐고 묻자 그녀가 답했다.

"그건 아니지. 나는 내가 원하는 사람은 누구든 내 걸로 만들 수 있거든."

하지만 허세도 잠시였다. 헬렌은 딸 조이에게 결혼하고 싶다는 말을 한 번도 꺼내지 못했다고 털어놓았다. "어찌나 긴장을 했는지 너무 긁어서 피까지 나." 그녀는 이렇게 말하고는 곧이어 마음을 가라앉혔다. "상관없어. 어차피 나는 내가 하고 싶은 대로 할 거니까." 그녀가 말했다.

헬렌의 한 해에는 일정한 흐름이 있었다. 헬렌과 하위는 결혼 계획을 세웠고 조이와 다투고 나면 어떤 결론이 났다. 그러면 무슨 일이 벌어져야 했다. 그것도 얼른. 하지만 몇 달이 지나도 잠잠했다. 헬렌은 결혼식을 하지 않을 거라고 했다가 할지도 모르겠다고 말했다. 그리고 또 안 한다고 했다가 다시 할지도 모르겠다고 했다. 이 연인은 여전히 매주 일요일마다 〈세이 예스 투 더 드레스〉를 시청했고 조이는 매주 어머니를 보러 왔다. 하지만 어느 쪽으로든 조금도 움직이지 않았다. 매번 나는 헬렌에게 어떤 상황인지 물었고 매번 대답은 달랐다.

이런 답답한 상황에서는 노년의 지혜가 어떻게 발휘되고 있는지 알아채는 데 나는 꼬박 1년이 걸렸다. 노년의 관점에서 이 상황을 간략히 살펴보면 이렇다. 헬렌은 앞으로 남은 시간이 별로 없으니 하위와 새 인생을 시작할 필요가 없다. 특히나 그게 조이와의 사이에 문제가 된다면 말이다. 그녀는 비록 갈등이 해결되지 않은 채 남아 있게 되더라도 지금 누리고 있는 것들을 좀 더 누려야 했다. 살아갈 날이 더 많이 남은 젊은이라면, 변화를 통해 더 나아질 거라고 믿으며 어떻게든 밀고 나갈 것이다. 하지만 헬렌은 지지부진한 상황 덕분에 더 많은 관심과 보살핌을 받을 수 있었다. 다툼을 하루씩 더 미룰 때마다 둘 중 어느 쪽과 인연을 끊을 필요도 없이 모두의 사랑을 듬뿍 받았다. 어쩌면 대단한 방법은 아닐지라도 싸울 만한 가치가 없는 싸움을 해본 사람이라면 얼마나 현명한 처사인지 알 수 있을 것이다. 헬렌은 무척 충동적인 편이었지만 상황을 객관적으로 보는 눈이 있었다. 결혼은 하위나 조이를 단 한 순간이라도 잃어가면서까지 추진할 만한 가치가 없었다. 그녀는 추상적인 원칙보다 사람들이 더 중요했다.

그녀의 가르침은 내가 한 해 동안 배운 것들 중 가장 이해하기 어려웠다. 그녀에게는 각자 다른 방식으로 자신을 사랑하는 두 사람이 있었다. 그리고 그녀는 지혜롭게도 그들이 그녀에게 주고 싶어 하는 것들을 알아차리고 각각 줄 수 있는 상황을 만들었다.

나는 헬렌에게 본인이 현명하다고 생각하는지 물었다.

그러자 그녀는 미소를 지으며 대답했다. "그런 말은 처음 들었어."

처음 고령자들을 찾아다니기 시작할 당시에 나는 특히 노년에 새로운 사랑을 찾은 사람들을 무척 만나고 싶었다. 여든이나 아흔이 넘어서 느끼는 사랑은 어떤 모습일까? 오랜 결혼 생활을 통해 쌓인 사랑은 함께 겪은 경험들을 바탕으로 한다. 하지만 양쪽 모두 오래 지속되지 못할 거라는 것을 알면서도 시작하는 사랑은 어떨까? 고령자들은 새로운 누군가에게 어떻게 마음을 열 수 있을까?

헬렌이 사는 헤브루 홈에서는 새로운 연인을 찾아보기가 힘들었다. 이유는 간단했다. 입주자들이 그곳에서 지내는 기간은 보통 2년 정도였고 그 후에 대부분 가게 될 곳이 해변의 별장이 아니라는 건 누가 봐도 뻔했다. 하지만 헬렌과 하위는 예외였다. 그리고 헬렌은 그걸 자랑스레 여겼다. "난 항상 행복해." 그녀는 이렇게 말하며 자신이 생각하는 행복의 정의를 들려주었다. "나쁜 것들은 절대 생각하지 않는 거야. 전부 다 그냥 내버려둬. 하지만 젊은 사람들은 너무 어려서 이해 못 할 거야."

헤브루 홈은 1917년 할렘의 조그만 유대교 회당 내에 가난한 고령의 이주자들을 위한 보호시설로 시작되었다. 경사진 허드슨 강둑에 위치한 이 안락한 시설에는 저소득층 의료보장제도에서 지급하는 범위 이상으로 입주자들을 돌볼 수 있도록 대규모의 기금 모금을 한다는 표지판들이 붙어 있었다. 하위와의 결혼에 대해 이야기할 때마다 헬렌은 비록 음식은 마음에 들지 않지만 이곳을 떠나고 싶지는 않다고 말했다. "난 이 방을 떠나지 않을 거야." 어느 날 합창단 활동을 마친 뒤 그녀가 말했다. 하위와 헬렌은 열두 명가량 되는 사람들과 함께 노래들을 녹음해 CD로 만들었고 이를 입주자들이나 가족들에게 나눠 주었다. "하위, 당신도 그럴 거죠? 약속했잖아요, 기억나죠?" 하지만 다른 때에는 다른 거주자들이나 시설에 있다는 사실 자체에 대해 불평했다. "난 가끔 집에 가고 싶어. 하지만 그럴 수가 없어. 달리 갈 데가 없으니까."

조이는 헬렌이 양로원에 버려진 기분이 절대 들지 않도록 하루에도 몇 번씩 전화하고 일주일에 한두 번씩 방문했으며 자주 헬렌과 같은 층에 있는 이웃들과 시간을 보내기도 했다. 헬렌에게는 자존심이 걸린 문제였다. 다른 입주자들은 꽤 오랫동안 아무도 찾아오지 않을 때도 많았다. 하지만 헬렌에게는 애인과 딸이 있었고 둘 다 그녀에게 헌신적이었다. "나는 혼자 사는데 와서 도와주거나 두어 시간이라도 행복하게 해줄 사람하나 없는 노인들이 너무 불쌍해. 다들 조이 같은 딸이 있어야 돼." 헬렌이 말했다. 헬렌이 주기적으로 다른 입주자들과 티격태격하기로 유명한 것과 비슷하게 직원들도 그녀를 모르는 사람이 없었다. 헬렌은 대단하게 보이고 싶어 했다. "내가 안 보여도 내 얘기는 들릴 거야." 그녀는 자주 이렇게 말했다.

헬렌이 양로원에 들어간 뒤 첫 4개월 동안 조이는 매번 방문할 때마다 엄마와 단둘이 시간을 보냈다. 그런데 느닷없이 하위가 나타났다. 그 후로는 단둘이 있을 틈을 주지 않았다. 자주 그는 대화 중에 끼어들어 느릿느릿 한참을 얘기했고 그 바람에 이야기는 삼천포로 빠지기 일쑤였다. 게다가 몸이 불편해 어디를 가든 휠체어를 밀어줄 보호자가 필요하다 보니 조이가 보기에는 엄마가 활동하는 데 영 방해가 되고 있었다.

엄마가 자신보다 하위가 바라는 것을 우선시한다고 조이는 말했다. 그렇지만 조이도 바라는 게 있었다. "나는 엄마와 함께 있는 매 순간을 만끽하고 싶어요. 그게 그렇게 큰 죄예요? 다른 사람들은 일주일에 7일을 엄마랑 같이 있잖아요. 여기 오면 나는 누가 엄마 옆에 오는지 무척 신경이 쓰여요. 그걸 이기적이라고 한다면 전 이기적이에요. 저는 엄마랑 함께 있고 싶어요. 내가 엄마랑 하고 싶은 얘기들을 다른 사람들이 알 필요는 없어요."

어느 선선한 봄날의 오후였다. 마침 하위가 매주 열리는 구리 법랑칠 수업을 듣고 있어서 조이는 엄마와 단둘이 오붓한 시간을 보낼 수 있었다. 그들 주위에는 각기 다른 나이에 찍은 그들의 사진과 다른 가족들의 사진, 그리고 네온사인으로 만들어진 뉴욕 메츠팀의 로고가 놓여 있었다. 양로원으로 이사를 오면서 조이는 엄마를 도와 엄마의 짐을 얼마 남기지 않고 줄였다. "이게 바로 우리 엄마예요." 조이가 말했다. "엄마 사진들, 가족, 손주, 아빠와의 추억, 아빠 사진들이요." 그녀는 하위 얘기는 꺼내지 않았다. 조이에게는 한때 엄마가 그랬던 것처럼 상황을 좌지우지하려는 구석이 있었다. "나랑 비슷하지만 저쪽이 더 예쁘지." 헬렌이 말했다.

헬렌이 다른 층으로 옮기자 조이는 하위 역시 옮기는 거라고 생각했다. 헬렌이 넘어지거나 감기에 걸리면 조이는 양로원에 치료를 해달라고 닦달했고 엄마와 다른 입주자들 간에 다툼이 생기면 나서서 중재했다. 한 남자와 신문을 두고 옥신각신하다가 그가 자신을 떠밀었다고 헬렌이 말하자 조이는 엄마에게 잊어버리라고 말했다.

"둘 다 잘못했어." 조이가 말했다.

"이번엔 난 잘못한 거 없어." 헬렌이 대답했다.

"상관없어. 그래도 잊어버리고 좋은 사람이 돼야지."

헬렌은 그동안 자신보다 젊은 사람들과 함께 살고 일하는데 익숙해져 있었다. 그래서 헤브루 홈으로 이사 온 뒤 급작스럽게 많은 치매 환자와 또래들의 세상으로 섞이는 경험을 하게됐다. 엄격한 일정은 문제될 게 없었지만 자주 다른 입주자들에 대해 불평을 늘어놓았다. "여기 있는 사람들 중 몇몇이 정말싫어. 몇몇은 제정신이 아니고 제대로 교육을 받은 사람과 얘기를 하려 해도 찾을 수가 없어."

나중에 알고 보니 헬렌은 허세를 부릴 때가 있었다. 하지만 그와 동시에 다양한 사람들을 사귀고 단체 활동에 참여하기도했다. 그녀는 합창단에서 노래를 했고 학교에서 잘나가는 아이처럼 복도를 활보하며 다른 입주자들에게 인사를 건네고 하위의 안부를 묻는 질문들에 대답을 했다.

"내일 병원에 갈 거예요. 탈장 수술을 받거든요." 한 남성에게 그녀가 말했다.

"하위는 젊어서 여사를 돌봐줄 수 있을 거예요. 전에도 말했지만 하위랑은 경쟁하지 않아요. 그는 너무 좋은 사람이니까." 그가 말했다.

"하위는 나보다 스무 살이나 어려요." 헬렌이 말했다.

"음, 그럼 여사를 보살펴줄 수 있겠네요."

하위 덕분에 헬렌은 다른 근육들도 훈련시킬 수 있었다. 그들은 매끼 식사를 같이 먹었고 합창단에서 함께 노래했으며 밤이 되면 헬렌의 방에서 텔레비전도 같이 보았다. 둘 다 건강했다. 헬렌은 늘 말랐었지만 최근 살이 올랐다. 매일 화장도 하고 장신구도 끼고 시설의 미용실에서 머리도 손질했다. 그녀는 한 왕진 의사에게 반했다면서 농담을 했다. "여기 있는 게 그렇게 나쁘지만은 않아. 하지만 슬픈 점도 있지. 괜찮은 사람들을 만났는데 그이들이 죽는 거야. 정말 친해졌는데 죽어버리고. 울기도 엄청 울었지. 내 옆방에 있던 여자는 정말 좋은 사람이었어. 찾아오는 가족들도 얼마나 사람들이 좋았는지 몰라. 그여자가 죽었을 때 목을 놓아서 울었어. 다른 사람들을 귀찮게 하는 법도 없었지. 나도 다른 사람을 귀찮게 해본 적이 없고 말이야."

존 소런슨은 자신이 쓸모없는 존재라는 기분과 싸우고 있었지만 헬렌의 문제는 그와 정반대였다. 그녀에게는 자신을 원하는 사람이 둘이나 있었다. 그녀도 선뜻 인정했듯이 그녀 역시 그 둘 모두가 필요했다. 하위와 조이는 바라는 것들이 복잡했으며 자주 서로 부딪혔다. 하지만 둘 다 바라는 것은 딱 하나였다. 그리고 헬렌이 해줄 수 없다는 것도 알고 있었다. 그것은 바로 더 약해지지 말고 지금처럼만 있어달라는 것이었다.

"엄마가 없어지면 어떻게 살지 모르겠어요." 어느 날 헬렌의 방에서 조이가 말했다. "나한테는 엄마밖에 없어요. 원래 엄마는 강한 분이셨어요. 그런데 점점 약해지세요." 이때 '약해진다'는 말은 헬렌에게 있어서는 상대적인 개념이었다.

헬렌은 하위와 한 침대에 있다가 조이에게 들킨 이야기를 즐겨 했다. 그들은 그저 텔레비전을 보는 중이었을 뿐 아무 일도 없었다고 그녀는 말했다. "하위는 저쪽 자리에 나는 여기에 있었어. 양쪽 끝에 말이야. '나가요. 방으로 가세요.' 조이가 하위에게 말했어. 그랬더니 가더라고. 나는 신경 안 써. 내가 걔보다 나이도 더 많잖아. 나는 조이의 나이였던 적이 있지만 걔는 절대 내 나이를 겪어본 적이 없어."

조이는 불쑥 끼어들어 헬렌의 침대가 두 사람이 쓰기에는 너무 좁으며 엄마가 떨어져서 다치는 모습을 보고 싶지 않기 때문에 그랬다고 말했다.

"역할이 바뀐 것 같아요. 전 엄마를 돌봐요. 엄마는 지금까지 저를 키워주셨어요. 죄책감 때문에 엄마를 돌보는 게 아니에요. 엄마가 훌륭한 엄마였기 때문이에요. 작년에는 엄마와 소풍도 갔었는데 정말이지 기분이 끝내줬어요. 나는 집에 돌아가면 엄마가 여전히 살아계시고 행복하셔서 너무 행복하다고 말해요." 조이가 말했다.

그녀는 게다가 다른 걱정거리들도 있었다. 특히나 엄마가 하위와 결혼하겠다고 말을 꺼냈으니 나는 그럴 만하다고 생각했다. 만약 그들이 결혼을 하면 하위에게도 헬렌의 의학적인 선택을 내릴 수 있는 결정권이 주어질 것이다. 하지만 조이는 하위에게 그럴 만한 능력이 없다고 생각했다. 게다가 그녀는 하위를 돌보느라 엄마의 기력이 쇠해졌고 너무 힘이 많이 든다고 말했다. "엄마는 뭐가 불편해도 말씀을 잘 못하세요. 하지만 '하위가 커피 한잔 먹고 싶대' 같은 말씀은 주저 없이 하세요. 엄마는 남들을 보살필 줄만 알지 정작 본인은 돌보지 못해요. 그게 엄마 평생의 문제였어요." 조이가 말했다.

"애 좀 내보내." 헬렌이 말했다.

"그냥 얘기하는 거예요. 엄마는 자기보다 남들을 더 신경 쓰잖아요. 그리고 그건 문제예요."

그래서 헬렌은 무척이나 소중하고 자신에게 헌신적이지만

절대 화해할 수 없는 경쟁 구도에 있는 두 사람을 건사해야 했다. 조이가 엄마의 생일이나 휴일을 맞아 헬렌을 데리고 외출이라도 하려면 하위를 놓고 나가야 했다. 하위는 찾아오는 손님이 거의 없기 때문에 헬렌은 그를 두고 나가면 마음이 아팠다. "하위가 같이 못 가면 너무 기분이 안 좋아." 헬렌은 생일을 맞아 외출을 다녀온 후에 말했다. "나가고 싶은 기분도 안 들었어." 조이는 굳이 하위를 데려갈 필요를 못 느꼈으며 자신이 둘 다 모시고 나갈 수 있을지 자신이 없었다고 말했다.

헬렌은 하위에게 도움이 필요하다는 사실에 끌렸다. 그녀 나이에 자신이 여전히 누군가에게 무척 중요하며 다른 사람에게서는 얻을 수 없는 무언가를 줄 수 있는 존재라니 기분이 좋은 일이었다.

둘은 비슷한 점들도 있었다. 헬렌은 하위를 위해 더 많을 일을 해달라고 직원들을 닦달했다. 조이도 헬렌을 위해 똑같이 했다. 헬렌은 어릴 때 조이의 남자 친구를 반대했었다. 이제는 조이가 똑같이 갚아주고 있었다. 두 여자 모두 쉽사리 물러서지 않았다.

"하위에게 좀 더 잘해줘. 좀 더 친절하게 말이야." 헬렌이 어느 날 말했다. 조이는 전에도 이 말을 들어본 적이 있었다. "난 여기 다른 사람이 아니라 엄마를 위해 와 있는 거야. 엄마가 인생을 함께하고 싶은 남자를 만나 행복해서 나도 정말 기뻐. 난 여기 앉아서 그 남자는 아닌 것 같다고 말하고 싶지 않아. 좋은 사람이야. 하지만 그 좋은 사람은 나랑 아무 관계가 없어. 나는 내 엄마하고만 상관이 있지. 누구든 마찬가지야. 나는 엄마를 잠깐이라도 보러 오는 거라고."

헬렌과 대화를 하다 보면 종종 잃어버린 것들에 대한 이야기로 돌아가고는 했다. 그녀의 어머니는 거의 반세기 전에 돌아가셨고, 그녀가 처음 양로원으로 들어왔을 때 친절하게 반겨주었던 이웃들도 세상을 떠났다. 사이가 멀어져버린 아들도 있었다. "난 울었어." 이런 얘기를 할 때마다 그녀는 이렇게 말했다.

그녀는 또한 인지능력이 떨어질까 봐 걱정하고 있었다. 계속 살아갈 수 있을지는 몰라도 자신이 생각과는 전혀 다른 사람이 될 수도 있었다. 그에 반해 하위와 계속해서 만나는 것은 영원하기 위한 투쟁이기도 했다. 모든 것이 사라지는 것은 아니라고 그들 사이가 말해주고 있었다. 늙는다고 꼭 중요한 것을 잃어버리는 것은 아니었다. 때때로 찾아서 꼭 붙잡고 있어야 했다. 안정은 좋은 것이었다. 진보는 젊었을 때 우리의 가치를 지배하고 앞으로 있을 변화를 기대하게 만들었지만 90세 고령자에게는 크게 의미가 없었다. 그들에게 미래란 결국 친구와 온갖능력을 잃게 된다는 의미일 뿐이었다. 헬렌은 당장 그녀가 가지고 있는 것들을 위해 살았다.

마침내 7월이 되어 하위는 원래 3개월 전으로 예정되어 있었던 탈장 수술을 받을 수 있었다. 수술이 연기되면서 하위는 내내 걱정을 했고 헬렌은 계속해서 그를 응원했다. "기운을 내요. 그저 탈장 수술일 뿐이에요." 헬렌도 두려운 마음이 마구 솟구쳤다. 어떤 수술이든 간에 그로 인해 평화로운 현재가 흔들릴 수도 있었다. 언젠가 하위가 수술을 받으러 들어간다고 생각했던 헬렌은 그를 걱정하며 밤새 울었다고 말했다. 바로 그런 이유로 결혼을 해야 한다면서 말이다. 만약 그들이 결혼을 했다면 그녀는 하위와 함께 병원에 머물다가 함께 양로원으로 돌아올 수 있었을 것이다.

걱정을 하다 보니 헬렌이 하위와 연인이라는 사실이 더 분명해졌다. 특히 다른 사람들이 그녀에게 하위의 상태를 묻거나 그녀의 기분이 어떤지를 물었을 때 확연했다. 그녀는 그저 마지막 남은 몇 년을 살고 있는 늙은이가 아니었다. 그녀는 다른 이의 삶에서 중요한 역할을 하고 있었다. 하위와 결혼을 하면 6년이 넘도록 해온 한결같은 일상이 깨질 것이다. 하지만 하위와의 결혼보다 더 중요한 것은 그녀가 그와 결혼할 위치에 있다는 것을 아는 것이었다. 가능성이 있는 한 그녀는 필요한 것 이상을 얻을 수 있었다. 결혼을 하지 않은 상태는 결혼할 수도 있다는 가능성을 늘 가장 가까이에 두고 있는 것이었다. 침대보를 고르거나 손님 목록을 작성하는 것 같은 따분하고 사소한 일들에 시달릴 걱정도 없었다.

탈장 수술은 순조롭게 진행되었고 그로부터 2주 후 만난 자리에서 헬렌은 전보다 시들하기는 했지만 다시 결혼에 대해 이야기를 꺼냈다. 한편, 그녀는 하위에게 따질 일이 있었다. 약속과 달리 수술 후에 그녀에게 전화를 걸지 않았던 것이다.

"금요일 아침에 사람들이 전부 나한테 몰려와서 하위가 돌아왔다고 하지 뭐야. 그래서 난 그 자리에서 그이 방으로 쳐들어갔지. 난 항상 잠에서 깨자마자 약도 안 먹고 그의 방으로 가. 어떨 때는 침대로 뛰어들기도 하지."

"맞아. 기사에 그 얘기를 써도 돼." 하위가 말했다.

"그래서 내가 말했지. '왜 나한테 전화 안 했어요? 왜 미리 안 알려줬어요?' 그러면서 말할 틈도 안 줬어."

"진한 키스도 해주셨어요?" 내가 물었다.

"당연히 해줬지."

그렇다면 헬렌에게서 배울 점은 무엇일까? 얼핏 그녀는 자신뿐만 아니라 주변 사람들까지 골치 아프게 하는 듯 보였다. 하지만 시간이 흐르면서 나는 전혀 그렇지 않다는 사실을 알게 되었다. 헬렌 덕분에 그녀가 가장 아끼는 조이와 하위는 삶을 훨씬 더 충실하게 살 수 있었다. 만일 그녀가 수많은 양로원이 거주자들에게 바라는 대로, 또 많은 성인 자녀가 부모에게 바라는 대로 그저 고분고분 따르며 지냈다면 그녀는 그들의 삶에서 지금처럼 큰 부분을 차지하지 못했을 것이다. 하위 덕분에 헬렌은 자신이 꼭 필요한 사람이라고 느꼈고 헬렌 덕분에 조이도 같은 기분을 느꼈다. 정작 결혼을 하지는 않으면서도 그렇다고 안 할 거라고도 하지 않음으로써 헬렌은 두 사람에게서 가장 원하는 것을 얻었다.

연말 즈음 이 이야기를 헬렌에게 들려주자 그녀는 내가 너무 복잡하게 생각한다고 했다. 그리고 자신은 하위와 조이를 모두 사랑하며 그들이 서로에게 더 잘해주길 바랄 뿐이라고 덧붙였다.

하지만 어쨌든지 간에 그녀는 알고 있었다. 그녀에겐 선택권이 있었고 그녀는 둘 중 어느 한쪽이 아니라 둘 다를 선택했다. 그녀는 둘이 서로 만나 부딪히는 일이 없도록 각자 다른 시간에 약속을 잡았다. 조이는 매일 전화 통화를 하고 일주일에 한 번씩 꽤 긴 시간 동안 엄마를 보고 갔다. 그리고 하위는 하루 종일 함께 있었다. 앞으로 남은 몇 년 동안 그녀는 그 불화를 해결할 필요가 없었다. 그저 받아들이기만 하면 됐다.

그녀는 딸이 너무 소중해서 도저히 싸울 수가 없다고 털어놨다. "그 애는 내 전부야." 그래서 결혼하겠다고 하던 해가 다 지나가는데도 그녀와 하위의 사이는 여전히 그대로였다. 결혼은 그저 생각일 뿐이었다. 그저 둘 사이를 가깝게 해주는 일종의 합의와도 같았다. 그러니 꼭 실행에 옮길 필요가 없었다.

헬렌의 가르침은 나이 드는 것과는 무관했다. 우리는 흔히 우리의 행복을 막는 장애물을 없애기만 하면 진정으로 행복해질 수 있을 거라고 생각한다. 하지만 언제나 더 많은 걸림돌에 맞닥뜨리게 되며 불행한 이유들이 더 많이 생겨나기 마련이다. 헬렌은 그 대신 자신의 삶을 받아들이기로 했다. 그녀는 딸이 참견한다며 괴씸해하지도, 결혼을 못 했다며 신세한탄을 하지도 않았다. 자신이 하고 싶은 대로 하지도 못하는 몹쓸 취급을 당하고 있다며 과장해 말하지도 않았다. 진정한 행복은 곧 그녀의 삶과 마찬가지였다. 오히려 우리는 장애물들을 통해 행복을 찾을 수 있었다.

헬렌은 혼란 속에서도 행복을 찾을 수 있다는 사실을 가르쳐주었다. 그녀는 꼭 혼란을 해결해야만 행복할 수 있다고 생각하지 않았다. 또 주변 상황 덕분에 삶에 만족하게 되길 기다리지 않았다. 자신의 삶에 만족하면서 이를 최대한 이용한다는 것은 현재에 만족한다는 뜻이었다. 어쩌면 결코 일어나지 않을지 모르는 미래를 위해 현재를 희생하는 것이 아니다.

비록 좁기는 했지만 그녀의 세상 속에서 그녀는 쓸모가 있었고 사랑받았다. 그녀는 그곳에서 마지막 순간을 맞고 싶었다. 그리고 그녀는 아직 마지막 순간에 이르지 못한 우리들에게 중요한 가르침을 주었다. 꼭 당장 눈앞에서 원하는 바가 이루어져

야 행복한 것은 아니다. 불완전한 상황에서 행복을 찾아내는
것이 진정한 지혜다.

같이 길을 걷고 있었는데

주디가 자기를 꼭 잡으라길래 내가 밀어냈어.

내가 왜 기대야 해?

하지만 가끔 주디가 곁에 있어줘서 좋을 때가 있어.

몸이랑 마음 둘 다. 정말 기분이 좋아.

- 루스 윌리그, 91세

5
루스의
수업

"내 나름의 재미를 찾아."

86세의 생일 무렵, 루스 윌리그는 많은 나이에도 불구하고 삶의 터전을 옮겨야 했다. 당시 그녀는 2층짜리 주택에 혼자 살고 있었다. 그때까지만 해도 여전히 운전도 하고 근처 유대인 커뮤니티센터에서 열리는 행사에 친구들과 참석하기도 했다. 그녀는 전반적으로 잘 지내고 있었지만 몇 가지 소소한 일들이 엉뚱한 방향으로 흘러가기 시작했다. 집의 화재경보기가 뚜렷한 이유도 없이 꺼졌는데 기술자들이 도무지 고치지를 못했다. 그래서 그녀는 화재경보기를 꺼버렸다. 게다가 지하실 펌프에서 물이 새더니 집 안으로 스며들어오기 시작했다. 그녀는 의자 위에 올라서려다가 넘어지기도 했다. "내가 괜히 고집을 부렸어. 뭔가를 잡았다가 놓쳐서 넘어졌어. 그래도 아무것도 안 깨뜨린 게 어디야."

물론 심각하지는 않았지만 그것 말고도 사실 몇 번 더 넘어진 적이 있었다. 그녀가 뭔가를 해야 할 때마다 계단을 올라갔고 늘 집에 혼자 있었다. 루스는 벌써 심장마비를 두 번이나 겪었고 한쪽 다리는 혈액순환이 잘 되지 않았다. 이미 중년에 접어든 네 자녀들은 여전히 근처에 살고 있었다. 그래서 어느 날 한자리에 모여서 어머니 문제를 두고 의논을 했다.

"애들은 내가 그 집에서 나오길 바랐어. 나도 내가 늙고 있다는 건 알고 있었지. 하지만 난 혼자서도 잘 지냈어. 뭐든 내가 결정하고 말이야." 그녀는 떠나지 않겠다고 버텼지만 자녀들은 단호했다. 그래서 그녀는 마지못해 장녀인 주디의 집과 가까운 데 있는 노인들을 위한 거주시설로 옮겼다. 그러나 그로부터 5년 뒤 그 시설은 고급 아파트 용도로 팔리게 됐고 루스는 다시 한번 집을 옮겨야 했다. 지난번에는 그녀의 나이가 많아서였지만 이번에는 부동산 시장 때문이었다. 내가 그녀를 처음 만났을 때까지도 그녀는 이사 때문에 억울해하고 있었다. 루스는 1년 동안 몇 번이나 이 이야기들을 되풀이했다.

92세의 생일을 3개월 앞둔 8월의 눈부신 어느 날, 뉴저지 해변에서였다. 타는 듯한 한낮의 더위가 사그라지자 마치 선물처럼 근사한 오후가 찾아왔다. 그녀는 해변 별장의 2층을 빌려 두 딸과 함께 머무르는 중이었다.

루스는 살고 있는 양로원을, 딸들은 직장이 있는 브루클린을 벗어나 있으니 한결 너그러워졌다. 그들은 그저 서로에게 애정이 넘쳐 잔소리를 살짝 했을 뿐이었다. 루스의 두 아들도 어머니의 일이라면 두 팔을 걷고 나섰지만 대개의 가족들이 그렇듯 어머니를 돌보는 일은 주로 두 딸의 몫이었다. 그들은 둘 다 미혼에 자녀도 없었다. 세 여성은 해변에 난 판잣길을 산책할까 생각하고 있었다. 하지만 아래층까지 계단을 내려가야 했다. 루스는 밖에 나가 짭짤한 공기를 마시고 싶었지만 이 계단들이 문제였다.

"문제는 딱 하나야. 나가면 나갈수록 자꾸만 내가 늙었구나 싶어진다는 거지. 애들은 내년에도 오자고 해. 그러면 난 속으로 이래. 맙소사." 그녀는 모래사장을 걸을 수가 없었지만 해변용 휠체어에 타고 싶지는 않았다. 주디는 "그냥 바퀴가 달린 의자예요"라며 루스를 설득하려고 했다. 계단에서 딸들이 부축하려고 손을 내밀자 루스는 팔을 휘휘 내저었다. "이걸로 벌써 한 번 실랑이 했잖아. 내가 먼저 계단을 내려가는 게 나을지 아니면 너희들이 앞에서 나를 도와주는 게 나을지 말이야." 그녀가 말했다.

주디는 이것을 실랑이라고 생각하지 않았다. "엄마가 '날 좀

냅둬. 나 혼자 내려갈 거야'라고 하시면 우리는 시키는 대로 하잖아요." 그녀가 말하자 루스가 대답했다. "아니, 안 그러잖아."

루스가 계단을 다 내려오자 주디는 엄마에게 다리가 아프지 않냐고 물었다. 그러자 루스는 다리야 늘 아프다고 답했다. 그러면서도 루스는 내게 딸들에 대해 이렇게 말했다. "그 애들이 내 곁에 있는 건 정말 큰 복이지. 얼마나 나를 잘 보살펴주는지 몰라. 게다가 아들들도 있잖아. 더 바랄 게 뭐가 있겠어? 어떤 때는 관심이 지나칠 정도라니까. 남편하고 내가 자식 농사는 잘 지었지."

내가 루스를 만난 1년 내내 비슷한 상황은 반복됐다. 그녀는 늘 어떻게든 스스로 하려고 했다. 살고 있는 시설이나 자녀들에 떠밀려 포기하지 않았고 보행기를 사용하려 하지도 않았다. 그녀는 자녀들이 재산을 관리해주겠다고 했지만 거절했다. 그러면서도 주디가 병원에 데려가주거나 네 자녀 중 누군가가 찾아올 때면 고마워했다. "같이 길을 걷고 있었는데 주디가 자기를 꼭 잡으라길래 내가 밀어냈어. 대개 나 혼자 걷거든. 그런데 지금 내가 왜 기대야 해? 하지만 가끔 주디가 곁에 있어줘서 좋을 때가 있어. 몸이랑 마음 둘 다. 정말 기분이 좋아."

1년 동안 루스와 나눈 대화들은 크게 두 갈래로 나뉘었다. 첫 번째는 특히 나이가 들면서 그녀에게 '일어나는 일들'에 대한 이야기였다. 그녀는 늘 주로 잃어버린 것들에 대해 얘기했다. 그녀는 집을 잃었을 뿐만 아니라 건강도 나빠지고 거동마저 불편해지는 일이 일어났다. 그녀는 이사를 하면서 친구들과도 헤어져야 했다. 예전처럼 그림을 그릴 수도 없었다. 몇몇 친구들은 쫓겨난 지 몇 달 지나지 않아 세상을 떠났고 루스는 그게 모두 이사를 하면서 받은 스트레스 탓이라고 했다.

양로원에서 지내기 시작하면서 그녀는 사생활을 잃었고 자기 스스로 일과를 짜서 생활하는 능력마저 잃어버렸다. 그곳에서는 정해진 일정에 따라서 식사를 했고 직원들이 골라놓은 선택지 중 하나를 택해야 했다. 가장 끔찍한 부분은 이제껏 잃은 것들 때문에 앞으로 더 많은 것을 잃게 된다는 것이었다. 남은 시간들은 스스로 생활하고 결정하는 일이 점점 더 어려워질 게 뻔했다.

또 다른 이야기의 주제는 그녀가 '스스로 해낸 일들'이었다. 이런 이야기를 할 때면 루스는 늘 신이 나 있었다. 그녀는 몰랐던 컴퓨터 사용법을 새로 익히면 뿌듯해했고 항상 읽고 있는 책에 대해 나에게 말했다. 이전 시설에서 쫓겨날 무렵 그녀는 "우리 부모님들은 이런 대접을 받으면 안 된다"라고 손으로 쓴 표지판을 들고 건물 밖에서 열린 항의 집회에 참가하기도 했다. 양로원에 들어가서는 생전 처음 작문반에 들어가 몇몇 흥미로운 이웃들을 만났다. 옷을 다리거나 수표책을 결산하는 것 같은 사소한 일들도 자랑거리였다. 그녀는 지나간 추억에 잠길 때마다 스스로 해낸 것들을 떠올렸다. 넷이나 되는 아이들을 키우고 남편과 함께 스퀘어댄스미국의 대표적인 포크댄스. 네 쌍의 남녀가 마주 서서 정사각형을 이루며 추는 춤 - 옮긴이 수업을 들었으며 어머니나 언니를 돌보았다. 좌절했던 때가 떠오르면 어떻게 이겨냈는지도 기억해냈다. 나이가 들면서 자신에게 일어난 일들 때문에 슬펐고, 스스로 해낸 것들 덕분에 기뻤다.

대개 그녀는 자신이 많은 것을 잃었다고 느꼈다. 심리학자들과 행동 경제학자들은 이런 경향을 '손실 기피loss aversion'라고 부른다. 사람들은 얻은 것과 잃은 것이 실제로 같다 하더라도 잃은 것에 더 큰 가치를 두는 경향이 있다. 루스는 전에 살던 집을 살고 있을 당시보다 잃고 난 뒤에 더 사랑했다. 예를 들어 어느 날 아침 100명을 모아놓고 그중 절반에게는 쿠키 하나를 주고 나머지 사람들에게는 1달러짜리 지폐를 준다. 그리고 그날 오후쯤 모두에게 한 가지 제안을 한다. 돈을 받은 사람들은 그 돈으로 쿠키를 살 수 있고 쿠키를 받은 사람들은 돈을 받고 팔 수 있다는 것이다. 대부분의 사람들은 그 제안을 거절한다. 아침에 쿠키를 받은 사람들은 쿠키를 1달러보다는 더 비싸게 팔아야 한다고 생각하고 1달러를 받은 사람들은 1달러로 쿠키 하나보다는 더 좋은 것을 살 수 있다고 보는 것이다. 이런 경향 때문에 젊은이들은 노인들이 잃은 것을 더 심각하게 생각하고 자신들이 현재 가진 능력 없이는 살 수 없을 거라고 생각한다. 반면 이미 잃는 것에 익숙해진 노인들은 이런 사치를 부릴 수가 없다. 그들은 쇠약해지면서 살아가는 법을 배우거나 쓰러지거나 둘 중 하나다.

하지만 한 해를 보내면서 세 번째 갈래가 모습을 드러냈다. 그것은 서로 돕는 가족들에 관한 이야기였다. 가족 안에서 루스는 도움을 주는 사람이자 받는 사람이었다. 어느 날 루스는 말했다. "내가 주디한테 넌 애도 없는데 내가 네 애가 됐다고 했어. 우리 사이는 정말 특별하고 멋져. 하지만 가끔 주디는 나를 마치…… 나쁘게 말할 생각은 없어. 왜냐하면 주디는 정말 배려심이 많은 아이거든. 내 애들은 전부 무척 헌신적이야." 자녀들이 어렸을 적에는 루스가 그들에게 많은 것을 해주었다. 그리고 그녀의 삶은 보람찼다. 이제 그녀는 그 반대가 되어가고 있는 것을 느끼고 있었다. 루스가 나이가 들면서 자녀들이 그녀를 위해 더 많은 것을 해주게 됐고 그럴수록 자녀들은 더 큰 보람을 느꼈다.

그리고 그녀 역시 여전히 자녀들을 위해 하는 일이 있었다. 그녀는 가족 안에서 전혀 예상치 못한 역할을 맡고 있었다. 그녀는 네 남매 중 막내였고 젊었을 때는 대학 졸업 후에 이스라엘군에 입대하라는 부모님의 말도 거역할 정도로 반항아였다. 이제 그녀는 가족 중에 마지막 남은 어른으로서, 장성해 각기

가정을 이루고 있는 자손들과도 연락을 주고받으며 지냈다. 이 때문에 고작 식사 시간을 제때 지키는 것 말고는 할 일이 없는 거주시설에 살면서도 그녀에게는 목적의식이 있었다.

"난 마지막 남은 가장이야." 루스가 말했다. "다들 내 말에 귀를 기울여줘서 기분이 좋아. 한편으로는 뿌듯하기도 하고. 난 조카들하고는 거의 다 연락해. 시가 쪽만 빼고. 그래서 정말 행복해. 지금까지 내가 썩 잘해온 것 같아." 그녀의 역할을 통해 그녀는 여전히 가족에게 무언가를 해주고 있으며 가족들 역시 그녀에게 보답하고 있었다. 내가 루스를 만나기 1년 전에 있었던 그녀의 90세 생일잔치에는 친척들이 미시간과 캘리포니아에서부터 날아왔다.

그것은 모두가 서로 주고받는 구조였다. 힘들지는 몰라도 모두가 만족하고 있었다. 시간이 지날수록 루스가 자녀들에게 점점 더 의지하게 될 것이고 이는 실패가 아니라 성공이며 부러움을 살 만한 일이라는 것을 누구나 알고 있었다.

가끔씩 가족 간에 갈등이 생기기도 했지만 늘 있는 일이었다. "안 바뀌어요." 어느 날 주디가 말했다. "우리는 서로에게 고함을 질러요. 하지만 그건 일종의 노래나 춤 같은 거예요. 살다 보면 엄마도 완성된 인격이고 나도 완성된 인격인 어떤 시점에 도달하게 돼요. 그러다 보니 가끔 서로의 신경을 건드리고 다투는 거예요. 하지만 별다른 의미는 없다는 걸 서로가 알고 있고요. 가족은 그런 거니까요."

주디는 부모님이 나이가 들면 자녀들과 역할이 바뀐다는 생각에는 반대했다. "한번 부모님은 지금도 그리고 앞으로도 항상 부모님일 거예요. 우리의 역할은 바뀌지 않았어요. 엄마는 여전히 나의 엄마예요. 그리고 나는 여전히 딸이고요. 엄마는 내가 그걸 잊어버리게 놔두지 않을 거고 저도 잊지 않아요. 그냥 제가 엄마한테 하라고 하는 것들만 엄마가 다 들어줬으면 해요. 자식을 키우는 것과 노인을 돌보는 건 천지차이예요. 자식은 키워서 내보낼 수 있지만 부모님은 정반대잖아요."

하지만 루스에게는 궁금한 것들이 있었다. 얼마나 포기를 해야 지나치게 많이 잃지 않을 수 있을까, 자녀들에게 얼마만큼 의지해야 자신이 지금껏 헌신했던 자녀들의 인생에 폐가 되지 않을까 하는 것들이었다. 너무 오래 살아서 겁나는 것 중의 하나는 자식들에게 '짐'이 되는 것이라고 그녀가 말했다. 물론 그녀는 자녀들을 키우면서 그들을 짐이라고 생각해본 적이 단한 번도 없었다. 그녀가 홀로서기를 중시하는 만큼, 너그러움이나 서로 돕는 마음을 중시하는 가족들과 그녀는 종종 부딪히곤 했다. 그래서 그녀는 계속해서 독립을 고집하는 대신에 도움을 고맙게 받아들이며 서로 의지하려고 애쓰고 있었다.

서로 의지하려면 균형을 잡아야 한다. 자녀들은 자신의 삶을 희생하지 않으면서 어머니를 위해 최선을 다하고 싶었다. 동시에 그들은 어머니가 최대한 원하는 대로 안전하게 삶을 살 수 있기를 바랐다. 루스는 홀로서기를 주장하면서도 여전히 자녀들의 도움을 받고 싶었다. 그녀는 자신과 다른 사람들을 위해 뭔가를 하고 있다는 기분을 느끼고 싶었다. 하지만 그녀가 극구 만류하는데도 불구하고 자녀들이 자신을 위해 기꺼이 나서는 모습을 보면 흐뭇하기도 했다. 지나친 것과 충분한 것 사이의 경계는 미묘했고 늘 변화무쌍했다. 내일 갑자기 그녀의 눈이 잘 보이지 않거나 그녀가 수표책에 실수를 할지도 몰랐다. 또한 자녀들도 한시가 급하게 해결해야 할 일이 생겨 바쁘게 될지 모를 일이었다. 사회학자들은 이런 관계를 '거리를 둔 친밀감intimacy at a distance'이라 부른다. 이런 사이에서는 끊임없이 경계하며 상황을 파악해야 한다. 하지만 변하지 않는 점은 그들이 서로를 필요로 한다는 것이었다.

다시 해변의 별장으로 돌아온 뒤 루스는 자리에 앉으려고 움직였다. 그러자 주디가 의자를 잡아주었다. 루스는 주디에게 놔두라고 말했다. "봤지? 쟤가 저런다니까." 루스가 아무 도움 없이 앉으며 말했다. 둘 중 어느 누구도 강요하지 않았다. 그들은 바로 이렇게 꽁꽁 뭉쳐 서로를 지켜주려고 해변에 온 것이었다. 나는 그들이 부러웠다.

루스의 가족들은 고집도 세고 짜증을 잘 냈지만 서로를 살

뜰히 챙겼다. 나는 루스의 자녀들이 툴툴거리면서도 따뜻한 마음으로 루스를 돌보는 것을 보며 내심 부러웠다. 나의 가족은 그 무엇보다 독립심을 으뜸으로 여겼다. 아버지가 만드신 가풍이었는데 아버지는 앨라배마에 살면서 가족들과 일절 연락하지 않고 지내셨다. 우리는 모든 것을 각자의 힘과 노력으로 해결해야 했다. 우리는 신문을 배달했고 낙엽을 긁었으며 식당에서 그릇을 치웠다. 우리는 대학 교육을 받기 위해 학생 대출도 최대한 받았다. 하지만 장점은 동시에 단점이 되기도 한다. 우리 가족은 서로를 돕지 않았다. 우리는 애정이 있을까 의심스러웠고 그나마도 조심스럽게 표현했다. 나는 아버지가 자신의 건강이나 텔레비전 수신 상태, 돈 문제, 어머니의 요리 솜씨에 대해 불평하는 소리를 들은 기억이 없다. 불평을 한다는 것 자체가 남에게 의지하는 것과 마찬가지였다. 왜냐하면 자신의 짐을 다른 사람에게 나눠주는 것이기 때문이다.

나의 부모님은 모두 가족들 간의 유대가 강하고 역사도 오래된 마을을 떠나오셨다. 반면 뉴욕은 누구나 각자 알아서 자신을 꾸려가는 곳이다. 우리는 마치 남들이 교회에 가듯 가족끼리 행사를 치렀다. 한참을 그렇게 잘 지냈다. 그러다가 아버지가 돌아가셨고 어머니는 자기 힘으로 사는 것을 인간 존재의 목표라고 생각하는 세 아들과 함께 홀로 남게 되었다. 우리가 따뜻한 가족이 되길 반대하는 것은 아니었다. 다만 그렇게 해본 적이 없고 어디서 배워야 할지도 몰랐을 뿐이다. 아마 총을 내 머리에 겨누고 협박을 했어도 나는 어머니를 모시고 일주일간 해변으로 놀러갈 생각은 결코 해보지 못했을 것이다.

만약 당신이 어떻게 하면 흐뭇한 노년을 보낼 수 있을지 고민 중이라면 가족을 돕는 일부터 시작해보자. 하지만 어떻게 하면 될까? 헬렌의 딸 조이나 존의 조카 앤을 보면 알 수 있다. 조이와 앤은 둘 다 책임감이 강한 성격으로 모두 헬렌이나 존이 잘 살아갈 수 있도록 어떤 희생도 마다하지 않았다.

루스의 가족은 그와는 살짝 달랐다. 루스는 가족 안에서 도움을 받으면서도 줄 수 있는 한 명의 일원으로 기여하고 있었다. 항상 사랑이 넘쳐흐르는 것은 아니었고 그럴 필요도 없었다. 거기에는 암묵적인 규칙이 있었다. 루스는 자녀들이 자기를 돕겠다고 나서도 듣기 싫을 정도로 잔소리를 하지 않았으며 자녀들은 루스가 그러더라도 화를 내지 않았다. 서로 간의 이런 합의 덕분에 루스는 혼자 힘으로 가능한 상황에서는 알아서 하겠다고 고집을 부릴 수 있었고 힘들 때는 도움의 손길을 요청할 수도 있었다.

주디는 자신이 운영하는 비영리기관의 직원들에게 심리상담가이자 작가인 웬디 러스트베이더Wendy Lustbader가 쓴 글의 일부를 보내 부양 관계의 위험에 대해 알려준다. 러스트베이더는 이렇게 썼다.

받는 것은 주는 것보다 훨씬 어렵다.[21] 하지만 대부분의 사람들은 이 사실을 모른다. 남에게 의존하길 좋아하는 사람들은 베풀 수 있는 기회를 빼앗기는 경우가 많다. 그러면서 거의 끊임없이 포기하고 소극적으로 살아야만 한다는 사실을 깨닫는다. 결과적으로 도움을 받는 사람들은 다른 사람들에게 계속해서 빚이 쌓이게 되고 허구한 날 빚을 진 기분을 느끼면서 살아야 한다. 자신을 돌봐주는 사람에게 병원에 데려다줬거나 의료비 청구를 위해 서류를 준비해주고 쌓여 있는 빨래를 해주고 안부 전화를 해줘서 고맙다고 보답할 방법은 거의 없다. 수없이 많은 도움을 받을 수도 있다. 의존적인 사람은 뭔가 쓸모 있는 일을 하고 싶어 하지만 그저 한소리를 듣기 일쑤다. "걱정 마. 우리가 다 알아서 할게."

러스트베이더는 가족을 돌보는 사람들이 한쪽은 주고 한쪽은 받기만 하는 불공평한 관계에 대해 알게 모르게 억울한 마음이 생겨날 수 있다고 지적했다. 가족은 서로를 돌봐주어야 한다. 일방적으로 한쪽만이 보살펴줄 수도 있지만 그렇게 되면 양쪽 모두 진이 빠지게 된다. 하지만 보살핌의 바탕에 깔린 원동력이 무엇인지를 이해하면 위험은 사라진다. 러스트베이더는 "억울함을 느낄 수도 있지만 그 보상으로 다시 한번 환자와 함께하는 시간을 즐길 수 있게 된다"고 했다.[22]

처음에 나는 루스의 이야기에서 내 어머니가 배울 만한 교훈이 있다고 생각했다. 자신이나 다른 사람들을 위해 더 많은 일을 하신다면 더 만족스러운 노년을 보낼 수 있었다. 대단한 일이 아니어도 좋았다. 맹인들에게 책을 읽어주는 자원봉사를 하거나 가까운 이웃들을 위해 커피나 간단한 음식을 요리할 수도 있었다. 아니면 자신의 삶을 무슨 일이 일어났는지가 아니라 무엇을 하고 있는가로 생각할 수도 있었다.

하지만 루스와 그녀의 가족을 지켜보면서 나는 그보다 더 심오한 교훈을 깨달았다. 나는 나와 어머니의 관계를 다시 생각해야 했다. 그리고 더 나아가 나의 노년까지 말이다. 나는 어머니가 너무 쉽게 의존적이며, 의존이 비록 지금은 별것 아니지만 틀림없이 더 심각해질 골칫거리라고 판단했다. 반면 루스의 가족은 루스가 가족을 위해 무언가를 해줄 수 있는 기회를 만들어주었다. 항상 순탄하지는 않았지만 그들 사이에는 죄책감이나 억울함이 없었다. 나와 내 어머니는 늘 그 죄책감과 억울함 때문에 지쳐 있었다. 만약 내가 주구장창 그것도 마지못해 주기만 하는 입장이었다면 상황은 더욱 악화되기만 했을 것이다.

그러나 루스를 보면서 나는 다른 방법이 있다는 사실을 알았다. 여섯 명의 고령자 중 그녀는 가장 독립적이었지만 그와 동시에 가족으로부터 가장 정서적인 지지를 많이 받고 있었다. 그녀는 가족에게 의지하고 있었다. 나는 어머니와 있으면 짜증이 나는 이유가 실제로는 어머니가 남에게 의지하는 것을 편안히 여기기 때문이라는 것을 알았다. 루스는 홀로서지 않아도 잘 살 수 있다는 사실을 보여주었다. 그녀는 스스로 해내려고 애썼지만 대부분은 다른 이들에게 의지하고 감사해했다.

처음 인터뷰를 진행할 때만 해도 나는 내 어머니를 결국은 실패할 인터뷰 대상으로 보았지만, 한 해가 지나면서 어머니를 세상을 살아오면서 자신만의 가치관을 가졌고 즐겁게 저녁 식사를 함께할 수 있는 상대로 보게 되었다. 어머니는 여전히 내게 그런 존재가 되어주실 수 있었다. 어머니는 내가 살아온 세상뿐만 아니라 앞으로 다가올 세상에 대해 내가 모르는 것들을 알고 계셨다.

우리가 루스의 가족처럼 사랑이 넘치는 사이가 된 것은 아니다. 하지만 함께 시간을 보내며 오로지 어머니를 위해 내가 바쁜 와중에 희생하고 있다고 여길 이유는 없었다. 그저 함께 시간을 보내는 것이다. 내가 억지로 어머니의 생각을 바꾸거나 삶에 감사하게 만들 수는 없는 일이었다. 하든 하지 않든 그것은 어머니의 선택이었다. 억지로 의무를 다한다는 부담감을 버리자 어머니와 만나면 더 즐거웠다. 어머니는 은근히 유머 감각이 뛰어났다. 어머니 집에 다녀오면 피곤하기보다는 오히려 기운이 났다.

이따금 루스의 집 근처 지상 승강장에서 지하철이 오길 기다리면서 나는 내가 더 나이 들면 루스의 가족처럼 나를 돌봐줄 사람이 있을지 생각해봤다. 하지만 1년이 지나면서 나는 내가 얼마나 많은 도움을 받으며 살고 있는지 얼마나 적은 책임감을 가지고 살았는지 깨닫기 시작했다. 나는 루스보다 더 건강했다. 하지만 어느 나이든 누구에게나 한계가 있었고 우리는 다른 사람의 도움을 받으며 살아왔다. 길을 닦고 알파벳을 발명한 사람들, 복사기를 고치는 동료들이나 원주율을 발견한 조상들에 이르기까지 셀 수 없이 많다. 도움의 손길은 곳곳에 있다. 그것이 도리어 자신에게 해가 되었다는 생각은 허영이다. 미국의 대통령이었던 버락 오바마는 선거 유세 중에 이렇게 말했다. "당신이 사업을 하고 있다면 그 사업은 당신이 이뤄낸 것이 아니다. 다른 누군가가 할 수 있게 해준 것이다." 우주의 거대한 힘 덕분에 나는 알레포에 사는 애가 다섯이나 딸린 과부가 아니라 우리 집 침대에서 자고 있던 나로 눈을 뜰 수 있었다. 그러니 서로 의지하고 돕는 게 당연하지 않을까?

이처럼 나는 서서히 고령자들처럼 생각하기 시작했다. 직장에서 내 고집대로 싸우기보다는 내 기사를 더 훌륭하게 고쳐준 편집자에게 감사했고, 내가 모든 답을 다 알아야 한다고 여기는 대신 조언을 구했다. 어머니와 아들에게 더 자주 전화했고, 무뚝뚝하게 대답만 하지 않고 이것저것 더 많이 물어봤다.

그들이 내게 원했던 건 뭘까? 내가 그들을 위해서 뭘 했던 그만큼 내게도 도움이 됐을 것이다. 왜냐하면 서로 의지하면 양쪽 모두에게 도움이 되기 때문이다. 루스는 도움을 받아들이는 방법을 배웠고 덕분에 그녀의 삶은 더 나아졌다.

내 삶도 마찬가지일 것이다. 물론 나쁜 날들도 있고 더 심각한 날들이 기다리고 있겠지만, 루스는 그것들을 나 혼자서 맞닥뜨리는 게 아니라 나를 든든하게 받쳐줄 힘이 세상에 분명히 있다는 사실을 가르쳐주었다. 그렇다고 힘들지 않을 거라는 뜻이 아니다. 다만 나에게는 어려움을 견뎌낼 든든한 자산이 있고, 어려움이 아니라 그 자산이 바로 내 인생을 말해준다는 뜻이다.

어느 날 루스의 아파트에서 얘기를 나누던 중 루스가 최근에 어마어마한 고집쟁이를 본 사건이 있었다고 했다.

그녀가 말한 사건은 전날 점심시간에 벌어졌다. 루스의 옆 식탁에 그녀보다 몇 살쯤 더 나이 들어 보이는 한 여성이 앉아 있었다. 그런데 그녀가 자리에서 별안간 고개를 푹 꺾으며 기절해버렸다. "그 여자가 그냥 뻗어버렸어." 루스가 말했다. 직원은 의식이 없어 보이는 그녀를 식당 밖으로 데리고 나갔다. 루스는 그녀가 병원으로 실려 갔을 거라고 생각했다. 늘 걱정하던 바였다. 하지만 루스가 몇 시간 뒤 저녁을 먹으러 돌아갔을 때 놀랍게도 그 여자는 늘 앉던 자리에 앉아 있었다. "그 여자가 그러더라고. '아직은 안 가기로 마음먹었어. 병원에도 안 가겠다고 했지. 아직 2년 정도는 버틸 수 있어.'" 루스는 그 말을 충분히 이해할 수 있게 말을 잠시 멈췄다. 아흔이 훌쩍 넘은 노파가 자신의 삶을 결정하고 있었다. "대단하지 않아?"

자녀들에게 얼마나 자신의 의견을 고집할 수 있을지는 더 애매했다. 그녀는 늘 자녀들이 장애물을 넘을 수 있도록 도와주고 위험으로부터 지켜주는 사람이었다. 이제 그녀는 자신이 점점 더 자녀들에게 의지하게 되리라는 것을 알고 있었다. 그저 시간 문제였다. "이제 나는 전처럼 혼자서 다 해낼 수가 없어. 달라지는 게 보여서 속상해. 몸이 의존하게 돼. 약속이 있을 때 빼고는 며칠 동안 밖에 나가지도 않았어. 그게 신경이 쓰이지. 왜냐하면 나는 외출하는 걸 정말 좋아하니까. 보행기를 가지고 걸으면 내 꼴이 정말 마음에 안 들어서이기도 하고. 설명하기는 어려워. 가끔 우리가 전부 보행기를 밀면서 행진을 하면 내가 이래. '맙소사. 이게 무슨 일이야!' 마치 뮤지컬 〈프로듀서스 Producers〉 같아. 그 남자가 노파에게 역할을 주려고 애쓸 때쯤 보행기들이 행진하는 장면이 나오잖아. 내가 꼭 그 꼴이야. 난 그렇게 보이고 싶지 않아. 하지만 그게 나지. 주디는 계속해서 내 기억력이 정말 좋다고 말해줘. 사실이야. 그래서 정말 기뻐. 그건 크게 달라지지 않았어. 하지만 손이 덜덜 떨려. 글씨를 쓸 수도 없어. 수프도 못 먹어서 수프를 컵에 따라 들고 마시지. 그리고 난 느려. 어제도 드디어 서류 작업 몇 가지를 끝냈는데 정말 오래 걸렸어."

한 해 동안 나는 루스가 적응해가는 모습을 지켜봤다. 그 과정은 젊은이가 새로운 환경에 적응해가는 모습과는 사뭇 달랐다. 그녀는 전에 살던 시설에서 쫓겨나고 양로원에서 사생활이 침해를 받는다면서 크게 울분을 토해내지 않았다. 그녀는 전과 달리 양로원에서는 새로 친구를 사귀지도 않았다. 그리고 새 이웃들에 대해 알아가려고도 하지 않았다. 이제 그녀에게는 남은 시간이 별로 없었다. 그녀는 자신이 좋아하지 않는 것들을 위해서 에너지를 쏟고 싶지 않았다. 케이틀린 제너가 성전환 수술을 한 이야기가 뉴스를 도배하던 때에도 루스는 별다른 말이 없었다. 그녀는 그저 관심을 두지 않았고 그럴 필요도 없다고 느꼈다. "트렌스젠더들은 그다음에 뭘 할 거래? 가끔 나는 내가 아흔한 살이라 기뻐. 다 끝났잖아. 그런 점에서 아흔한 살이라서 다행이야. 그래서 뭘 어떻게 해야 할지 생각을 안 해도 되니까 말이야."

그녀는 자신에게 일어난 일 때문에 연초부터 한 해가 끝나가는 무렵까지도 여전히 화가 치밀어올랐다. 하지만 그녀는 점점 새 보금자리에서 편안한 기분을 찾아가고 있었다. "더 열심히 노력하고 있어." 여름의 끝자락을 향해 가던 어느 날 그녀가 말했다. 바다를 향해 나 있는 거실로 햇살이 쏟아져 들어왔다. 전에 살던 시설에서 가져온 분홍 제라늄이 보란 듯이 창가에 피어 있었다. "난 포기 안 해, 아직은. 전에는 이곳에 대해서 엄청나게 불평을 한 적이 있었지. 그때는 옮기는 게 너무 힘들었거든. 내 아들 브루스라면 여기 와서 이렇게 말했을 거야. '엄마, 밖을 보세요. 바다가 보여요.' 그래서 나는 일어나면 바다를 내려다봐. 아름다워. 그래서 그럭저럭 여기를 집이라고 부를 수 있어."

지금 무엇이 그녀의 삶을 나아지게 할 수 있을지를 생각해보던 그녀는 이렇게 말했다. "더 이상 남이 나를 위해서 해줄 수 있는 게 있을까 싶어. 지금은 내가 하기에 달린 것 같아. 여기에서 하는 활동들은 대부분 재미가 없어. 그래서 나는 내 나름대로 재미를 찾아. 꽤 괜찮아. 그 점은 정말로 불만이 없어. 난 주변에 많은 사람이 필요하진 않아."

시간이 지나면서 소소한 성과들이 있었다. 디지털 비디오 레코더를 설정하는 법을 배웠고, 구겨진 대로 두는 게 편해 보일 때에도 셔츠를 다렸다. 굳이 내키지 않는 직원들의 도움을 받을 필요 없이 집을 깨끗하게 청소했고 가까운 거리는 보행기 없이도 걸어 다녔다. 그녀는 자녀들에게 쇼핑을 부탁하는 대신 직접 온라인 쇼핑을 이용했다.

주말에는 가족들, 특히 딸들과 함께 시간을 보냈다. 자녀들과 같이 있으면 루스는 걷는 게 힘든 90대 노인뿐만 아니라 인생의 여러 단계에 있었던 자신의 모습들이 떠올랐다. 그녀는 지금까지 늘 그래왔듯 어머니이자 딸이었다.

어느 날 그녀는 뭐 하러 오래 살아야 되나 생각하다가 문득 손자가 고등학교에서 모의 국회에 참가했고 자신이 살아 있는 덕택에 손자가 신이 나서 하는 얘기를 들을 수 있었다는 사실을 알았다. "그 생각을 하면 나는 '손자를 봐. 손자가 뭘 하고 있는지 좀 보라고' 이렇게 생각해. 그러면 나는 신이 나." 그것만으로도 그녀는 계속 살아갈 이유가 충분했다. 그녀는 그녀가 잃어버린 것들이 아니라 가지고 있고 사랑하는 것을 위해서 살았다.

비록 인간관계가 좁아지고 있었지만 그녀는 단 한 번도 외롭다고 말한 적이 없었다. 그녀가 의지하는 인간관계들은 뜻깊고 알찼다. 그녀는 언제나 사람들을 성가시게 하는 수많은 관계를 걸러내왔다. 인생은 짧았다. 그렇기에 자신에게 정말 중요한 사람들과 자신에게 자양분이 되어주는 관계를 찾아야 한다. 그녀는 자신의 자녀들을 비롯한 가족들에게 다른 어느 누구도 줄 수 없는 선물을 줄 수 있었다. 그녀는 가족들에게 도움을 주었고 가족들은 그녀에게 감사했다. 설령 그녀가 많이 걸을 수 없다고 해도 가족들이 그녀에게 바라는 것은 그것이 아니었다.

"그래서 제가 실제로 엄마를 위해 하는 게 뭐냐고요?" 어느 날 주디가 물었다. "대단한 건 아니에요. 마음으로 의지가 되어드리죠. 전 엄마를 사랑해요. 우리 모두 그래요. 가끔 엄마한테 컴퓨터를 가르쳐드려요. 엄마는 지독하게 독립적이세요. 그리고 그걸 정말 중요하게 생각하세요. 우리는 그 점을 존경하고요. 그래서 저는 엄마한테 다 맡겨둬요. 운전은 빼고요. 그건 엄마가 포기하셨어요. 엄마는 우리한테 더 이상 뭘 해줄 수 있을지 모르겠다고 하세요. 하지만 엄마는 늘 해주시던 걸 해주시죠. 사랑이요. 엄마는 우리 가족의 중심이세요."

한 해 동안 루스는 대체로 건강했지만 기력은 점점 떨어졌다. 겨울이 돌아와 해가 짧아지자 그녀는 더 이상 밖에 나가지 않고 방에서 책을 읽거나 컴퓨터로 카드 게임을 하면서 대부분의 시간을 혼자 보냈다. 그녀는 이기는 횟수가 줄어들고 있다는 것을 알아차렸다. 이번 한 해는 그녀에게 힘들었다. 그리고 그다음 해는 더 힘들어질 것이다. 하지만 그녀는 자신이 선택한 것들을 통해 기쁨을 누리고 있었다.

한 해가 끝나갈 무렵이 되자 모든 고령자들이 마찬가지였다. 그들은 새로 생긴 골칫거리에 대해서는 거의 말하지 않았다. 어딘가 아프기 시작했다거나 몸이 안 좋다거나 혹은 며칠째 전화 한 통, 찾아오는 이 하나 없다고 불평하지 않았다. 만족은 각자 마음먹기에 달려 있었다. 그러려면 약간의 노력이 필요했다. 하지만 모두들 자기 나름의 방법을 찾아냈다. 그 노력과 고통, 상실이 너무 지나치면 힘든 며칠 아니 힘든 몇 주가 되기도 했다. 이런 날들이 바로 우리가 점점 두려워하게 되지만 결국 우리를 찾아오는 노년이었다. 고령자들과 함께 1년을 보내며 내가 깨달은 점은 노년은 피할 수 없거나 변하지 않는 것이 아니라는 사실이었다. 이 문제에 대해 언젠가는 다들 할 말이 생길 것이다.

루스는 90세가 되자 신이 났다. 왜냐하면 그녀는 행복한 삶을 살았다고 느꼈으며 이제 그녀는 드디어 나갈 길을 찾을 수 있었기 때문이다. 그녀는 주변 사람들과는 달리 100세까지 사는 데 관심이 없었다. "나는 벌써 대단한 일을 해낸 기분이야. 가족들이랑 파티도 했어. 나머지는 보너스야."

보너스 라운드가 언제 시작될지는 전혀 알 수 없다. 하지만 준비는 할 수 있다. 당신이 25세건 85세건 사랑, 웃음, 연민, 공감, 부축해주는 팔과 같이 우리를 따뜻하게 보듬어주는 것들 안에서 살겠다고 결정할 수 있다. 그것들 때문에 삶이 수월해져서가 아니라 인생이 힘들 때 우리에게 가장 필요한 것들이기 때문이다. 루스는 이렇게 말했다. "또 다시 힘든 한 해가 온다면 나는 세상을 떠나야 한다고 해도 슬프지 않을 거야. 하지만 그러지 않으면 기쁠 것 같아."

인생은 짧다.

자신에게 정말 중요한 사람들과

자신에게 자양분이 되어주는 관계를 찾아야 한다.

사랑, 웃음, 연민, 공감, 부축해주는 팔과 같이

우리를 따뜻하게 보듬어주는 것들 안에서 살아야 한다.

인생이 힘들 때 우리에게 가장 필요한 것들이기 때문이다.

나는 내 하루하루에 '나비 효과'가 있다고 믿어.

내가 지금 하는 일이 다음 순간에 영향을 미친다는 것을

명심하기 위한 도덕적 책임 말이야.

그래서 나는 나쁜 짓은 뭐든 안 하려고 해.

이 세상은 더 좋아질 거라고,

적어도 나빠지지는 않을 거라고 제일 든든한 보험을 드는 거야.

- 요나스 메카스, 92세

6
요나스의
수업

"자네 안에 있는 무언가가

자네를 앞으로 나아가게 만드는 거야."

노인들과 함께 한 해를 시작할 무렵 요나스는 나를 2층짜리 조그만 소극장에서 열린 한 여성의 1인극에 초대했다. 여섯 고령자 중 가장 나이가 많았던 요나스는 가끔씩 나에게 이메일을 보내오곤 했다. 자신이 시 낭송회에서 시를 낭송한다거나 어느 거리에 있는 한 술집에서 베이스 연주자나 드러머와 공연을 하고 베를린의 컨퍼런스에서 연설을 한다는 내용들이었다. 그가 단골이었던 허름한 술집이 최근 사라져버렸고, 그가 노래를 하거나 정식으로 배운 적은 없는 호른을 즐겨 부르던 브루클린의 음악실은 새로운 건물들이 쳐들어오자 무릎을 꿇었다. 그래서 요나스의 밤 나들이는 정해진 단골 가게 없이 그날그날 다른 장소에서 일어났다. 야단법석이 그에게는 잘 어울렸다. 하지만 그는 그저 문을 열고 들어가면 아는 사람들을 만날 수 있는 곳을 그리워했다.

그날 열린 공연은 독백으로 이뤄진 단막극으로, 제목은 〈천사들이 만든 것들That's How Angels Arranged〉이었다. 주변에서 성공한 사람들과 만나 인터뷰를 한 뒤 인터뷰에서 대사를 그대로 따온 연극 시리즈였다. 요나스를 연기하는 사람은 릴리언 로드리게스라는 이름의 20대 여성이었다. 나와 만날 때면 요나스는 늘 파랑색 작업복 재킷을 입고 있었지만 그녀는 그 대신에 베레모와 지퍼로 된 재킷을 입고 있었다. 나는 그녀가 그의 리투아니아 억양을 제법 잘 따라 하고 있다고 생각했다. 하지만 요나스와 아들 서배스천의 생각은 달랐다.

"나는 빈털터리로 뉴욕에 왔지." 그녀가 말했다. "그때 난 스물일곱이었어. 그건 정말 중요한 거야. 정말이야." 그리고 그녀는 리투아니아에서부터 나치 치하의 독일 그리고 브루클린과 로어이스트사이드를 거쳐 뉴욕 언더그라운드 예술계의 원로가 되기까지의 이야기를 들려주었다. 독백에 나온 많은 이야기를 요나스는 이전에 나에게도 들려주었다. 하지만 같은 이야기가 지금은 족히 70살은 어린 여성의 입과 몸에서 흘러나오고 있었다. 젊은 여성인 그녀의 몸짓 언어는 요나스와 달랐다. 하지만 말이나 내용과는 잘 맞아떨어져 기분이 묘했다. 그녀는 젊은 영혼으로 노인을 연기했다. 요나스의 주변 사람들 눈에 비친 요나스의 모습이었다.

연극이 끝나갈 무렵 로드리게스는 요나스의 삶을 향긋한 스튜에 비교했다. 인생의 매 순간들은 마치 스튜에 들어가는 각종 재료들과 같다. 이 재료들은 하나씩 따로 먹기에는 너무 쓰거나 매울 수 있다. "도저히 삼킬 수 없어요." 그녀가 말했다. 하지만 재료들이 섞이면 어느 하나 빼놓을 수 없이 모두 소중하다. "그래서 나는 아무것도 바꾸지 않을 거야."

요나스는 공연을 보면서 옛날 생각이 났다. 전혀 다른 인생을 살아온 누군가가 눈앞에서 자신의 삶을 이야기하고 있었기 때문이다. 늘 그가 해오던 역할이었다. 무대 위 그녀처럼 요나스는 가끔 자신을 위해서 쓴 작품을 연기하고 있는 것처럼 보일 때가 많았다. 자신의 페르소나가 되어 대사를 읊고 있는 듯했다. 연극을 보고 나온 우리는 술을 한잔 하거나 이야기할 곳을 찾아 말없이 걸었다. 그러다 1950년대 초 찢어지게 가난하던 요나스가 다른 사람들의 영화를 상영하기 시작했던 술집을 지나쳤다. 공중엔 부슬부슬 비가 흩날리고 있었고 젖은 도로 위에서 가로등 불빛이 춤을 추고 있었다.

"사람들은 그래. '오, 그런 일을 겪다니 정말 슬퍼요.'" 요나스가 공연에 나왔던 이야기를 다시 꺼냈다. "그런데 아니야. 난 살던 곳을 떠나게 돼서 행복했어. 왜냐하면 가장 신나는 시기에 뉴욕에 오게 됐으니까. 그때는 발란신Balanchine이나 마사 그레이엄Martha Graham같이 모든 고전예술들이 전성기를 누리고 있었고 새로운 것들도 쏟아져 나왔어. 나는 때마침 말런 브랜도Marlon Brando와 테네시 윌리엄스Tennessee Williams, 미국의 대표적인 극작가 - 옮긴이를 만났지. 그리고 내가 마흔아홉 살쯤 되었을 때 옛 시대가 끝나고 존 케이지John Cage와 버크민스터 풀러Buckminster Fuller, 리빙 시어터Living Theater, 혁신적인 실험극을 선보였던 미국의 극단 - 옮긴이와 비트 제너레이션Beat Generation, 1950년대 반항적인 과격한 문화 운동을 일으킨 미국의 예술가 세대 - 옮긴이이 등장한 새 시대가 오는 것도 봤어. 그리고 나는 그걸 전부 받아들였지."

우리는 그가 가장 좋아하는 프랑스 식당으로 들어갔다. 그곳 벽에는 그의 사진들이 걸려 있었다.

요나스 메카스는 1922년 크리스마스이브에 태어나 리투아니아 북동부에 위치한 조그만 시골 마을에서 네 형제와 한 명의 누이와 함께 자랐다. 그가 언젠가 마을의 인구를 세어보니 스물두 개 가구에 마흔여덟 명의 사람이 살고 있었다. 그는 병약한 아이였다. 게다가 가족의 농장에는 일손이 필요해서 결국 그는 학교를 마치지 못했다. 하지만 10대가 된 그는 한 학기 만에 5년 치의 학업을 따라잡았다.

시인 집안에서 자란 요나스는 리투아니아어와 전원 생활

에 깊이 뿌리내린 시적 감성을 품고 있었고 전원 풍경과 분위기를 담아 시어들을 엮어냈다. 농장에서 그는 동생 아돌파스와 뛰어놀고 말을 타면서 물구나무를 서는 재주도 익혔다. 그리고 메카스 가족의 집 지붕 위에 올라가 굴뚝에서 물구나무를 서던 튼튼한 방문객 때문에 놀라기도 했다. "그 사람은 내 이상형이었어." 요나스가 말했다. "내가 아버지에게 그 사람이 몇 살이냐고 물었더니 100살이라고 하셨지. 그래서 내 이상형이 됐어. 그리고 사실 물구나무 서는 것도 그다음에 배웠어."

만약 요나스 같은 생명력을 병에 담아둘 수만 있다면 세상은 수많은 끔찍한 일들을 피할 수 있을 것이다. 그는 늙지 않으려고 애쓰는 대신 노년의 잠재력을 발휘했다. 그는 자신의 과거를 전부 모아서 현재로 만들었다. 오랜 인생을 살아온 사람만이 할 수 있는 일이었다.

그는 15세에 처음으로 사진을 찍었다. 당시는 소련의 군인들과 탱크들이 그의 고향을 짓밟고 있었다. 그리고 스무 살이 되던 해에 그는 반나치 성향의 지하신문을 만들었다. 27세가 될 무렵에는 뉴욕으로 이민을 왔고 46세에 처음으로 첫 자전적 영화를 만들었다. 그리고 83세에는 자신의 웹사이트를 열었으며 92세에는 이탈리아의 베니스 비엔날레에서 버거킹에 대규모로 자신의 작품을 설치하는 일을 감독했다. 93세에 요나스가 가진 가장 큰 불만은 고작 오른발에 생긴 티눈이었다.

그는 오래 살아 나쁜 점은 매년 그가 살아온 시대들을 기억하는 사람이 적어지는 것이라고 했다. 그래서 그는 늘 예전 이야기를 해달라는 요청을 받았다. "나한테 이렇게 물어봐. 그걸 어떻게 아직까지 기억하냐고." 그는 언젠가 이메일에서 이렇게 썼다. "그럼 내가 이러지. 내 인생이었는데 어떻게 잊어버려. 몸이 망가지지 않는 한 전부 다 기억하는 게 정상이잖아. 젊게 사는 비결이 뭐냐고도 물어봐. 나는 와인, 여자 그리고 노래라고 해. 하지만 동시에 나는 스님이야. 나는 스님처럼 살아. 하지만 그게 정말 정상이지! 노래를 안 하고 춤도 안 추고 시를 좋아하지도 않고 영혼의 문제에 관심이 없는 게 비정상인 거야! 나는 무척이나 정상인 경우지. 그리고 나는 행복해. 행복한 게 정상인 거야."

요나스는 자신은 생각이 많은 사람이 아니며 이 세상에서 생각이 제일 나쁘다고 말하고는 했다. 왜냐하면 생각을 하는 사람들은 생각에 따라서 행동하기 때문이다. 그는 소련에 점령당한 리투아니아와 나치 치하의 독일에서 똑똑히 보았다. 그래서 그는 온전히 본능에 따라서 움직이려고 애썼다. 아침이면 아무 계획 없이 일어나서 눈에 띄는 것들을 카메라에 담고 그저 자연스럽게 장면이 나오도록 내버려뒀다. "나는 사색을 많이 하는 사람이 아니야. 농장에서 자라서 시골 생활을 해본 사람들은 자신을 분석하지 않아. 그냥 사는 거지. 단체 생활에 가까워. 그냥 있는 그대로 친구들이나 이웃들과 함께 사는 거야. 물론 그 후에 커서 시골을 떠나면서 자기분석이나 자아성찰도 하게 됐지. 하지만 여전히 천성적으로 나는 나를 뜯어보지 않아. 영상이나 글에서 일기를 쓰다시피 하지만 말이야. 자기중심적이지. 아나이스 닌Anais Nin과 헨리 밀러Henry Miller의 일기를 읽어보면 정말 사색적이고 난해해. 하지만 난 그런 사람이 아니야. 그래서 내 일기는 그렇게 개인적이지가 않아."

이런 식의 삶은 오히려 유난히 확고한 목표의식과 방향감이 필요하다. 그렇지 않으면 모든 행동이 하찮은 잡음이 되어버리고 만다. 요나스가 중요하게 여기는 가치들은 단순했고 한결같았다. 그는 음악과 자연 그리고 친구들과 떠들고 노는 것을 좋아했다. 그리고 예술과 아름다움을 추함과 실존적 절망보다 사랑했다. 가장 유명한 그의 시 중 하나인 「세메니스키아이의 목가Idylls of Semeniskiai」[23]는 독일의 난민 캠프에서 쓰였는데 리투아니아의 전원생활을 마음 속으로 그린 내용이다.

늙는다는 것은 후두둑 덤불 가지들을 따라 떨어지는 비
여름 동이 틀 무렵 뇌조가 웅웅거리는 소리
늙는다는 것은 우리의 이야기

그가 이렇게 다양한 영역에서 활동한다는 사실은 그가 절대 일을 멈추지 않으며 결코 일을 시작하지도 않는다는 뜻이다. "그냥 하는 거야." 그는 자주 이렇게 말했다. 그는 생각을 하거나 영화를 찍거나 글을 쓰는 게 아니었다. 그냥 살고 있을 뿐이었다.

"농장에서 자랄 때 우리는 일을 한다고 생각하지 않았어." 어느 날 그가 말했다. 그는 다락방에서 파리 전시회를 준비하며 자신의 영화에서 떼어놓았던 장면들을 자세히 살펴보고 있었다. "우리는 당장 그날 해야 할 일들을 한 거야. 심어야 할 게 있었고 소들의 젖을 짜야 했으니까. 노동자라는 개념은 소련이 들어와서 노동자들을 조직하면서 같이 들어왔어. 하루아침에 모든 사람이 노동자가 됐어. 하지만 그전까지 우리는 노동자가 아니었지. 그래서 나는 자라면서 하던 것들을 계속하는 거야. 그냥 해야 할 일을 하는 거지."

또 어떤 날은 이렇게 말했다. "농부들은 여러 가지를 길러. 나는 시와 성자들, 역사, 아름다움, 예술을 길러. 나는 그것들을 골랐어."

노년의 엄청난 신비 중에 하나는 또래 친구들은 이미 한참 전부터 시들어가기 시작했는데 요나스 같은 사람들은 계속해서 더 승승장구한다는 점이다. 만약 할 수만 있다면 누구든 요나스처럼 되길 바랄 것이다. 얼핏 유전의 영향인 것처럼 보인다. 하지만 유전은 생각보다 큰 영향을 미치지 못하는 것으로 드러났다. 덴마크에서 쌍둥이들을 대상으로 실시한 한 연구[24] 결과에 따르면 수명의 차이를 유발하는 원인의 4분의 1 정도만 유전자로 인한 것으로 밝혀졌다. 흡연, 트라우마, 스트레스 그리고 다른 요소들이 유사하게 영향을 끼쳤다. 하지만 숱하게 많은 사람이 스트레스에 찌들고 담배를 밥 먹듯이 피우면서도 하고 싶은 대로 마음껏 누리며 살아간다. 반면 요가만 바라보며 사는 친구들이 그보다 먼저 내리막길을 걷기도 한다.

"정말 특이한 문제입니다." 코넬대학의 칼 필레머 교수가 말했다. "왜 이런 일이 벌어질까요? 이유는 모릅니다. 우리가 아는 사실 중에는 정확히 우리가 생각했던 대로인 것도 있고 깜짝 놀라운 것들도 있어요."

제약 회사나 화장품 제조업체, 혹은 라이프스타일 마케팅 담당자들은 '노화 방지' 혹은 '나이를 거스르는' 상품들을 팔아서 우리가 '시간을 되돌린' 혹은 '다시 어린이가 된' 듯한 기분을 느끼게 해준다. 그것도 우리가 낼 수 있는 액수보다 한참 적은 가격에 말이다. 하지만 기적의 주름 제거제를 아무리 발라도 누구나 요나스 메카스가 되진 못한다. 다행히 좋은 소식은 더 가까이에, 더 저렴하게 더 유용한 해결 방안들이 있다는 것이다.

예일대학의 심리학과 교수 베카 R. 레비Becca R. Levy는 노년에 대한 태도와 빠르게는 중년부터 노년에 이르기까지 실제 모습 간의 놀라운 상관관계를 발견했다. 레비 교수팀은 한 연구에서 실험자들에게 "노인 하면 떠오르는 다섯 가지 단어들이나 문구가 무엇인가?"를 묻고 대답을 분석했다.[25] 그 결과, 노년을 더 긍정적으로 생각하는 사람들이 부정적인 고정관념을 가진 사람들에 비해 장애가 생겼을 때 회복할 수 있는 가능성이 44퍼센트나 높은 것으로 나타났다. 연구팀은 또 다른 연구에서 노년을 긍정적으로 보는 사람들은 혈압도 낮고 스트레스도 적으며 신체 균형도 뛰어나고 건강한 생활 습관을 가지며 정기적으로 건강 관리를 받을 가능성이 크다는 사실도 밝혀냈다. 또한 그들은 평균 7.5년을 더 오래 살았다. 처방전이 따로 필요 없는 진짜 청춘의 샘이었다.

요나스에게 부정적인 고정관념이 전혀 없지는 않았다. 하지만 요나스는 굴뚝 위에 물구나무를 선 100살 먹은 남자나 나이가 들면서 더 존경스러운 성자들처럼 더 긍정적인 것들을 떠올리며 상쇄했다. 그가 지루한 늙은이들과 같이 다니지 않은 이유는 그들이 지루해서지 늙어서가 아니었다.

"요나스가 계속해서 살아 있는 건 열정이 넘치기 때문이에요." 큐레이터이자 기록 보관인인 요한 쿠겔베르그가 말했다. 그는 당시 50세로 요나스의 글과 사진들을 모은 작품집을 출간했다. 그는 요나스를 이렇게 묘사했다. "안티 워홀, 워홀의 다스 베이더에 맞서는 오비완 케노비. 그는 나의 영웅이다. 왜냐하면 그는 절대 어둠에 굴복하지 않기 때문이다. 그리고 요나스 덕분에 나 역시 굴복하지 않을 것이다."

신경심리학자이자 시카고에 위치한 러시대학병원 알츠하이머질병센터의 연구원인 퍼트리샤 보일Patricia Boyle은 요나스처럼 사람들을 계속해서 움직이게 해주는 생명력을 '목적'이라고 불렀다. 연구원들은 삶에서 목적의식을 느끼는 노인들이 그렇지 않은 사람들보다 더 오래, 더 충실하고, 더 건강하게 사는 경향이 있다는 사실을 이미 오래전부터 확인해왔다. 그다지 놀라운 결과는 아니었다. 건강이 나쁘거나 치매를 앓고 있는 사람들은 자신의 행동에 따라 달라지는 것이 있다고 느낄 가능성이 더 적었다. 그래서 목적은 건강의 원인이 아니라 결과일지도 모른다.

보일과 연구원들은 알츠하이머병과 삶의 목적의 관계를 연구하기 시작했다. 알츠하이머병은 65세 이상 미국인 아홉 명중 한 명이 걸리지만 효과적인 의학적 치료법이 없는 것으로 알려져 있다. 먼저 연구원들은 8년에 걸쳐 고령자 1,400명의 기억을 측정했다. 동시에 그들이 삶의 목적을 얼마나 강렬하게 느끼는지도 측정했다. 이를 위해서 참가자들에게 "어떤 사람들은 평생을 정처 없이 방황하지만 나는 그렇지 않다" 등의 문구에 동의하는지 등을 물었다.

이전의 연구들과 마찬가지로 삶에 목적이 있는 사람들은 그렇지 않은 사람들에 비해 연구가 진행되는 8년간 기억을 덜 잃었다. 보일은 그들의 뇌를 조사했고 그 결과 상관관계의 본질을 한눈에 알아볼 수 있었다. 알츠하이머는 뇌세포를 파괴하고 뇌조직을 손상시켰다. 대부분의 경우 플라크와 엉킴이 쌓이기 때문이었다. 플라크는 신경세포 사이에 β-아밀로이드단백질들이 뭉쳐진 덩어리로 신경세포들이 시냅스를 통해 신호를 전달하지 못하게 막는다. 엉킴은 꼬인 단백질 가닥으로 신경세포 내에서 형성되며 영양분이 뇌세포에 도달하는 것을 막아 뇌세포를 죽게 만든다.

이 연구에 참가했던 사람들이 사망하자 보일의 연구팀은 246명의 뇌를 부검했다. 그 결과 삶의 목적은 뇌에 플라크와 엉킴이 생기는 데에 아무런 영향을 미치지 않는 듯 보였다. 목적이 있는 사람의 두뇌 역시 우주에 아무 의미가 없다고 생각한 뇌와 마찬가지로 퇴화됐다. 하지만 연구원들이 동일한 뇌의 '기억력 지수'를 검사한 결과 큰 차이가 나타났다. 목적의식이 있는 사람들의 기억력 지수는 거의 퇴화되지 않았다. 심지어 치매를 앓고 있는 사람들과 비슷하게 뇌세포가 손상되었어도 마찬가지였다. 다시 말해 목적이 있다고 해서 알츠하이머병을 정의하는 플라크나 엉킴이 생기는 것을 막을 수는 없지만 그 영향을 예방하거나 지연시킬 수 있었다. 보일은 목적을 가진 뇌는 신호를 보내고 영양소를 전달하며 기능을 유지하는 다른 경로를 만들어주는 '보호 구역'을 만든다고 설명했다. 목적의식이 강할수록 더욱 강하게 보호했다.

"평생 도움이 됩니다. 목표를 추구하는 성향이 있으면 건강 악화를 예방할 수 있어요"라고 보일은 말했다. 그리고 사람들은 어느 나이에나 혼자서든 아니면 약간의 도움을 받든 인생의 목표를 정하는 법을 배울 수 있다고 지적했다. 목표가 약하든 강하든 모두 도움이 된다. "그러면 사람들은 앉아서 이렇게 말하게 돼요. '마지막 날 내 인생이 어떤 모습이면 좋을까?' '내 점수가 얼마면 좋을까?' 만약 그 점수를 바꿀 수 있다면 사람들의 건강에 엄청난 도움이 될 거라고 믿어요." 보일은 말했다. "또 건강에 심각한 문제나 장애가 있더라도 인생에 목표가 있으면 자신을 들여다보고 이렇게 말하게 돼요. '인생을 어떻게 살아야 할까?' '나는 뭘 하고 싶은 거지?'"

그렇다면 문제는 남은 시간 동안 당신을 살아가게 해줄 인생의 목표를 찾는 것이다. 킥복싱은 그다지 좋은 선택이 아닐지도 모르겠다. 하지만 그림을 그리거나 정치 활동을 하거나 가족과 시간을 보내거나 다음 세대에 기술을 전수하는 것은 언제라도 사는 이유가 될 수 있다. 배고픈 사람들에게 음식을 나눠주거나 피아노를 가르치거나 국회의원을 귀찮게 하거나 당신의 이야기를 해라. 그게 당신 인생의 목표다. 취미가 아니라 열정으로 삼아라.

　요나스에게는 늘 목표가 있었다. 나치수용소에서 두 번이나 탈출했을 때, 난민수용소에서 영화와 사랑에 빠졌을 때, 그리고 새로운 국가 건설을 돕기 위해 이스라엘에 이주 신청을 했을 때(하지만 리투아니아의 비유대인을 위한 할당량이 없어서 거절당했다) 그에게는 목표가 있었다. 뉴욕으로 가서 그는 자신의 작품으로 이름을 알리기 전부터 다른 영화감독의 작품을 돕는 일에 뛰어들었다. 50년이 지난 뒤에도 그는 같은 목표를 향해 달리고 있다. 이제는 남은 시간마저 없으니 더 다급했다. 하지만 그가 어디서 목표를 갖게 되었는지를 설명하는 것은 그가 왜 숨을 쉬는지를 설명하는 것과 마찬가지였다. 그저 가지게 된 것뿐이다.

　"자네 안에 있는 뭔가가 자네를 앞으로 나아가게 만드는 거야." 어느 날 그가 그의 아파트에서 말했다. 간밤에 열린 월드컵 결승전에서 미국 여자 축구팀이 승리하는 것을 본 뒤 그는 여전히 기쁨에 푹 젖어 있었다. 그는 릴리언 로드리게스가 공연에서 그랬던 것처럼 오래된 책 한 무더기와 산 펠레그리노 물병을 테이블 위에 올려두고 앉아 있었다. "그게 바로 자네의 일부야. 욕구가 있어. 그리스 신화와 뮤즈들을 생각해봐. 어떻게 설명하는지. 음악이든 어떤 예술이든 뮤즈는 자네가 태어났을 때부터 자네 안에 있어. 그러니까 어쩔 수가 없어. 자네의 일부가 되는 거지. 그러니 그냥 하는 수밖에 없어."

함께 보낸 1년 동안, 요나스는 분명한 목표를 갖고 있었다. 그것은 앤솔러지 필름 아카이브Anthology Film Archives 내에 도서관과 카페를 지을 돈을 모으는 것이었다. 앤솔러지 필름 아카이브는 그가 1970년에 친구들과 함께 세운 영화관이자 기록 보관소로 여전히 뉴욕에서 아방가르드 영화를 볼 수 있는 명소로 남아 있다. 요나스는 이 시설을 유지하기 위해서는 카페가 있어야 한다고 믿는다. 요나스는 수년간 자신이 무일푼일 때에도 종종 다른 영화감독이나 기관들에게 사비를 털어주었다. 그가 금전적으로 그리고 정신적으로 지원을 해주었던 영화감독 스탠 브래키지Stan Brakhage는 언젠가 요나스에 대해 이렇게 말했다. "요나스에겐 주머니가 많아요. 그리고 전부 열려 있죠."

이제는 요나스가 친구들에게 도움을 요청하고 있었다. 파리에서는 가수 존 케일John Cale에게 앤솔러지를 위한 경매를 위해 새 작품을 주겠다는 약속을 받았고, 뉴욕에서는 미술가 매튜 바니Matthew Barney에게서 요나스를 스케치한 그림을 기증받았다. 요나스는 몇 개월에 한 번씩 잔뜩 들떠서 작품을 기증하는 예술가들 얘기를 적은 이메일을 보내왔다.

그는 종종 천사들이 자신을 보호해준다고 말하곤 했다. 심지어는 천사들이 존재한다는 것을 증명할 사진도 있다고 주장했다. 천사들이 그가 떠돌아다니면서도 살아남게 해주었고, 돈 한 푼 들어올 구멍이 없을 때도 뉴욕에서 집세를 낼 수 있게 해주었다고 그가 말했다. 천사들은 삶의 목표의 반대편에 있었다. 그들 덕분에 요나스는 자신이 앞으로 나아가고 있는지에 대해 너무 집착하거나 걱정하지 않을 수 있었다. 가장 힘든 시기에 그랬듯 천사들이 여전히 그를 지켜주고 있으니 실패하거나 굶주릴 수 있는 위험도 감수할 수 있었다. "우리에겐 아직 해야 할 일이 있으니까 천사들은 우리를 지켜줘. 왜 천사들이 우리를 구해주는지, 뭘 하라고 그러는 건지 모르니까 나는 내가 뭘 해야 할지에 대해서 생각을 안 해. 그냥 하는 거지. 그게 내 운명이기를 바라면서 말이야. 만약 어떤 문제가 생기면 나는 당장은 그냥 내버려둘 거야. 시간이 해결해줄 거라고 생각하면서. 나는 골치 아픈 건 머리를 싸매고 생각하지 않아. 그냥 내버려두고 시간이 지나면 대부분 알아서 바로잡히더라고. '좋아. 이건 내가 어쩔 수가 없어. 그러면 당신, 천사들이 알아서 해야겠네. 당신들이 그걸 하면 나는 다른 것을 할게.' 그러면 항상 천사들이 그걸 해. 믿어라. 누가 물어보면 난 이렇게 조언하지. 당신의 천사들을 믿으라고 말이야."

그러고 나서 그는 이렇게 덧붙였다. "나는 무슨 일이 벌어지면 그때 걱정할 거야. 왜 아직 일어나지도 않은 일을 걱정해? 그리고 일어나도 걱정은 왜 해? 그냥 처리하는 거지. 걱정하느라 시간을 낭비해도 결국 생각하는 일이 안 벌어질 수도 있어. 나는 일이 벌어지면 처리해. 시간 낭비는 안 하지. 희망이 없는 일은 없어. 나는 희망이 없다는 게 무슨 뜻인지도 모르겠어."

대신 그는 자신이 디자이너 아그네스 B^Agnes B에게 써준 좌우명을 알려줬다.

계속 춤춰라
계속 노래해라
좋은 술을 마시고 지나치게 심각해지지 마라

걱정하지 마라. 계속해서 노래하고 춤춰라. 이것들은 요나스의 다음 교훈이었지만 많은 사람이 같은 이야기를 할 것이다. 요나스에게서 배운 가장 중요한 교훈은 인생에 늘 목표를 가져야 한다는 것이다. 그렇다면 두말할 필요 없이 가장 먼저 할 일은 목표를 찾는 것이다. 지금 당장.

어느 초봄의 토요일 오후, 나는 한 재즈클럽에서 요나스를 만났다. 그는 리투아니아에서 온 오페라 가수 지망생들 한 무리와 함께 앉아 있었다.

그는 그 자리에서 아직 출간되지 않은 자신의 소설 『수동 타자기를 위한 진혼곡^Requiem for a Manual Typewriter』의 한 부분을 읽기 위해 와 있었다. 무엇에 대해 글을 쓸지 결정할 때 갈피를 못 잡을 가능성에 대한 부분이었다. 17세와 18세인 학생들은 65세의 망명자 라민타 람프사티스를 따라 이곳에 왔다. 그녀는 소련이 무너질 때까지 시카고에서 망명 생활을 하다가 이제는 독일에서 학생들을 가르치고 있었다. 그녀 세대의 해외 이주자들은 리투아니아에 대한 요나스의 시를 읽으며 감상에 젖었고 젊은 난민들은 망명 생활의 고통과 그리운 모국어의 맛을 느꼈다. 그러나 그녀는 자신의 학생들에게 요나스는 전혀 새롭다고 말했다. "요나스는 아이들에게 문화예요. 그는 3세대나 4세대에 걸쳐 있잖아요."

이 자리에는 70대의 두 뉴욕 작가, 린 틸먼Lynne Tillman과 에이미 타우빈Amy Taubin이 함께 와 있었다. 그들은 요나스의 도움으로 작가 생활을 시작했다. 나이와 배경순으로 요나스가 가운데 앉고 그보다 한 세대 젊은 사람들이 다음 줄에 앉았다. 그는 맥주를 마시고 있었고 즐거워 보였다. 학생들은 전설과 함께 앉게 되어 황홀하다는 표정이었다. 17세의 바리톤 베르나르다스 가바치아우스카는 친구들이 모두 뉴욕에서 요나스를 만날 계획이 있는지 없는지에 대해 물어봤다고 말했다. 그들 세대에게 요나스의 영화 일기는 거의 반세기 전에 발명된 인스타그램이나 페이스북이라고 했다. 그저 어떤 할아버지와 같이 앉아 있는 게 아니라며 그는 이렇게 말했다. "요나스 메카스는 미래예요."

무대 위로 올라선 요나스의 손은 떨리고 있었다. 하지만 그의 입에서는 자신감 넘치는 목소리가 흘러나왔고 이내 가게 안은 고요해졌다. "나는 완벽하게 아무것도 아닌 것에 대한 소설을 쓰기로 했다." 이야기는 그가 종이 한 뭉치를 찾은 뒤 거기에 뭔가를 쓰기로 마음먹으면서 시작됐다. 요나스의 작품들 대부분이 그렇듯 일기 형태로 쓰인 이 소설은 감탄 섞인 목소리로 이렇게 물었다. "인생이 얼마나 놀랍고, 또 놀라운지 생각해본 적 있는가?" 그러자 꽉 찬 객석에 한바탕 웃음이 터졌다.

어쩌면 내가 고령자들과 함께 한 해를 보내면서 배운 모든 것들이 바로 이 한 문장에 담겨 있을지 모르겠다. 우리는 매일 우리를 괴롭히는 소란과 두려움, 욕망들을 잊어버리고 인생이 얼마나 놀랍고 놀라운지 생각해봐야 한다. 내가 과연 할 수 있을까? 1년 전이었다면 나의 대답은 '할 수 없다'였을 것이다. 소란과 두려움 그리고 욕망은 삶 그 자체였기 때문이다. 하지만 1년이 지나면서 나는 소란 너머에 있는 고요함에 집중하게 됐다. 인생은 믿을 수 없는 순간이었고 매 순간마다 결코 다시 오지 않을 선물이 담겨 있었다. 아마도 노인처럼 생각한다는 것이 이런 것인 듯했다. 나는 온전히 그 순간만을 살 수는 없었다. 왜냐하면 미래를 생각해야 했기 때문이다. 하지만 나는 미래에 끝이 있는 것처럼 산다면 현재가 훨씬 더 경이로워진다는 사실을 배웠다.

모든 고령자는 모두 각자의 방식으로 이 단계에 이르렀다. 어쩔 수가 없는 일이었다. 그들이 원하든 원하지 않든 삶에는 변화가 찾아왔다. 그들은 그전까지 한 번이라도 인생이 얼마나 놀라운지에 대해 생각해본 적이 있었을까? 그들 모두 점점 그렇게 되었을 거라고 나는 생각한다. 심지어 그들의 세상이 점점 작아지고 있었지만 그들은 계속해서 감탄했다. 소소한 기쁨은 더 이상 소소하지 않았다. 감탄하는 것 역시 마음먹기에 달려 있었다. 핑은 사람들과 마작을 하며 감탄했고 프레드는 매일 아침 일어날 수 있다는 사실에 감사했다. 헬렌은 다른 사람을 필요로 하면서도 다른 사람에게 필요한 사람이 되는 방법을 찾아냈다. 죽음을 눈앞에 둔 존은 아름다운 음악을 발견했다. 그리고 루스는 천사와 같은 자신의 자녀들을 믿는 법을 배웠다.

　한 해 동안, 나는 고령자들 모두에게 죽음에 대해 생각해 보았는지, 그 생각에 두렵지는 않은지 물어보았다. 하지만 프레드 존스를 제외한 나머지 모두가 죽음이 두렵지 않다고 했다. 오히려 너무 오래 살까 봐 두려웠다. 그러니 죽음은 유일한 해결책이었다. 고령자들에게서 배운 것 중 하나는 죽음과 노화를 인생의 한 과정으로 받아들여야 한다는 것이다. 오직 젊은이들만 죽음이나 노화를 마치 남의 일처럼 생각한다.

　요나스의 소설 『수동 타자기를 위한 진혼곡』은 주인공이 소설가 윌리엄 버로스가 죽었다는 사실을 알게 되면서 끝이 났다. "그래서 그도 사라졌구나." 요나스가 마지막 문장을 읽었다. 나중에 그에게 죽음에 대해 생각해봤냐고 묻자 그는 죽음에 대해 묻는 건 잘못된 질문이라고 했다. 문제는 삶이었다. "죽음은 올 때가 되면 올 거야. 하지만 나는 절대 그것에 대해 생각하지 않아. 죽음을 피할 수는 없으니까." 그가 말했다.

그는 주어진 삶에서 도망치는 사람들을 주변에서 많이 봤다. "나는 라디오, 전기, 텔레비전, 음악, 심지어는 사진도 없이 자랐어. 영화는 열네 살에 처음으로 봤어. 어쩌면 200살까지 사는 사람도 있을 거야. 하지만 스무 살이 된 젊은이들 중에 벌써부터 삶을 지겨워하는 사람들이 있어. 결국 못 버티는 사람들도 있고. 그건 또 다른 얘기야."

신경학자인 올리버 색스는 자신이 말기 간암이라는 사실을 알게 된 뒤 죽음에 가까워지자 갑자기 중요한 것에 집중하게 됐고 그렇지 않은 것들을 한시도 참을 수 없게 됐다고 썼다.[26]

나는 두렵지 않은 척할 수가 없다. 하지만 가장 뚜렷한 감정은 고마움이다. 나는 사랑을 했고 사랑을 받았다. 많은 것을 받았고 그 대가로 무엇인가를 주었다. 책을 읽고 여행을 하고 생각하며 글을 썼다. 나는 이 세상과 소통했고 작가들 그리고 독자들과 특별한 소통을 했다. 그 무엇보다 나는 이 아름다운 행성에서 지각 있는 존재, 생각하는 동물이었고 그 자체가 엄청난 특권이자 모험이었다.

그 후 7개월 만에 그는 세상을 떠났다.

어떻게 하면 우리는 이런 마음가짐으로 평생을 살 수 있을까? 말기 암이 걸리지 않고도 삶이 저절로 주어진 위대한 선물이라는 사실을 깨달을 수는 없을까? 어떻게 해야 마음속으로 특권과 모험을 만끽하며 살 수 있을까? 나는 고령자들과 한 해를 보내며 이 질문을 끊임없이 되풀이했다. 인생을 최대한 충실하게 살기 위해 정말 종양학자의 암 진단까지 있어야 하는 것일까? 그렇게 복잡해 보이지는 않았다. 하지만 마치 당장이라도 죽을 사람처럼 살 수 있는 가장 손쉬운 방법을 우리는 그 무엇보다 열심히 피하고 있었다.

한 해가 끝날 무렵 나는 요나스에게 낙천주의자인지 물어봤다. 그는 소련에 고향인 리투아니아를 점령당했고 나치에 붙잡혀 투옥된 경험도 있었다. 그는 몇 번 대답을 하려 했지만 끝내 실패했다. 그러고는 다음 날 내게 이메일을 보내왔다. "나는 내 하루하루에 '나비 효과'가 있다고 믿어. 일종의 도덕적인 격언 같은 거지. 내가 지금 하는 일이 다음 순간에 영향을 미친다는 것을 명심하기 위한 도덕적 책임 말이야. 그래서 나는 나쁜 짓은 뭐든 안 하려고 해. 다음 순간에 이 세상은 더 좋아질 거라고, 적어도 나빠지지는 않을 거라고 제일 든든한 보험을 드는 거야. 하지만 물론 내가 좋은 일을 해도 다른 사람들의 100가지 나쁜 짓 때문에 아무 의미가 없을 수도 있어. 하지만 나는 여전히 그 격언을 따르지. 그러니까 낙천적이라고 할 수 있을 거야."

우리는 다시 행복이 그에게 어떤 의미인지에 대해 이야기했다. 나이 든 사람들이 더 행복할까? 그는 한때 억울하고 우울했다. 20대나 30대에는 아흔 이후가 이렇게 찬란할 거라고 상상도 할 수 없었다. 1년을 함께한 후 나는 그가 고령에도 불구하고가 아니라 고령이기 때문에 행복하다는 사실을 더 잘 이해하게 되었다. 왜냐하면 이제 그는 거의 완성된 자신의 인생을 볼 수 있었고, 그가 미래에 가지게 될지 모르는 것들이 아니라 이미 그에게 주어진 것들을 누리며 인생을 만끽할 수 있기 때문이었다.

요나스에게 앞으로 몇 년이 더 남았다는 사실은 그가 지금껏 뭔가 잘한 일들이 있다는 뜻이었다. 더 많은 영화를 보고 더 많은 책을 읽고 더 많은 친구를 만들고 더 많은 생각을 하고 그가 오늘 어떤 새로운 것들과 마주치든 더 쉽게 이해할 수 있다는 뜻이었다. 물론 노인들이 더 행복하다고 그는 말했다. "자녀가 한 일이 다 잘되고, 계속해서 잘하고, 자녀들이 자라서 잘사는 모습을 보는 게 바로 행복이야. 나는 내가 전에 뭘 했고 지금 뭘 하든 불행할 이유가 없다고 생각해. 내가 했고 지금 하는 일들이 다 옳다고 생각하니까. 그래서 무척 뿌듯해. 나는 밀어붙이지 않아. 나는 항상 천사들의 목소리를 듣고 있어. 그리고 나는 행복해."

그해 초, 어느 날 오후 우리는 앤솔러지 필름 아카이브 근처에 있는 러시아 카페에서 청어와 삶은 감자를 먹고 있었다. "어제 정기검진 결과를 보더니 의사가 나보고 120살까지 살 거래. 그래서 내가 이랬지. '정말요?' 그랬더니 지금 기술과 앞으로 개발될 것들을 보면 나 말고도 여럿 더 있을 거라더군. 그래서 고맙다고 했어. 그렇게 말은 했지만 그게 정상이야. 사람들이 나한테 비결이 뭐냐고 묻는데 비결이 어딨어. 내 나이에 나 같지 않은 사람들이 비정상적인 삶을 살아서 그런 거지. 너무 많이 먹고 너무 많이 마시고 모든 게 너무 과해. 나는 그냥 필요한 만큼만 해. 나는 정상인 경우야. 내가 만나는 다른 사람들은 전부 정상이 아니야."

동굴같이 어둑한 음식점 안으로 오후의 햇살이 네모나게 비쳐 들어와 마치 네덜란드의 유화처럼 요나스를 비췄다. 어쩐지 요나스에겐 120살도 터무니없게 들리지 않았다. 안 될 이유가 없었다.

그는 연초와 비슷한 상태로 연말을 맞았다. 여러 책의 원고들은 그의 손길을 필요로 하고 있었고 수십 년 전 쓸모가 없어버려두었던 오래된 자료화면 상자들도 이제는 편집해 영화 한 두 편도 만들 수 있을 것 같았지만 여전히 그대로 남아 있었다. 하지만 보잘 것 없는 것들도 시간이 지나면 새로워 보이고는 했다. "시간이 지나면 그중 몇몇은 정말 귀해져. 마치 정말 오래된 19세기의 사진을 어디선가 찾아낸 것처럼 말이야. 그게 예술인지 예술이 아닌지는 중요하지 않아. 미술관에 있는 2세기나 4세기 예술품 같은 거지. 왜냐하면 우리가 거기에 넣어서 살아남았잖아."

여섯 명의 고령자들은 다행히 그해를 무사히 넘겼다. 연말에 가벼운 심장마비를 겪기는 했지만 내 어머니도 마찬가지였다. 1월이 다가오면서 한 해가 다 지났다는 생각에 나는 헤어짐이 실감 나기 시작했다. 그들 덕분에 나는 어려운 시간을 견뎌냈고 그 후 더 행복한 시간들을 보낼 수 있었다.

하지만 그들에게는 변화가 있었다. 존은 보고 있으면 가슴이 아플 정도로 쇠약해졌고 핑은 점점 기억을 잃는 일이 잦아졌으며 프레드는 보라색 양복을 입을 일이 거의 없어 보였다. 그는 여전히 교회에 가지 않았다. 하지만 그는 위풍당당한 보라색 옷을 입은 자신의 모습을 상상하며 즐거워했다. 그리고 생면부지의 낯선 사람이 친절하게도 자신의 바람을 현실로 만들어주었다는 사실에 더욱 기뻐했다. 모든 사람들이 이런 일로 감사 기도를 드리진 않지만 프레드에게는 살면서 감사를 드릴 두 가지 이유가 더 생겼다. 그는 여전히 110세까지 살고 싶었다.

그들은 연초와 마찬가지로 연말에도 똑같이 기쁘고 슬펐다. 이제 한 해가 끝나가는 시점에서 다들 이번 한 해가 살 만한 가치가 있었다고 생각했다. 마라톤을 하거나 비행기에서 뛰어내리지 못했다고 해서 삶의 가치가 떨어지는 것은 아니었다. 루스는 올해도 손주들이 크는 모습을 지켜봤다. 헬렌은 하위와 한 해 더 사랑했고 존은 파이어아일랜드에서 온 친구들과 또 한 번의 추수감사절을 보냈다. 프레드는 새 친구들을 사귀었고 멋지게 차려입은 자신의 모습을 보았다. 핑은 자신이 머리도 잘 썼고 운도 좋았다고 기뻐하면서 돈은 거의 한 푼도 없지만 풍족하게 살았다. 요나스는 그 모든 것을 했다. 모두들 가족들과 행복한 시간들을 보냈다.

노인들이 한 해 동안 고생한 데에 비하면 기껏 누린 것들이라고 해봤자 변변찮아 보일 수도 있다. 언뜻 그럴 듯해 보이지만 불공평한 거래다. 생명윤리학자인 이지키얼 이매뉴얼Ezekiel J. Emanuel은 75세가 넘으면 삶을 연장하지 않겠다는 내용의 자신의 에세이에서, 특히나 "야망과 기대가 쭈그러들어" 한때는 풍요로웠던 "삶이 방에 모여 앉아서 책을 읽거나 오디오 책을 들으며 낱말 맞추기나 하는 게 다가 되어버릴까" 두렵다고 고백했다. 소박한 즐거움밖에 우리가 기대할 수 없다고 해서 아예 기다릴 가치가 없지는 않다. 특히나 아침에 침대에서 몸을 일으키는 것만으로도 힘들 때 말이다.

하지만 라르스 토른스탐의 노년 초월 개념을 적용해, 고령자들이 원숙한 사고를 거쳐 지금과 같은 삶을 살고 있다고도 볼 수 있다. 또 다시 떠오르는 태양을 볼 수 있고 퉁명스러운 손주를 만날 수 있다는 기쁨을 알게 되는 것, 즉 인생이 얼마나 놀랍고 놀라운 것인지를 이해하는 데 70년 혹은 80년 어쩌면 90년이 걸릴 수도 있다. 우리가 그 가치를 알아볼 수 있을 만큼 오래 살지 못했거나 지금까지 잃은 것들이 그나마 감당할 수 있을 정도였다면 그 가치가 하찮아 보일 수도 있다. 소박한 선물도 화려한 선물만큼 기쁠 수 있고, 몬테카를로에서 큰 돈을 걸고 바카라를 하는 삶이 여가실의 형광등 불빛 아래서 매일 마작을 하는 삶보다 만족스러우리라는 법은 없다.

제임스 조이스의 소설 『율리시스Ulysses』는 평범한 마을에서 보내는 하루에 관한 이야기다. 소설 『전쟁과 평화War and Peace』는 한 시대에 걸친 이야기로 커다란 사건과 격정들이 그 안에 녹아 있다. 하지만 어느 누구도 어느 한쪽이 다른 쪽보다 낫다고 할 수 없다. 그저 세상을 보는 방식이 다를 뿐이다. 렌즈가 망원경이든 현미경이든 간에 누가 어떻게 보느냐에 따라 경이로울 수도 있고 하찮아 보일 수도 있다.

프레드 존스가 하루가 더 주어졌다고 감사를 드리는 것이

옳을까? 아니면 그가 너무 늙고 약해져서 어리석은 착각에 빠졌을 뿐일까? 나의 어머니와 존 소런슨이 삶에서 해방되고 싶어 하는 게 당연한 것이었을까? 아니면 그저 자신들이 누리고 있는 혜택들을 인정하지 못했을 뿐일까? 존을 찾아갈 때마다 나는 늘 다음 날에는 간병인이나 조카인 앤이 올 거라는 사실을 다시 한번 알려주었다. 그래도 그가 죽고 싶어 했을까? 물론 아니었다. 그는 그저 앞으로도 몇 년이나 더 살지 않기를 바랐을 뿐이다. 한참 후 그가 매우 위독해졌을 때조차 그의 대답은 한결같았다. 비록 죽기를 열렬히 원하고 있었지만 시간이 정해져 있는 한 그는 좋은 음악을 듣고 좋은 친구들과 만나며 기적 같은 시간을 즐길 수 있었다. 죽음은 이러한 기적과 상반되는 것이 아니라 떼어놓을 수 없는 것이었다. 그 어떤 기쁨도 영원할 수 없기 때문이다.

노인들이 내게 준 선물은 간단했다. 시간은 유한한 동시에 정말 굉장하며 마치 『율리시스』에서처럼 하루하루가 평범하면서도 소중했다. 어떤 변화가 생기든 그들은 크게 만족스러울 수도 있고 아니면 응급실로 실려 가게 될 수도 있었다. 문제는 남은 시간을 어떻게 살아가냐는 것이다. 우리는 흔히 암을 치료하거나 마우이섬에서 서핑을 하거나 아이들의 수학 선생님을 만난 것처럼 그날 한 일을 통해 하루를 평가한다. 그러다가 정말

로 기적과 같은 일을 놓쳐버리고 만다. 바로 또 다른 날이 다가
온다는 것이다.

그날을 즐기든 말든 상관없다. 다만 한번 놓친 날은 다시는
돌아오지 않는다.

여섯 아니 일곱 명의 고령자들은 모두 부족한 구석이 있는
스승들이었다. 그리고 나 역시 불량한 학생이었다. 하지만 지
혜가 머리에 쏙쏙 이해되는 날들이 있었다. 그런 날이면 나는
두 다리를 죽 뻗고 잠들고 생전 처음 보는 이들도 친절하게 도
와주었다. 오래된 친구에게 전화를 하거나 여자 친구에게 사랑
한다고 말했다. 또 허덕거리면서가 아니라 즐기면서 글을 썼다.
음식은 더 맛있었다. 감사, 목표, 우정, 사랑, 가족, 쓸모, 예술,
즐거움과 같은 모든 것들이 손을 뻗으면 닿을 곳에 있었다. 나
는 그저 받아들이기만 하면 될 뿐이었다. 그럴 때면 난 더 친절
하고, 더 참을성 있고, 더 쓸모 있으며, 덜 불안한, 더 이상적인
사람에 가까워지는 듯했다. 어쩌면 내 천사들이 도와주고 있는
지도 몰랐다. 내가 느끼는 고통이나 혹은 두려움은 여전히 그
대로 남아 있었다. 하지만 음악 전체가 아니라 그 음악을 연주
하는 수많은 악기 중 하나인 듯했다.

『나는 갈 곳이 없었다 I Had Nowhere to Go』는 요나스가 정처 없
이 떠돌던 세월을 회고한 책이다. 요나스는 이 책에서 해군함
제너럴 R. L. 하우즈의 갑판 위에서 다른 1,341명의 난민들과

함께 서 있던 장면을 묘사했다. 점점 반짝이는 뉴욕의 불빛들이 눈에 들어오고 있었다. 서쪽으로는 팰리세이즈 절벽과 팰리세이즈 놀이공원의 휘황찬란한 대관람차가 보이고 그 뒤로는 조지워싱턴브리지의 현수 케이블이 번쩍거렸다. 당시는 독일군이 항복해 제2차 세계대전이 끝난 지 4년 반 후인 1949년 10월 29일 오후 10시경이었다. 갑판 위에 있던 사람들은 그보다 더 오랜 기간 동안 나라가 없었다. 그중 몇몇은 다시는 고향 같은 편안함을 느낄 수 있을 것 같지 않았다. 12일간 바다에서 떠다닌 터라 그들은 홀딱 젖어 추웠으며 뱃멀미까지 했다. 그리고 드디어 새 세상이 눈앞에 나타났다. "나는 동물적인 공포에 사로잡혔다." 요나스는 이 여행에 대해 이렇게 썼다. 뉴욕은 미지의 땅이었다. 앞으로 몇몇은 이루 말할 수 없는 비참함과 외로움을 겪고, 많은 이들은 관심조차 받지 못하며, 소수의 사람들이 제한적이나마 원하는 바를 이루게 될지도 모른다. 누군가는 다시 재기할 수 없을 정도로 쫄딱 망해버릴 수도 있다. 하지만 누군가는 요나스 메카스가 될 것이다.

여행을 하면서 요나스가 깨달은 교훈 가운데 하나는 종착지는 결코 없다는 사실이었다. 우리는 늘 덧없이 떠돌면서 떠나온 과거와 앞으로 다가올 미래를 갈망한다. 하지만 둘 다 환상에 불과할 뿐이다. "우리는 여기에 도착했다." 그는 1955년 어느 날 이렇게 썼다. "초기 정착민들과 마찬가지로 더 나은 삶을 살기 위해서가 아니라 망명자나 추방자로서 죽음에서 도망칠 유일한 곳을 찾아 온 것이다." "그렇다. 우리는 더 나은 삶을 살기 위해서 서부로 온 것이 아니다! 그렇다고 모험을 찾아 온 것도 아니다. 우리는 순전히 생존하기 위한 본능으로 서부, 즉 미국을 골랐다."

이 글을 읽는 순간 내 머릿속에 노년, 혹은 모든 연령대를 어떻게 바라보아야 할지에 대한 한 가지 방법이 떠올랐다. 비록 낯설고 모든 것이 불확실한 환경이지만 다른 대안보다는 낫다고 생각하는 것이다. 우리가 뉴욕에 도착하던 그 차가운 수송선 위에 타고 있다고 생각해보자. 온몸이 덜덜 떨리고 멀미로 속까지 울렁거리며 잠시나마 몸을 녹여주던 난로 근처에서 멀찌감치 밀려났다. 이미 많은 것을 잃었는데 앞으로 무엇이 다가올지 불안하기까지 하다. 눈앞에 반짝이는 불빛들은 마치 우리를 성공 아니면 실패로 이끌어줄 수많은 기회처럼 보인다. 그 당시 난민들이 그랬듯 우리도 두려울 수밖에 없다. 저 멀리 있는 땅 덩어리만큼이나 거대한 고난이 어렴풋이 눈에 들어오기 때문이다. 하지만 우리에게는 애초에 그 배에 탈 수 있을 정도의 힘이 있었다. 그 힘을 가지고 저 땅에 발을 내디디면 된다. 쇠약해졌지만 회복할 수 있을 것이다. 시간이 지나면 그 힘만으로는 부족한 날들도 다가올 것이다. 엉덩이뼈가 부러지고, 심장이

멎고, 기억은 흐릿해지며, 동반자가 우리보다 먼저 세상을 떠나 갈 날들 말이다.

지금 이 순간 그 미래와 거래를 맺자. 그리고 살아가면서 끊임없이 협상을 하자. 나는 가치 있는 삶을 살고 있나? 만약 그렇다면 얼마나 오래? 당장 코앞에 다가올 1분, 하루, 아니면 한 달을 살 만한 가치가 있을까? 계속해서 춤추고 노래하며, 기분 좋게 취하고 가벼운 마음으로 살 수 있을까? 친구들과 마작 게임을 하고, 손드라 라드바노프스키나 요나스 카우프만의 노래로 귀 호강을 하고, 몸에는 안 좋지만 아이스크림도 가끔 먹으면서 말이다. 물론이다. 당연히 결국 우리의 삶이 막을 내리는 순간은 올 것이다. 하지만 그날이 오기까지 우리에게는 시간이 남아 있다. 그리고 나는 1년간 나의 스승들을 지켜보면서 그 시간들이 지금까지 우리의 생각과는 다를 것이라는 사실을 배웠다.

물론 이 모든 생각이 틀릴 수도 있다. 그래봤자 손해는 없다. 남은 날들을 더 행복하게 살다가 갈 수 있다는 사실에는 변함이 없을 테니까 말이다. 그거면 충분하다.

우리는 매일 우리를 괴롭히는 소란과 두려움,
욕망들을 잊어버리고
인생이 얼마나 놀랍고 놀라운지 생각해봐야 한다.
인생은 믿을 수 없는 순간이었고,
매 순간마다 결코 다시 오지 않을 선물이 담겨 있었다.
미래에 끝이 있는 것처럼 산다면 현재는 훨씬 더
경이로워질 것이다.

에필로그

"행복, 목적, 만족, 아름다움, 사랑⋯⋯
인생의 좋은 것들은 내내
그 자리에 있었다."

이 책에 등장한 고령자 여섯 명을 만나기 전까지만 해도 나는 노후의 삶이 지금과 크게 다르지 않을 거라고 생각했다. 다만 좋은 점들은 싹 사라질 거라고 생각했다. 눈은 침침하고 거동은 불편하며 목표나 존엄성은 찾아보기 힘들 것이다. 게다가 하루 종일 허리가 아프고 집에서는 이상한 냄새가 날 거라고 상상했다. 어쩌면 빈털터리가 되거나 노인성 치매에 걸릴지도 모른다.

오래전 나는 오하이오주에서 엑스트림 노화Xtreme Aging라는 이름의 모의 실험에 참여했다. 의료계 종사자들이 노화가 어떤 것인지 더 쉽게 이해할 수 있도록 알려주기 위해 개최한 실험이었다. 우리는 눈이 잘 보이지 않도록 안경을 쓰고 고무장갑을 끼고 손가락 마디에 일회용 반창고를 붙여 섬세하게 움직일 수 없게 했다. 귀와 코에는 솜을 막아 넣었고 신발 속에는 옥수수 낟알들을 넣어서 지방조직이 없어졌을 때와 비슷한 고통을 느끼도록 했다. "정말이지 사랑스러워 보이네요." 사회자가 우리에게 말했다. 그런 뒤 그녀는 우리에게 간단한 일들을 시켰다. "슈퍼마켓 계산대에서 돈 계산을 해보세요." "이제는 셔츠 단추를 채우거나 휴대전화를 사용해보세요." 노년이 이런 거라니 무섭고 우울했다. 사실 아직도 종종 그렇다.

　인터뷰를 시작하고 거의 1년이 다 될 무렵, 새해가 밝자 고령자들에게는 또 다른 문제들이 발생했다. 프레드 존스는 발가락 두 개가 절단된 후 지난 연말은 거의 집 안에 틀어박혀서 보냈다. 1월과 2월은 춥고 해가 짧아서 집 밖으로 나가고 싶은 마음이 조금도 들지 않았다. 딸의 유방암은 극도로 심각한 상태였고 집 안에 있어도 그는 점점 위태로웠다. 어느 날, 그는 집에서 배달 음식을 데우기 위해 난로 위에 올려놓고는 잠시 쉬려고 누웠다 "하나님께서 화재경보기를 울려주셔서 정말 감사해. 진심이야." 이번이 첫 번째 사고는 아니었다.

　3월, 89세 생일을 불과 몇 주 앞두고 그는 꿈을 꾸었다. 지붕이 없는 건물 안에 그가 있는데 머리 위로 물건들이 마구 떨어지고 있었다. 그는 내게 한번은 샹들리에라고 했다가 그다음 번에는 멜론과 여러 가지 과일들이라고 했다. 그 꿈 때문에 그는 무서워서 침대에서 떨어졌고 일어날 수 없었다. 그는 내게 처음 그 꿈에 대해 말하면서도 마치 하늘에서 머리 위로 물건들이 떨어지는 모습에 잔뜩 겁을 집어먹은 듯 보였다. 하지만 후에는 하나님이 자신에게 보내는 축복일 거라 생각한다고 말했다. 프레드다웠다.

한 달도 채 되지 않아 프레드의 딸이 사망했다. 그리고 그녀가 미처 땅에 묻히기도 전에 프레드 역시 심장마비로 세상을 떠났다. "사회복지사 말로는 할아버지가 너무 슬퍼서 돌아가신 거래요. 그리고 그게 맞아요." 그의 손녀 대니엘 존스가 말했다. 프레드에게 보라색 정장을 사주고 그의 마지막 해에 친구가 된 짐 힐리가 말했다. "프레드는 난방도 안 되고 엘리베이터도 없는 3층 건물 꼭대기 층에 살아서 죽은 것일 수도 있어요." 그것 역시 사실이었다. 그는 여섯 명의 고령자 중에서 가장 젊은 나이에 맨 먼저 떠나갔다. 프레드와 나는 결국 레드랍스터에 가지 못했다. 하지만 사후 세계가 있다면 우리는 그곳에서 만날 것이다. 그리고 새우는 내가 살 것이다. 우리가 다시 만난다면 그는 여전히 웃고 있을 것이다. 그리고 나도 그를 향해 미소를 지을 것이다.

내가 마지막으로 존 소런슨을 만난 것은 새해의 3월 그의 아파트에서였다. 앤은 나에게 새해 들어 그가 벌써 몇 번이나 쓰러졌다고 했다. 하지만 존은 쓰러진 기억이 없었다. 그는 약해 보였지만 늘 말하는 것을 좋아했고 과거보다 더 잘 잊어버리고 있었다. 그는 이야기를 하다가 말고 네 번이나 나에게 영화 〈7인의 신부〉를 본 적이 있냐고 물었다. 그러고는 매번 정말 좋은 영화라고 덧붙였다.

"노인네치고는 난 썩 잘 지내는 것 같아." 그의 말에 나는 깜짝 놀랐다. "나는 여기 있어서 만족해. 텔레비전이 말썽이지만 월터가 여기 있잖아."

그는 어머니가 뉴욕 북부의 집을 떠나 친척들이 사는 캘리포니아로 이사한 이야기를 해주었다. 당시 그녀는 나이가 많았고 독립전쟁 당시에 술집으로 쓰였던 집은 그녀가 관리하기에 너무 버거웠다.

"어머니는 비행기에 탔고 그 이후로는 완전히 다른 사람이 되어버렸어. 내 어머니는 그날 죽은 거야. 남아 있는 건 내 어머니가 아니었어. 완전히 다른 사람이 됐지. 나도 같은 느낌이야. 난 이 집을 떠날 수가 없어. 왜냐하면 월터가 여기 있으니까. 사실은 여기 없지. 나는 사후 세계를 믿지 않아. 하지만 여기에는 그를 떠올리게 하는 것들이 정말 많아."

존은 집을 떠나면 못 살 거라고 앤이 여러 번 말했다. 그리고 점점 그가 약해지자 그녀는 존을 설득해서 그가 계속 거부했던 전일 근무 간병인을 신청했다. 그녀가 해야 할 일은 너무 늦기 전에 저소득층 의료보장제도의 승인을 받는 것이었다. "난 오늘 기분이 별로 좋지 않아. 하지만 그렇다고 심각하게 나쁜 것도 아니야. 그냥 나 자신이 쓸모없다는 기분이 들어. 어디 갖다버려야 하는 쓰레기 같은 느낌이랄까. 뭔가를 하고 싶어도 할 수가 없어. 여전히 밖으로 나갈 수는 있을 것 같은데 그러고 싶지가 않아. 햇볕이 내리쬐면 아파. 내가 할 일이 하나도 없어. 할 수 있는 게 아무것도 없어."

5월에 존은 집 안에서 쓰러져 이틀 정도를 꼼짝도 못 하고 누워 있었다. 그러다가 우연히 존이 소리 지르는 것을 이웃이 들었다고 앤은 말했다. 처음 만난 날부터 죽고 싶다고 말하던 그의 바람이 이제 정말 이뤄질 것만 같았다. 그는 그 후 병원과 재활센터에서 몇 주를 보냈다. 그곳에는 집에서 그를 돌봐주던 간병인들과 자원봉사자들이 찾아와 북적거렸다. 한 사람은 그가 가장 좋아하는 아리아를 불러주었고 다른 사람들은 그들의 전화기로 음악을 들려주었다. 음식을 거부해 서서히 굶어 죽어가면서도 그는 간호사들의 친절한 행동에 크게 고마워했다. "난 이제 낫기는 글렀어." 존이 한 간호사에게 말했다. 그러고는 그녀의 기다란 속눈썹을 칭찬하며 이렇게 덧붙였다. "어쨌건 참 이쁘게 생겼네."

그는 마지막 며칠 동안 뉴욕 북부에서 살던 어린 시절의 행복한 기억들이나 파이어아일랜드에서 월터와 보냈던 시간들을 다시 떠올렸다. 당시 그의 작업치료사가 내일 돌아오겠다고 말하자, 존은 그에게 말했다. "벌써 기다려져." 그는 6월 말에 세상을 떠났다. 모든 준비가 끝나 있었다. 앤은 그의 재를 월터의 재를 뿌린 파이어아일랜드에 뿌리려고 했으나 일정이 맞지 않아 1년을 더 기다려야 했다.

나머지 네 명의 고령자들과 나의 어머니는 여전히 잘 지내고 계신다. 다들 기대수명을 훌쩍 뛰어넘어 하루하루 멀어지고 있다.

인터뷰를 마친 그해 가을, 헬렌은 양로원 직원과 딸에게 배가 아프다고 호소했다. 그러고 나서 이틀 뒤에 그녀는 피를 토하기 시작했다. "그때부터 덜컥 겁이 났지. 새빨간 피를 보니까 큰일 났다 싶었어." 그녀가 말했다

그녀는 거의 2주를 병원의 중환자실에서 보냈다. 그리고 그곳에서 출혈성 궤양과 궤양 위에 혈전이 생기지 않도록 치료받았다.

"나는 버티지 못할 줄 알았어. '이제 끝이구나' 이러면서 조금 울기도 했지. 하지만 난 늘상 울고 있으니 아무도 귀담아 듣지 않더라고." 그녀는 이렇게 말하고 덧붙였다. "무섭지는 않았

어. 난 죽는 게 두렵지 않으니까."

그녀는 몸무게도 9킬로그램이나 줄어들고 쇠약해진 몸으로 집에 돌아왔다. 그녀와 하위, 그리고 조이 사이의 삼각관계가 기다리고 있었다. 둘 다 헬렌이 아파 힘들어했다.

하위는 헬렌이 없는 동안 외로웠고 거의 음식은 입에 대지도 못했다. 헬렌의 병원에도 찾아갈 수 없었다. 조이는 중환자실을 매일 찾아갔지만 허약해진 엄마의 모습을 보자 하늘이 무너지는 것 같았다. 그녀는 심지어 하위에게도 잘해주기 시작했다고 했다. 어느 날, 조이는 헬렌의 방에서 엄마가 중환자실에 있던 때를 떠올리며 눈시울을 붉혔다.

"엄마가 없으면 어쩌지 싶어요. 나는 엄마 덕분에 웃거든요. 앞으로 달라진다고 하니 문득 떠올랐어요."

"언젠가는 떠나야 돼." 헬렌이 말했다.

"엄마 때문에 눈물 나잖아요. 여기 평생 계실 거예요."

"어쨌건 나는 여기 쭉 있고 싶지 않아." 헬렌이 말했다.

"자꾸 그런 소리 하시면 울어버릴 거예요. 당연히 여기 계셔야죠. 엄마 없으면 난 어떻게 해요?"

헬렌은 수술에서 회복해서 기력을 되찾았다.

그녀는 92세가 되는 것에 대해 이렇게 말했다. "아흔한 살일 때랑 달라진 게 없어. 내년에 우리는 아마 결혼할 거야." 그녀는 두려운 게 없었다. 하지만 딸이 방을 나가기를 기다렸다가 결혼 이야기를 꺼냈다.

핑 웡은 복지 혜택에서 횡재한 뒤에 행운을 다 써버린 듯했다. 여름과 가을에 그녀는 연달아 가볍게 쓰러져 병원으로 실려 갔다가 재활을 위해 요양원에 다녀왔다.

핑의 집은 그녀가 안전하고 편안하게 살 수 있는 보호막이었다. 운동으로 몸도 움직이고 매일 마작 게임을 하면서 규칙적으로 뇌에 자극도 줬다. 좋아하는 음식을 먹고 매일 친구들도 만났다. 규칙적인 생활을 할 때는 인지능력이 서서히 저하되고 있다는 사실이 잘 티가 나지 않았다. 하지만 치매가 더 심해진 것인지 아니면 이제야 드러난 것인지는 모르겠지만 이 보호막에서 벗어나자 핑의 딸은 핑이 혼자 살면 더 이상 안전하지 않겠다는 결정을 내렸다.

그리고 곧 핑은 맨해튼의 한 요양원으로 옮겨졌다. 그곳에는 광둥어를 할 줄 알거나 마작을 하는 사람이 아무도 없었다. 사람들을 만나기 좋아하던 핑은 대부분의 시간을 혼자 보내게 되었다. 심지어는 이제 가꿀 식물들도 없었다. 내가 그녀를 찾아갔을 때 그녀는 전과 달리 소극적이고 체념한 듯 보였다. 그리고 자신이 어디에 있는지도 정확히 모르고 있었다. 그녀와 같은 아파트에 살던 친구들은 오는 길이 힘들어 찾아올 수가 없었다. "나이가 들면 모든 게 변하고, 변하고 또 변해. 너무 변해. 늙은이들한테는 힘들어." 핑은 새로운 환경에 대해 이렇게 말했다.

12월이 되자 그녀의 딸은 핑을 중국인이 서른네 명이나 살고 있는 뉴저지 남부의 요양원으로 옮겼다. 일주일이 지난 뒤 나는 그녀가 자신의 아파트를 떠난 이후 처음으로 마작을 했다는 것을 알았다. 하지만 전과는 사뭇 달랐다. 게임을 하는 네 명이 모두 다른 사투리를 썼고 뉴저지에서는 뉴욕과 게임 방식도 살짝 달랐다. 하지만 그녀는 더 집중해서 활발하게 게임을 했고 게임이 끝나고 나면 대화도 많이 나눴다. 그녀는 자신의 기억력에 여기저기 구멍이 있다는 것을 알았지만 크게 불편하지는 않다고 말했다. "침실로 가려고 화장실을 나서다가 내가 뭘 하려고 했는지 까먹어. 그래서 다시 화장실에 들어가지. 하지만 그렇게 자주는 아니야."

나는 아직도 스스로 행복하려고 노력하는지 핑에게 물었다.

그녀는 잠시 고민하더니 말했다. "지금은 뭐라고 대답하기가 무척 어려워. 아직 친한 친구를 사귀지 못했거든. 나는 늙고 있잖아. 장소가 바뀌는 건 그렇게 좋지가 않아. 새로운 환경에 적응해야 하니까. 쉬운 일이 아니야."

5개월 후, 92번째 생일을 맞은 그녀의 상황은 나아진 점도 있었고 나빠진 점도 있었다. 요양원에 들어온 지 얼마 되지 않아 그녀가 쓰러지자 직원들은 그녀가 서 있는 게 위험하다고 보고 그녀를 휠체어에 앉혔다. 그러자 그녀의 인공엉덩이 주변의 근육들이 뻣뻣해져 고통스러웠다. 치매도 꾸준히 진행되고 있었다. 어느 날 그녀는 딸에게 일본군들이 자신을 잡아 죽이기 전에 구해달라고 말했다. 제2차 세계대전 동안 일본이 홍콩을 점령했던 기억이 갑자기 떠올랐던 것이다.

생일잔치를 하면서는 나빠진 징후들이 뚜렷하게 눈에 띄지 않았다. 몇몇 친척들과 차이나타운에서 사 온 알록달록한 생일 케이크를 나누어 먹으면서 핑은 이제 요양원 생활에 만족한다고 말했다. 그녀는 식물들을 돌볼 수가 없었다. "너무 바쁘거든." 그녀가 말했다. 그러나 적어도 광둥어를 쓰는 사람들이 주변에 있었다. 그녀는 100세까지 살 수 있으면 좋겠다고 말하더니 곧 다시 생각하는 듯 보였다. "한번은 의사가 나를 진찰하더니 내 심장이 정말 튼튼하대. '더 오래 사시겠어요' 그러더라고. 그래서 난 더 오래 살고 싶지 않다고 했지. 더 오래 살려면 열심히 일해야 되니까."

루스 윌리그는 나에게 특별한 교훈을 하나 더 가르쳐주었다. 그해 가을, 그녀의 딸 주디는 내가 마지막으로 만난 이후 루스의 건강이 급격히 나빠졌다고 말했다. 하지만 루스를 찾아가보니 그녀는 여전히 재치가 넘쳤고 혼자서도 잘 지내는 듯 보였다. 예전보다 손을 더 많이 떨고 있었지만 첫 번째 증손자가 태어나기를 고대하며 아기를 위해 담요를 짤 계획이었다. "주디는 늘 호들갑이야. 내 걱정이 넘쳐. 진짜야. 지나칠 정도야. 난 정말로 괜찮아. 조금 안 좋기는 했지만 좋을 때도 많았어."

그 무렵 나는 어머니를 만나러 갔다가 어머니의 친구가 어머니에 대해 말씀하시는 것을 듣고 깜짝 놀란 적이 있었다. 어머니가 걱정이 없고 외향적이며 늘 명랑하다는 것이었다. 하지만 어머니의 그런 면을 나는 전혀 모르고 있었다. 어머니의 친구는 어머니를 과소평가한다며 나를 가볍게 꾸짖으셨다. 그리고 내가 가끔 얼굴만 비추는 다른 친척들처럼 노인들이 얼마나 하루하루를 충실하게 보내는지 모른다고 덧붙였다.

헬렌의 딸 조이도 내게 전화를 걸어서 헬렌이 궤양 때문에 죽음의 문턱까지 가 있다고 했다. 하지만 그녀가 그 이후로 얼마나 회복됐는지는 알려주지 않았다.

그렇다면 이 세 고령자의 삶은 고령자 자신이 볼 때와 자녀들이 볼 때가 왜 이렇게 다른 것일까? 노인들은 우리가 보는 것보다 더 충만하고 더 가치 있는 삶을 살고 있었다. 우리는 주로 나빠지기만 하는 일상의 변화에 초점을 맞췄지만 그들은 그보다 더 길게 보며 살아가고 있었다. 우리는 노년에 대해서 다 안다고 생각한다. 하지만 세 고령자들은 그렇지 않다고 말하고 있었다. 그들의 삶을 가까이에서 들여다보니 우리가 보던 것과는 달랐다. 심지어 고령자들과 함께 1년이나 보냈으면서도 나는 여전히 편견 어린 시선으로 어머니의 삶을 보고 있었다. 그녀가 실제로 살아가는 삶은 달랐다.

"올해가 어떤지 얘기해주려고 생각 중이었어." 어느 날 루스가 말했다. "한 살 더 먹은 기분이냐고? 난 아흔세 살이야. 그리고 사람들한테도 내가 아흔세 살이라고 말해. 난 내 자신이 꽤 자랑스러워. 왜냐하면 여전히 남의 도움 없이 지내잖아." 일어나기도 힘들었지만 그녀는 방을 가로질러 걸어가 초콜릿이 담긴 접시를 가져왔다. "몇 개만 먹어." 그녀는 이렇게 말하고는 다시 자리에 앉았다. "나는 의자에서 일어나는 게 정말 싫어."

"아흔 살이 되고 나서 한동안은 신이 났었어. 좋아, 갈 때가 다 됐구나 싶었거든. 그런데 이제는 잘 모르겠어. 나는 다른 사람들처럼 100세까지 살아보겠다고 애쓰지 않아. 나머지는 덤이지."

세 명의 남성 중 유일하게 살아남은 요나스 메카스는 변함없이 유쾌하게 뚜렷한 목표를 가지고 살아가고 있었다. 우리가 만났을 때부터 그는 앤솔러지 필름 아카이브를 유지하기 위해 자선 예술품 경매에 주력하고 있었다. 요즘은 수많은 옛날 영화를 온라인으로 볼 수 있어서 사람들이 영화관을 잘 찾지 않는다. 그래서 요나스는 영화관 안에 카페를 만들어 그 수익으로 필름 아카이브의 다른 활동에 필요한 비용을 충당하겠다는 계획을 세웠다. 그러기 위해서는 64억 원 가량이 필요했다. 그는 이 경매를 여는 데 아마 1년은 걸릴 거라고 말했었다.

그리고 2년 뒤, 존 워터스, 그레타 거윅, 스티브 부세미, 짐 자무시, 그리고 조시아 마멧과 같은 영화배우와 감독들이 경매에 참석해 리처드 세라, 신디 셔먼, 매튜 바니, 척 클로스, 크리스토, 아이 웨이웨이들의 작품에 입찰했다. 디자이너 잭 포즌은 작곡가 로리 앤더슨의 아직 완성되지 않은 노래를 구매했다. "그가 어떤 노래를 원하는지 전혀 모르겠어요." 경매 후에 그녀가 말했다. 가수 패티 스미스는 록밴드 R.E.M.의 마이클 스타이프와 노래를 했고 자신의 히트곡의 마지막 가사를 이렇게 바꿔 불러 큰 환호를 받았다. "왜냐하면 이 밤은 요나스의 것이니까." 경매를 통해 요나스는 21억 이상을 벌어 들였고 21억을 더 후원하겠다는 약속도 받았다.

요나스는 계속해서 빠른 속도로 일했다. 자료들을 정리해 책으로 펴냈고 전시회를 열었다. 그리고 곧 난민수용소에서 지내면서 찍은 사진들을 전시하기 위해 아테네에 갈 계획이었다. 그는 영국의 한 온라인 매거진과 이메일로 인터뷰도 했다. 질문은 이랬다. "만약 영화 제작자가 되고 싶은 사람이 있다면 어떤 조언을 해주시겠습니까?" 그 대답은 딱 그다웠다. "카메라를 사세요!"

내 친구 로버트 모스는 80대의 나이에도 여전히 연극을 연출하고 있었다. 그는 언젠가 나에게 심장전문의를 만나러 갔던 이야기를 들려주었다. 독특한 유머 감각을 가진 우스꽝스러운 남자였다 "나쁜 소식이 있어요." 검사를 끝낸 의사가 말했다. "100세까지밖에 못 살 거예요." 로버트는 헷갈렸다. "그게 나쁜 소식인가요?" 그가 물었다. 의사는 재빨리 그를 바라보며 말했다. "그럼 좋은 뉴스인가요?" 다들 코미디언이 따로 없다.

로버트는 1971년 타임스스퀘어 YMCA에 성공적으로 극단을 세웠다. 몇 년 후 그에게 어떻게 그 모든 것을 이룰 수 있었는지 묻자 그는 이렇게 답했다. "난 비가 오면 어떻게 할지 생각해 본 적이 없어." 고령자들과 함께 시간을 보내는 동안 나는 자꾸만 이 말이 떠올랐다. 로버트가 다른 사람들보다 힘들지 않았다는 뜻이 아니다. 그는 아마도 우산을 챙기지 않았기 때문에 남들보다 비를 더 많이 맞았을 것이다. 하지만 아직 일어나지 않은 일들 때문에 망설이지 않았다. 오히려 비를 맞으면서도 얼마나 많은 것을 이룰 수 있는지 배웠다.

날씨가 아무리 험악해지더라도 충실하고 만족스러운 삶을 살 수 있다는 사실을 고령자들은 몸소 증명해 보였다. 그렇다면 왜 일기예보에 구름이 나왔다고 걱정을 해야 할까? 자신의 인생을 살고, 기회를 잡아야 한다. 그리고 성공뿐만 아니라 실패에도 감사해야 한다. 성공과 실패는 동전의 양면과 같기 때문이다.

만약 우리가 남들보다 더 오래 살고 있다면 우리에게는 더 잘 살아야 할 책임이 있을 것이다. 더 현명하고 더 친절하며 더 크게 감사하고 더 많이 용서해야 한다. 앙심을 품거나 욕심을 부리는 일도 적어야 한다. 그 덕분에 모든 사람들의 삶, 특히 그런 마음가짐으로 사는 사람들의 삶은 한결 즐거워진다. 심지어는 즐겁게 살려고 온갖 노력을 했지만 실패했을 때도 말이다. 잭 케루악의 소설 『길 위에서On the Road』의 주인공 딘 모리아티는 이렇게 말한다. "있잖아. 문제라는 말은 신이 거기 존재한다는 뜻이야. 그러니까 거기에 목을 매지 마."

나는 내가 이 책의 교훈을 얼마나 깊이 받아들였는지 확인해볼 수 있었다. 행복하게 살며 쓸데없는 싸움은 피하고 죽음을 받아들이고 목표를 가지고 살았나? 아침에 눈뜬 나는 정말로 행복했나? 이 글을 쓰는 지금도 그 어떤 면에서도 만족스러웠다고 하기엔 여전히 너무 이르다. 나는 지금까지 너무 오랜 시간을 유리컵에 물이 반밖에 없다고 하면서 형편없는 변명만 늘어놓았다. 물론 지금도, 우울하지도 화가 나지도 않는다고 하기는 힘들다.

하지만 나는 배워가고 있었다. 그렇게도 죽고 싶어 하던 존 소런슨이 죽었다는 사실을 놀랍게도 받아들이고 있었다. 20년만 더 살게 해달라고 기도하던 프레드의 죽음도 마찬가지였다. 나는 그들을 좋아했고 그들이 그립다. 하지만 나는 어느 누구도 영원히 살게 해달라고 빌지는 않을 것이다. 친구의 건강에 심각한 문제가 생겨도 나는 전처럼 일어날지도 모르는 일을 가지고 미리부터 절망하지 않았다. 그 대신 여전히 씩씩하게 치료받는 중에 긍정적인 징후가 나타날 때마다 축하했다. 이것은 현실에 만족할지 말지의 문제가 아니다. 당신은 여전히 당신이 싸울 수 있는 것에 맞서 싸워야 한다. 암을 치료하고, 의사를 찾아다니고, 당당히 맞서서 정의를 요구하고 존중받아야 한다. 그러나 당신이 항상 이길 수는 없다. 당신이 힘들 때에도 좋은 점을 볼 줄 알아야 행복해질 수 있다.

나는 내 삶을 보람차게 만드는 것들을 찬찬히 살펴보았다. 그리고 내가 직장을 잃거나 골반뼈가 으스러져도 견뎌내리라는 사실을 알았다. 복권에 당첨되거나 책상 앞에 더 진득하게 앉아 있게 된다고 해도 크게 나아지지는 않을 것이다. 그것들은 우리가 더 잘 사는 데 큰 도움이 되지는 않는다. 어느 시점이 되면 여행도 실망스러워진다.

행복, 목적, 만족, 우정, 아름다움, 사랑과 같이 인생의 좋은 것들은 내내 그 자리에 있었다. 우리는 그것들을 얻기 위해 특별히 뭔가를 해야 할 필요가 없다. 좋은 음식, 친구, 예술, 따뜻함, 가치와 같은 것들을 우리는 이미 가지고 있다. 그러니 우리는 그저 그렇게 살기로 결심하기만 하면 된다.

바로 이것이 지금까지 배운 것들 중 가장 쉬운 일인데도 나는 아직도 거기에 도달하지 못했다. 때로는 쉬운 일들도 정작 하려고 하면 쉽지 않을 때가 있다. 나는 오랫동안 삶의 의미는 전력을 다해 싸우는 데 있으며 편안한 삶은 책임을 피하는 거라고 생각해왔다. 그런데 이제는 잘 모르겠다. 가끔 그때로 돌아가고 싶기도 하다. 하지만 요나스가 말한 대로 영화감독이 되고 싶다면, 카메라를 사면 된다! 그리고 그 뒤에 다가올 기쁨은 우리 모두의 것이 될 것이다.

참고문헌

내 삶에는 어떤 내일이 올까

1   "나이를 먹어 좋은 점 중 하나": 퍼넬러피 라이블리(Penelope Lively),
     『Dancing Fish and Ammonites: A Memoir』 (New York: Viking Penguin, 2013),
     1, 8.

2   메이 사턴(May Sarton), 『As We Are Now』 (New York: W. W. Norton, 1973), 23.

3   "나이가 많은 사람들은 더 행복하다고 느낀다": 로라 L. 카스텐슨, 뷜렌
     트 투란, 수잔 샤이베 외(Laura L. Carstensen, Bulent Turan, Susanne Scheibe,
     et al.), 「Emotional Experience proves with Age: Evidence Based on Over 10 Years of
     Experience Sampling」, Psychology and Aging 26, no. 1 (2011. 3월호): 21. 33.

4   "여든 살이 된 나는 훨씬 더 쾌활하다": 헨리 밀러(Henry Miller), 『Sextet』
     (New York: New Directions, 2010), 5.

5   "85세 이상의 초고령자들 중 72퍼센트": 85세 이상의 초고령자들과 관련
     된 모든 수치들은 미국인구조사국(United States Census Bureau)의 미국지역
     사회 조사(American Community Survey)와 뉴욕시립대 첨단기술센터(CUNY
     Center for Advanced Technology)의 선임연구원 수전 웨버-스퇴거(Susan Weber

- Stoger)의 데이터 분석자료에서 인용함.

이 순간을 제대로 살아야 다음 순간을 맞을 수 있다

6   "나이가 드는 게 어떤 건지 그때 처음 깨달았어요": 로라 L. 카스텐
슨(Laura L. Carstensen), 『A Long Bright Future: Happiness, Health, and
Financial Security in an Age of Increased Longevity』 (New York: PublicAffairs,
2009), 6.

행복의 선택은 자신에게 달려 있다

7   스웨덴의 사회학자 라르스 토른스탐: 라르스 토른스탐(Lars Tornstam),
「Maturing into Gerotranscendence」, Journal of Transpersonal Psychology 43,
no. 2 (2011): 166. 180.

8   스토아학파 철학자 세네카: 루키우스 세네카(Lucius Seneca), 『Letters from
a Stoic』, letter XII.

9   "죽음은 삶의 적이 아니라 친구라는 생각이 가끔 든다": 랍비 조슈아 리
브먼(Rabbi Joshua L. Liebman), 『Peace of Mind: Insights on Human Nature
That Can Change Your Life』 (New York: Carol Publishing, 1994), 106.

서로의 가치를 높여주는 그 의미 있는 일

10   "사랑이란": 테리 이글턴(Terry Ea gleton), 『인생의 의미(The Meaning of Life:
A Very Short Introduction)』 (Oxford: Oxford Univer sity Press, 2007), 168.

사랑은 늘 손을 뻗으면 닿을 곳에 있었다

11   로라 카스텐슨 교수가 말하는 "불행한 연애": 로라 L. 카스텐슨(Laura
L. Carstensen), 『A Long Bright Future: Happiness, Health, and Financial
Security in an Age of Increased Longevity』 (New York: PublicAffairs, 2009),
108.

12   심리학자들: 하워드 S. 프리드먼과 레슬리 R. 마틴(Howard S. Friedman and
Leslie R. Martin), 『The Longevity Project: Surprising Discoveries for Health
and Long Life from the Landmark Eight- Decade Study』 (New York: Hudson
Street Press, 2011), 180.

프레드의 수업

13 G. K. 체스터턴은 책에서 "감사는 최고 수준의 사고이다"라고 썼다: 길버트 키스 체스터턴(Gilbert Keith Chesterton, 『A Short History of England』 (U.S. : Renaissance Classics, 2012), 43.

14 서던캘리포니아대학의 연구자들: 글렌 R. 폭스, 조나스 카플란, 해나 다마지오 그리고 안토니오 다마지오(Glenn R. Fox, Jonas Kaplan, Hanna Damasio, and Antonio Damasio), 「Neural Correlates of Gratitude」, Frontiers in Psychology 6 (September 2015), article 1491.

15 에먼스 교수와 매컬로프 교수의 연구: 로버트 A. 에먼스(Robert A. Emmons) 그리고 마이클 E. 매컬로프(Michael E. McCullough), 「Counting Blessings Versus Burdens: An Experimental Investigation of Gratitude and Subjective Well-Being in Daily Life」, Journal of Personality and Social Psychology 84 (2003): 377. 389.

핑의 수업

16 코넬대학 칼 필레머 교수의 행복 구분: 칼 필레머(Karl Pillemer), 『30 Lessons for Living: Tried and True Advice from the Wisest Americans』 (New York: Plume, 2012), 163.

17 1993년~1994년 네 개 대학병원의 연구자들: 조엘 체바트, 닐 V. 도슨, 앨버트 W. 우외(Joel Tsevat, Neal V. Dawson, Albert W. Wu, et al.), 「Health Values of Hospitalized Patients 80 Years or Older」, Journal of the American Medical Association 279, no. 5 (February 4, 1998): 371. 375.

18 "치매에 걸린 환자들조차": 토비 윌리엄슨(Toby Williamson), 『My Name Is Not Dementia: People with Dementia Discuss Quality of Life Indicators』, the Alzheimer's Society (UK), 2010.

존의 수업

19 "세상의 개척자": 디팩 초프라(Deepak Chopra), 『사람은 늙지 않는다(The Essential Ageless Body, Timeless Mind: The Essence of the Quantum Alternative to Growing Old)』 (New York: Harmony Books, 2007), 11.

20 심리학자인 메리 파이퍼: 메리 파이퍼(Mary Pipher), 『또 다른 나라(Another Country: Navigating the Emotional Terrain of Our Elders)』 (New York: Riverhead

Books, 1999), 15. 16.

루스의 수업

21   "받는 것은 주는 것보다 훨씬 어렵다": 웬디 러스트베이더(Wendy
     Lustbader), 「The Dilemmas of Dependency」, Journal of Case Management 4,
     no. 4:132. 35.

22   "억울함을 인식한 데 대한 보상": 웬디 러스트베이더(Wendy Lustbader),
     『Counting on Kindness: The Dilemmas of Dependency』 (New York: FreePress,
     1991), 26.

요나스의 수업

23   가장 유명한 시: 요나스 메카스(Jonas Mekas), 『Idylls of Semeniskiai』
     (Annandale, NY: Hallelujah Editions, 2007), 2.

24   덴마크 쌍둥이들을 대상으로 한 연구: 로버트 N. 버틀러(Robert N. Butler),
     『The Longevity Revolution: The Benefits and Challenges of Living a Long
     Life』 (New York: PublicAffairs, 2008), 91.

25   긍정적인 시각을 가진 사람들에 대한 연구: 베카 R. 레비, 마틴 D. 슬레
     이드, 테런스 E. 머피 그리고 토마스 M. 길(Becca R. Levy, Martin D. Slade,
     Terrence E. Murphy, and Thomas M. Gill), 「Association Between Positive Age
     Ste reo types and Recovery from Disability in Older Persons」, Journal of the
     American Medical Association 308, no. 19 (November 21, 2012): 1972. 1973.

26   신경학자 올리버 색스: 올리버 색스(Oliver Sacks), 「My Own Life: Oliver
     Sacks on Learning He Has Terminal Cancer」, New York Times, February 19,
     2015.

옮긴이의 말

유엔은 만 65세 이상 노인의 수가 전체 인구에서 차지하는 비율이 7퍼센트 이상이면 '고령화 사회', 14퍼센트 이상은 '고령 사회', 20퍼센트 이상은 '초고령 사회'로 규정하고 있다. 그리고 통계청 자료에 따르면 대한민국은 내년인 2025년에 '초고령 사회'의 문턱을 넘을 것으로 예상된다. 그리고 불과 50년 후에는 우리나라 인구의 절반이 65세를 넘을 것으로 보인다.

그런데 우리는 초고령층과 그들의 삶에 대해 아는 것이 너무 부족하다. 고령화가 빠르게 진행되다 보니 롤모델을 찾기도 어렵거니와 노화는 어떻게든 피해야 하는 현상이고 노년의 삶은 끔찍할 거라는 지레짐작만이 난무할 뿐이다. 사소한 물건

하나를 살 때도 수십 건의 이용 후기를 읽어보면서, 정작 나의 미래가 될 노년의 삶을 살아봤고 살아가고 있는 어르신들의 이야기를 찾아 귀 기울여보려는 노력은 하지 않는다. 현대사회에 세대 간 단절이 심화되면서 이 현상은 극심해진 듯하다. 그리고 그런 점에서 이 책은 기꺼이 자신의 삶을 보여주고 지혜를 건네주려는 연장자들과 우리를 연결하는 소중한 통로가 되어준다.

돌이켜보면 나 역시 항상 나이 듦을 두려워했다. 20대에는 30대가, 30대에는 40대가 오지 않길 바랐다. 청춘이 사라지고 있다는 불안감과 두려움은 새로운 것에 도전할 수 있는 무모함과 용기를 앗아가고, 나를 그나마 쥐고 있는 것들을 놓지 못하는 겁쟁이로 만들었다. 나를 움츠러들게 만드는 것은 무거워지는 몸도, 느려지는 머리도 아닌, 내 안의 막연한 두려움이었다.

그런 가운데 이 책을 만나게 된 것은 축복이었다. 이 책은 마치 시커먼 먹구름 사이로 새어 나오는 한 줄기 빛처럼 나에게 깨달음과 희망을 건네주었다. 노년에 대한 우리의 예상은 틀렸고 나이를 먹는다는 것이 결코 두려워만 할 것은 아니라는 점이다. 저자는 우리의 인생이 입학, 졸업, 결혼, 취업과 같은 사건들이 순차적으로 벌어지는 일련의 과정이 아니라, 만나고 헤어지고 기쁘고 슬픈 일들이 반복되어 쌓이는 입체적인 작품이라고 설명한다. 그리하여 오히려 노년에는 이 작품을 더 화려하고 풍성하게 즐길 수 있다는 것이다. 노년의 삶 속에도 여전히 즐거움이 있고 행복과 기쁨이 있다. 이 책에 등장하는 초고령자들은 열악한 상황에서도 행복을 누리며 살 수 있는 지혜를 각자의 방식으로 터득했고 저자는 1년간의 관찰과 인터뷰를 통해 그 내용을 이 책에 담았다.

여섯 명의 노인이 온 마음을 다해 일러준 바와 같이 우리는 행복을 선택할 수 있다. 행복은 마음먹기에 달려 있다는, 귀가 닳도록 들어온 이 말을 우리는 어쩐지 쉽게 행하지 못한다. 어디서부터 어떻게 시작해야 할지 막막하다면 그 첫걸음을 이 책과 함께 떼어보길 추천한다. 그저 행복하게 살 수 있는 비결을 기꺼이 배워보겠다는 열린 태도만 가지고 있으면 된다. 책 속에 넘쳐나는 가르침들이 우리의 미래뿐만 아니라 당장 오늘을 더 빛나게 만들어줄 것이라고 믿는다.

2024년 6월
최인하

Happiness Is a Choice You Make

옮긴이 최인하

이화여자대학교 국어국문학과와 성균관대학교 번역대학원 번역학과를 졸업하고
영국 런던의 킹스칼리지에서 미디어를 공부했다. 국내 언론사에서 보도사진 번역
등 오랜 직장 생활을 한 뒤 현재 프리랜서 번역가로 활동 중이다. 옮긴 책으로 『제
인 에어』『배짱 좋은 여성들』『인간은 야하다』 등이 있다.

만일 나에게
단 한 번의 아침이 남아 있다면

초판 1쇄 발행 2024년 6월 26일
초판 7쇄 발행 2024년 11월 18일

지은이 존 릴런드
옮긴이 최인하
책임편집 조혜영
콘텐츠 그룹 정다움 이가람 박서영 이가영 전연교 정다솔 문혜진 기소미
디자인 형태와내용사이

펴낸이 전승환
펴낸곳 책읽어주는남자
신고번호 제2024-000099호
이메일 book_romance@naver.com

ISBN 979-11-93937-11-2 03190